中传学者文库编委会

主　任： 廖祥忠　张树庭

副主任： 蔺海波　李　众　刘守训　李新军　王　晖
　　　　　杨　懿　柴剑平

成　员（按姓氏笔画排序）：

王廷信　王栋晗　王晓红　王　雷　文春英
龙小农　付　龙　叶　龙　刘东建　刘剑波
任孟山　李怀亮　李　舒　张绍华　张　晶
张根兴　张毓强　林卫国　郑　月　金　炜
金雪涛　周建新　庞　亮　赵新利　徐红梅
贾秀清　高晓虹　隋　岩　喻　梅　熊澄宇

1954-2024

中传学者文库

主编／柴剑平
执行主编／龙小农
副主编／张毓强 周建新

传播的现实与超越

胡正荣自选集

胡正荣 著

中国传媒大学出版社

·北京·

图书在版编目（CIP）数据

传播的现实与超越：胡正荣自选集 / 胡正荣著 . -- 北京：中国传媒大学出版社，2024.8.

（中传学者文库 / 柴剑平主编）.

ISBN 978-7-5657-3693-3

Ⅰ . G210-53

中国国家版本馆 CIP 数据核字第 20247X472K 号

传播的现实与超越：胡正荣自选集
CHUANBO DE XIANSHI YU CHAOYUE：HU ZHENGRONG ZIXUANJI

著　者	胡正荣
责任编辑	于水莲
特约编辑	张斯琪
封面设计	锋尚设计
责任印制	李志鹏

出版发行	中国传媒大学出版社			
社　　址	北京市朝阳区定福庄东街 1 号	邮　编	100024	
电　　话	86-10-65450528　65450532	传　真	65779405	
网　　址	http://cucp.cuc.edu.cn			
经　　销	全国新华书店			
印　　刷	北京中科印刷有限公司			
开　　本	710mm×1000mm　1/16			
印　　张	17.25			
字　　数	256 千字			
版　　次	2024 年 8 月第 1 版			
印　　次	2024 年 8 月第 1 次印刷			
书　　号	ISBN 978-7-5657-3693-3/G・3693	定　价	83.00 元	

本社法律顾问：北京嘉润律师事务所　郭建平

总 序

媒介是人类社会交流和传播的基本工具。从口语时代到印刷时代,再经电子时代至今天的数智时代,媒介形态加速演变、融合程度深入发展,媒介已然成为现代社会运行的基础设施和操作系统。今天,人类已经迈入媒介社会,万物皆媒、人人皆媒,无媒介不社会、无传播不治理。今天,无论我们怎么用力于信息传播的研究、怎么重视信息传播人才的培养都不为过。

中国传媒大学(其前身为北京广播学院)作为新中国第一所信息传播类院校,自1954年创建伊始,即与媒介形态演变合律同拍、与国家发展同频共振,努力探索中国特色信息传播人才培养模式、构建中国信息传播类学科自主知识体系,执信息传播人才培养之牛耳、发信息传播研究之先声,被誉为"中国广播电视及传媒人才摇篮""信息传播领域知名学府"。

追溯中传肇始发轫之起源、瞩望中传砥砺跨越之未来,可谓创业维艰而其命维新。昔日中传因广播而起,因电视而兴,因网络而盛,今天和未来必乘风破浪、蓄势而上,因人工智能而强。在这期间,每一种媒介兴起,中传均吸引一批志于学、问于道、勤于术的

学者汇聚于此，切磋学术、传道授业，立时代之潮头，回应社会需求，成为学界翘楚、行业中坚，遂有今日中传学术研究之森然气象，已历七秩而弦歌不断，将传百世亦风华正茂。

自新时代以来，中传坚守为党育人、为国育才初心，励精图治、勠力前行，秉承"系统治理、创新图强、交叉融合、特色发展"的办学理念，牢牢把握高等教育发展大势、传媒业态发展趋势，瞄准"智能传媒"和"国际一流"两大主攻方向，以世界为坐标、以未来为向度，完成了全面布局和系统升级，正在蹄疾步稳、高质量推动学校从传统高等教育向未来高等教育跨越、从传统传媒教育向智能传媒教育跨越、从国内一流向世界一流跨越，全力建设中国特色、世界一流传媒大学。

中国特色、世界一流，在于有大先生扎根中国大地，汇聚古今、融通中外；在于有大先生执教黉门，学高为师、身正为范；在于有大先生躬耕杏坛，敦品积学、启智润心。习近平总书记更强调，高校教师要立志成为大先生，在教书育人和科研创新上不断创造新业绩。中传广大教师素来以做大先生为毕生职志，努力成为新时代"经师"与"人师"的统一者，做真学问、立高品行，践履"立德树人"使命。

2024岁在甲辰，欣逢中传建校70华诞，学校特邀约部分学者钩玄勒要、增删批阅，遴选已公开刊发的论文汇编成集，出版"中传学者文库"，意在呈现学校在学科建设、科学研究、服务行业实践等方面的最新成果，赓续中传文脉，谱写时代新声。

文库汇聚老中青三代学者，资深学者渊渟岳峙、阐幽抉微；中年学者沉潜蓄势、厚积薄发；青年学者踌躇满志、未来可期。文库与五十周年校庆所出版的"北广学者文库"相承接，大致可勾勒中传知识生产薪火相传、三代辉映之概貌，反映中传在构建中国特色新闻传播类、传媒艺术类、传媒技术类学科体系、学术体系和话语体系方面的耕耘与收获，窥见中国特色信息传播类学科知识体系构建的发展脉络与轨迹。

这一构建过程，虽筚路蓝缕，却步履铿锵；虽垦荒拓野，亦四方辐辏。一批肇始于中传，交叉融合、具有中国特色的学科，如播音主持艺术学、广播电视艺术学、传媒艺术学、数字媒体艺术学、政治传播学等，从涓涓细流汇入滔滔江河，从中传走向全国，展现了中传学者构建中国自主知识体系的学术想象力和创新力。文库展示的虽然是历史，实则是呈现今天；看似是总结过去，实则是召唤未来。与其说这套文库的出版，是对既有学术成果的展示，毋宁说是对未来学术创新的邀约。

回首过往，七秩芳华。我们深知，唯有将马克思主义基本原理与中华优秀传统文化相结合，才能推动中华学术创造性转化和创新性发展，推动中国自主知识体系的构建。我们深知，唯有准确把握媒介形态演变的脉动、深刻认知媒介形态变革所产生的影响，才能推动中国信息传播类学科自主知识体系的构建与时俱进。

展望未来，星辰大海。我们深知，以人工智能为代表的产业和科技革命正迅疾而来，媒介生态正在加速重构，教育形态正在全面重塑，大学之使命与价值正在被重新定义；我们深知，唯有"胸怀国之大者"、面向世界科技前沿、面向经济主战场、面向国家重大需求，才能确保中传始终屹立于中国乃至世界传媒教育发展之潮头。

如何应对人工智能带来的深刻变革，对中传而言是一场要么"冲顶"、要么"灭顶"的"兴亡之战"。我们坚信，不管前方是雄关漫道，还是荆棘满途，唯有勇敢直面"教育强国，中传何为？"这一核

心命题，奋力书写"智能传媒教育，中传师生有为！"的精彩答卷，才能化危为机，奋力开创人工智能时代中传智能传媒教育新纪元。

功不唐捐，芳华七秩；风帆正举，赓续创新。

是为序。

第十四届全国政协委员，中国传媒大学党委书记、教授、博士生导师

目 录

第一部分 媒体融合、全媒体传播体系与传播制度变迁

理论与体系

全媒体传播体系：如何？何谓？为何？ ………………………………………… 003

融合十年：2012—2022年媒体融合历程回顾与前景展望 …………………… 006

重点与难点

市场、技术与现代性："十四五"时期全媒体传播体系的构建 ……………… 019

复杂网络社会认识论中的新闻真实 …………………………………………… 028

中国舆论场的新特点与新变量 ………………………………………………… 030

平台链：打通内容生态的产品链、供应链与价值链 ………………………… 038

打造2.0版的县级融媒体中心 …………………………………………………… 048

变迁与未来

智能化：未来媒体的发展方向 ………………………………………………… 057

历史、变革与赋能：AIGC与全媒体传播体系的构建 ……………………… 066

智媒智治：全媒体推进现代治理体系建设 …………………………………… 080

第二部分　国际传播与传播的全球化

战略与体系

构建基于全球传播生态的新时代中国国际传播体系……091

系统协同：中国国际传播能力建设的基础逻辑……098

新一代人工智能与国际传播战略升维……119

要素与格局

人类命运共同体与文明交流互鉴
　——基于数字时代传播体系建设的思考……130

国际传播的三个关键：全媒体·一国一·精准化……141

机制与重构：跨文化背景下中华传统文化的国际化叙事……146

新时代中国国际传播话语体系的构建：分层、分类与分群……155

效能与趋势

当代性与世界性：国际传播效能提升的重要路径……165

给算法以文明：算法治理赋能国际传播效能测定……173

第三部分　中国自主新闻传播学知识体系建构

知识体系

新闻传播学历史使命与自主知识体系特征……183

实践：中国自主新闻传播学知识体系的源头与出路……196

中国特色新闻学"三大体系"创新路径与自主知识体系建构……217

面向未来　转型升级：中国传播学再出发 ································ 232

中国自主的国际传播知识体系：起点与追求 ······························ 238

学科、专业与人才

发力全媒体人才培养　推动深融发展 ····································· 241

能力与价值：新时代国际传播人才队伍培养的关键 ······················ 246

后记 ·· 259

第一部分
媒体融合、全媒体传播体系
与传播制度变迁

理论与体系

全媒体传播体系：如何？何谓？为何？*

关于全媒体传播体系建设，我们需要探讨三个问题：

第一，全媒体传播体系这个概念是如何发展而来的？全媒体这一概念其实不是由学术界提出并生发开来的，而是由媒体与传播业界创造出的实践而推动形成的，并且更多是由我国的媒体实践创生出的一个概念，具有原生性、原创性，既具有在地性，也具有普遍性。

全媒体传播体系概念也是演进发展而来的。简单地说，其基本经历了从现代传播体系到媒体融合，到新型主流媒体，再到全媒体传播体系的过程。

2014年8月18日，中央全面深化改革领导小组在第四次会议上审议通过了《关于推动传统媒体和新兴媒体融合发展的指导意见》（以下简称《意见》）。作为中央关于媒体融合的首个指导性文件，该《意见》提出："着力打造一批形态多样、手段先进、具有竞争力的新型主流媒体，建成几家拥有强大实力和传播力、公信力、影响力的新型媒体集团，形成立体多样、融合发展的现代传播体系。"

2016年2月19日，习近平总书记在党的新闻舆论工作座谈会上，进一步阐述了媒体融合实践的未来发展方向，指出媒体融合应当以建设新型主流媒体为目标。

2019年1月25日，习近平总书记在人民日报社举行的中共中央政治局第

---

* 文章原载于《教育传媒研究》2023年第5期，收入本书时，略有删改。

十二次集体学习中深刻分析了近年来媒体融合发展所面临的问题，指出："要统筹处理好传统媒体和新兴媒体、中央媒体和地方媒体、主流媒体和商业平台、大众化媒体和专业性媒体的关系，形成资源集约、结构合理、差异发展、协同高效的全媒体传播体系。"同时提出了全媒体就是"全程媒体、全息媒体、全员媒体、全效媒体"的"四全媒体"的界定。

2020年9月26日，中共中央办公厅、国务院办公厅印发了《关于加快推进媒体深度融合发展的意见》成为指导媒体融合发展的纲领性文件，提出"建立以内容建设为根本、先进技术为支撑、创新管理为保障的全媒体传播体系"。

2022年10月16日，习近平总书记在党的二十大报告中强调："加强全媒体传播体系建设，塑造主流舆论新格局。健全网络综合治理体系，推动形成良好网络生态。"同时强调"完善社会治理体系。健全共建共治共享的社会治理制度……畅通和规范群众诉求表达、利益协调、权益保障通道，完善网格化管理、精细化服务、信息化支撑的基层治理平台"等。

将围绕宣传思想工作、新闻媒体实践等最终目标聚焦到全媒体传播体系建设上，是认识的进步，更是实践的必要。

第二，何谓全媒体传播体系？这一概念是秉持系统思维和系统科学的原则而提出并发展的，体系非单一要素构成。习近平总书记在2019年1月25日于人民日报社举行的中共中央政治局第十二次集体学习中指出："要统筹处理好传统媒体和新兴媒体、中央媒体和地方媒体、主流媒体和商业平台、大众化媒体和专业性媒体的关系，形成资源集约、结构合理、差异发展、协同高效的全媒体传播体系。"这其实正是对全媒体传播体系的构成要项、功能、属性、特性进行的科学说明和界定。

全媒体传播体系是多个构成要项的集合。既包括纵向构成和横向构成，如纵向的中央媒体和地方媒体，横向的主流媒体和商业平台，也包括历时构成和共时构成，如历时的传统媒体和新兴媒体，共时的大众化媒体和专业媒体。

全媒体传播体系是内部要素与外部要素的集合。内部要素是指全媒体传播体系内部所有要素相互作用而发挥功能的各种条件构成，如生产、传播流程以及机制等；外部要素是指影响全媒体传播体系实现功能的各种条件构成，如政务、服务、商务系统的接入等。也就是说，全媒体传播体系既具有自组织性，也具有他组织性。

全媒体传播体系是宏观系统与微观系统的集合。宏观系统是指全媒体传播体系需要建设成为中央、省、地市、县四级联动协同的体系；微观体系是指各级各类传播机构自身的体系性建设，包括平台再造、流程优化、组织重构等。

按照这样的界定与理解，无论宏观微观还是功能属性，最终建设成功的全媒体传播体系都应该是资源集约、结构合理、差异发展、协同高效的。资源集约是指内外部、数实等各种资源集成与配置；结构合理是指内部机制、外部体制，事业、产业、机构等功能有效；差异发展是指不同属性、功能、定位的全媒体的发展路径有别；协同高效是指各级各类全媒体能够系统协同、效能突出地共生。

第三，为何要加快建设全媒体传播体系？党的二十大报告明确指出："加强全媒体传播体系建设，塑造主流舆论新格局。健全网络综合治理体系，推动形成良好网络生态""畅通和规范群众诉求表达、利益协调、权益保障通道，完善网格化管理、精细化服务、信息化支撑的基层治理平台"。

建设全媒体传播体系就是要提升智能网络社会的关键能力——信息通达与服务能力，从而提高整个社会的治理能力，最终赋能中国式现代化。

融合十年：2012—2022 年媒体融合历程回顾与前景展望*

当下，数字信息业已遍及人们所能感知到的方方面面，社会个体在高度交汇融通、开放包容的时代中得以共享人类社会发展所带来的红利。与此同时，作为时代最大变量的互联网，正以一种前所未有的姿态颠覆着人类社会既存的话语秩序与规范，让公众实现了从受众向用户的历史性转变。信息资源的泛社会化使得"去中心—再中心"成为社会发展的主要趋势，随之而来的是主流媒体在舆论引导工作上所面临的空前挑战。因而，在纷繁复杂的舆论场域和信息格局中重寻自身话语主导权，成为现阶段主流媒体转型过程中的核心任务[1]。这一任务的完成不仅关乎主流媒体的存续与发展，更是维护国家意识形态安全的重要保障。党的十八大以来，以习近平同志为核心的党中央基于对全球传播生态、舆论环境与行业发展趋势的精准研判，深刻阐述了推进媒体融合、建设全媒体传播体系的紧迫性、必要性，为我国媒体的融合发展描绘了蓝图、提出了要求。在顶层设计的引领下，媒体融合逐渐从一种具有鲜明行业色彩的自主性探索上升为国家意志层面的重大战略部署，并在十年的融合探索过程中实现了由表及里、由点到面的全方位推进[2]。

---

* 文章原载于《教育传媒研究》2023 年第 5 期，收入本书时，略有删改。
[1] 李良荣，郑雯.论新传播革命："新传播革命"研究之二[J].现代传播（中国传媒大学学报），2012, 34（4）: 34-38+65.
[2] 张磊，胡正荣.重建公共传播体系：媒体深度融合的关键理念与实践路径[J].中国编辑，2022（1）: 4-9.

一、融合十年：媒体融合的历程回顾

自 2012 年起，各级主流媒体的融合实践已经走过了十个年头，在这一过程中亦取得了斐然的成就。具体来看，从中央到地方的各级主流媒体均在普遍意义上完成了新型主流媒体的建设及相关融媒体中心的搭建，初步构建了自上而下、全域覆盖的媒体融合发展格局，实现了互联网线上线下一体化、国内外舆论宣传联动化的预期目标，更是积累了各级别、各类型的媒体融合改革经验。

回顾十年的融合历程可以发现，我国的媒体融合实践根据 2014 年 8 月 18 日和 2020 年 6 月 30 日这两个关键时间节点可以划分为三个阶段，即行业自主探索到国家战略规划的融合奠基阶段、从物理叠加到化学相融的全面推进阶段、从融合媒体到全媒体的纵深加速阶段。

（一）从行业自主探索到国家战略规划的融合奠基阶段

论及媒体融合，绝大多数人都会将 2014 年视作这一工程的起点。实际上，早在 20 世纪的最后一个十年，有关媒体融合的自主探索就已经出现在全球传媒行业内，并作为社会信息化建设的关键环节崭露头角。[①] 在技术赋能下，传媒行业开始了与通信行业的密切交流，二者之间固有的产业边界在日益频繁的交流中日渐消弭。与此同时，大众信息需求的日益复杂催逼传媒业主动寻求变革并成为产业融合的先发领域。

20 世纪末，面对席卷全球的市场化浪潮与技术的频繁迭代更新，国内诸如广州日报报业集团、南方日报报业集团以及哈尔滨日报报业集团等媒体机构纷纷开始了所有权层面的融合尝试与探索。在所有权层面之外，一些传统媒体机构另辟蹊径，开始了媒体形态层面相关的融合探索，主要包括门户网站的

---

① 胡正荣，李荃. 走向智慧全媒体生态：媒体融合的历史沿革和未来展望［J］. 新闻与写作，2019（5）：5-11.

建设和内容的数字化转型等尝试。例如,《神州学人》于 1995 年开办了中国第一本电子杂志。世纪之交,以人民日报、新华社为代表的主流媒体开启了互联网化探索的新篇章。然而,由于所处时代带来的认知局限,这一时期传媒行业尚未充分认识到互联网的跨时代意义,传媒机构关于融合的自主探索更偏重物理层面全媒体形态的涉及和覆盖,媒体融合这一议题也并未引起重视。

在 2013 年 8 月 19 日召开的全国宣传思想工作会议上,习近平总书记针对我国所面临的舆论格局及传播生态变化,指出"宣传思想工作创新,重点要抓好理念创新、手段创新、基层工作创新"①,其中在论述"手段创新"时重点强调要通过加快传统媒体和新兴媒体融合发展来占领信息传播制高点。2013 年 11 月,党的十八届三中全会进一步将"整合新闻媒体资源,推动传统媒体和新兴媒体融合发展"②写入党的中央全会公报。至此,媒体融合这一概念开始正式作为传媒领域的改革思路出现在官方表述当中,其与意识形态安全的高度相关性开始被重视与强调。

在 2012 年至 2014 年 8 月 18 日这一阶段,我国的媒体融合实践主要呈现为零散性的、自主性的行业探索,融合的重点也偏重全媒体形态的打通与覆盖。与此同时,尽管中央尚未出台与媒体融合相关的纲领性文件和指导意见,但这一阶段习近平总书记多次提及媒体融合对于媒体转型发展的重要性,以及其对于意识形态安全的重要影响。这些论述无疑为媒体融合成为国家战略规划奠定了理论基础,因而这一阶段可以被概括为媒体融合从行业自主探索到国家战略规划的融合奠基阶段。

(二)从物理叠加到化学相融的全面推进阶段

随着移动互联网等新兴信息技术的不断成熟与完善,人类社会的信息生

---

① 胸怀大局把握大势着眼大事努力把宣传思想工作做得更好[EB/OL].(2013-08-20)[2022-09-15]. https://news.12371.cn/2013/08/20/VIDE1376998202283659.shtml.
② 中共中央关于全面深化改革若干重大问题的决定(全文)[EB/OL].(2020-05-29)[2022-09-15]. http://www.dangjian.cn/shouye/zhuanti/zhuantiku/dangjianwenku/quanhui/202005/t20200529_5637913.shtml.

态也随之改变,并对传统媒体的体制架构、运作机制、内容供给等方面提出了全新的时代要求,如何通过改革来确保和实现意识形态安全愈发成为主流媒体发展过程中一项迫在眉睫的任务。在此背景下,我国的媒体融合迎来了具有历史意义的关键节点。

2014年8月18日,中央全面深化改革领导小组第四次会议审议通过了《关于推动传统媒体和新兴媒体融合发展的指导意见》。作为中央关于媒体融合的首个指导性文件,该意见提纲挈领地分析和阐释了媒体融合这一实践活动要遵循的基本思路、具体方式及其预期目标:"推动传统媒体和新兴媒体融合发展,要遵循新闻传播规律和新兴媒体发展规律,强化互联网思维,坚持传统媒体和新兴媒体优势互补、一体发展,坚持先进技术为支撑、内容建设为根本,推动传统媒体和新兴媒体在内容、渠道、平台、经营、管理等方面的深度融合,着力打造一批形态多样、手段先进、具有竞争力的新型主流媒体,建成几家拥有强大实力和传播力、公信力、影响力的新型媒体集团,形成立体多样、融合发展的现代传播体系"[①]。从这个意义上讲,媒体融合不仅是主流媒体机构适应技术浪潮的行业发展思路和途径,更是重塑主流媒体在互联网舆论场中的话语主导权和影响力以凝聚社会共识、保障意识形态安全的重要举措。

自此,媒体融合工程正式在国家顶层设计层面被确立为一项重大战略部署。这也标志着我国媒体融合进程的第二个阶段,即从物理叠加到化学相融的全面推进阶段的到来。

2016年2月19日,习近平总书记在党的新闻舆论工作座谈会上进一步阐述了媒体融合实践的未来发展方向,即"要尽快从相'加'阶段迈向相'融'阶段,从'你是你、我是我'变成'你中有我、我中有你',进而变成'你就是我、我就是你',着力打造一批新型主流媒体"[②],指出了媒体融合应当以建

---

① 中央全面深化改革领导小组第四次会议审议通过《关于推动传统媒体和新兴媒体融合发展的指导意见》[EB/OL].(2014-08-20)[2022-09-15]. https://news.12371.cn/2014/08/20/VIDE1408534807182577.shtml.

② 习近平在党的新闻舆论工作座谈会上强调:坚持正确方向创新方法手段提高新闻舆论传播力引导力[N].人民日报,2016-02-20(1).

设新型主流媒体为目标，并将其内涵凝练为"融为一体、合而为一"。在此基础上，习近平总书记明确指出了建设新型主流媒体的主体范围必须覆盖到整个传媒生态，而这一目标的实现有赖于下一步融合实践工作。

随后，习近平总书记在2019年1月25日于人民日报社举行的中共中央政治局第十二次集体学习中深刻分析了近年来媒体融合发展所面临的问题，再次强调"推动媒体融合发展，要坚持一体化发展方向，通过流程优化、平台再造，实现各种媒介资源、生产要素有效整合，实现信息内容、技术应用、平台终端、管理手段共融互通，催化融合质变，放大一体效能，打造一批具有强大影响力、竞争力的新型主流媒体。"① 在此基础上，习近平总书记指出"要统筹处理好传统媒体和新兴媒体、中央媒体和地方媒体、主流媒体和商业平台、大众化媒体和专业性媒体的关系，形成资源集约、结构合理、差异发展、协同高效的全媒体传播体系。"② 由此可以看出，媒体融合只是一个过程，其最终目标是习近平总书记所强调的全媒体传播体系的构建。

在官方意见的指引下，我国各级主流媒体认真贯彻和落实顶层的规划与部署，积极开展了以内容建设为核心、以技术平台为基石、体制机制多点创新的融合探索。在各级媒体的努力下，越来越多的资源汇集于意识形态工作的主战场，一个形态多元、渠道多样、覆盖广泛的全媒体矩阵正在形成，主流媒体的传播力、引导力、影响力和公信力得到显著提升。

尽管这一阶段各级主流媒体的融合探索取得了突出的成绩，实现了对过去物理意义上简单叠加的超越，并开始向着习近平总书记所描绘的"你就是我、我就是你"的化学相融不断推进，但融合发展的速度与程度仍尚未达到预期目标。

（三）从融合媒体到全媒体的纵深加速阶段

信息时代，媒体之于社会，就像神经系统之于生命体。一个社会要实现

---

① 习近平.加快推动媒体融合发展构建全媒体传播格局［J］.前线，2019（4）：4-7.
② 习近平.加快推动媒体融合发展构建全媒体传播格局［J］.前线，2019（4）：4-7.

信息不梗阻，媒体上情下达、下情上达的功能以及信息汇流的功能是最根本的。2019 年 10 月 31 日，中共十九届四中全会审议通过了《中共中央关于坚持和完善中国特色社会主义制度推进国家治理体系和治理能力现代化若干重大问题的决定》，明确将媒体融合战略的目标描述为"建立以内容建设为根本、先进技术为支撑、创新管理为保障的全媒体传播体系"①。基于这一表述，我们可以发现经由媒体融合建成的新型主流媒体及全媒体传播体系与国家治理现代化有着紧密的逻辑联系。若想真正通过融合发展来贯彻落实新型主流媒体、构建全媒体传播体系以实现重塑"四力"（脚力、眼力、脑力、笔力）的预期和愿景，则必须跳出行业思维局限，将媒体融合置于国家治理现代化这一宏观格局上观照，方可准确把握其时代脉搏。

由此可见，在全新的时代背景下，经由媒体深度融合发展而来的新型主流媒体业已被赋予全新的角色与功能，即数字信息时代整体社会中万物互联互通的节点与基础设施。在此基础上衍生构建的全媒体传播体系作为整体社会中最为重要的信息子系统，在国家治理体系当中发挥着弘扬主流价值观念、凝聚社会共识以维系社会健康稳定发展的关键功能与作用。正因如此，国家对于主流媒体推进媒体融合的速度与程度提出了更高的要求。

2020 年 6 月 30 日中共中央审议通过的《关于加快推进媒体深度融合发展的指导意见》成为引领媒体融合加速向纵深发展的纲领性文件，不仅为媒体深度融合指明了方向，也为媒体改革定下了时间表。具体来看，该文件对深度融合发展的未来布局进行了系统性描绘，从媒体融合的价值意义、发展目标、规范原则三个方面阐明了深度融合发展的未来图景和功能期待，进一步提出了"推动主力军全面挺进主战场""走好全媒体时代群众路线""以先进技术引领驱动融合发展""大力培养全媒体人才"和"形成政策保障体系"等

---

① 中共中央关于坚持和完善中国特色社会主义制度推进国家治理体系和治理能力现代化若干重大问题的决定［EB/OL］.（2019-11-05）［2022-09-15］. https://www.gov.cn/zhengce/2019-11/05/content_5449023.htm?ivk_sa=1024320u&wd=&eqid=b1eba68e0005979e00000006646ac4e8&wd=&eqid=99de5b07000d0f910000000036491728d.

具体要求①。

自此，我国的媒体融合开始在体制机制变革、全媒体人才培养等规划与设计下不断提质增效，正式进入了当下我们所处的阶段，即从融合媒体到全媒体的纵深加速阶段。

二、智慧全媒体：媒体融合的前景与进路

移动互联网等信息技术颠覆了传统的社会运转模式，网络化、信息化和数据化更是成为整体社会存续的底层逻辑。鉴于主流媒体在舆论引导和维护社会稳定方面的战略地位和价值，党中央适时为处于行业发展拐点的主流媒体指明了方向，即通过融合发展来重塑其传播力、引导力、影响力、公信力。媒体融合作为一项承载着国家意志并蕴含着丰富内涵的改革开始在全国范围内推进。毫无疑问，对于主流媒体融合发展意义的认识已经不能再局限于过去的行业发展本位，经由媒体融合发展而来的新型主流媒体及在此基础上迭代塑造而成的全媒体传播体系，与国家现代化治理产生了实质上的紧密勾连。

需要明确的是，主流媒体并非直接参与国家治理实践，而是通过自身所搭建的信息平台与传播网络为各级党委政府所主导的治理共同体提供一种高效、便捷的载体。从这个意义上来看，若想持续有效地推动治理共同体的不断完善壮大和整体社会系统关系的长久稳固，在更广泛意义上助推国家治理现代化的最终实现，将传统主流媒体迭代重塑为智慧全媒体至关重要。

考虑到经由融合变革所形成的新型主流媒体，本质上应当是以网络社会生态思维作为理念引领、数字信息技术建设作为赋能支撑、内容服务边界拓展作为价值延伸、体制机制全面变革作为活力源泉的智慧传播生态系统②，因

---

① 中共中央办公厅 国务院办公厅印发《关于加快推进媒体深度融合发展的意见》[EB/OL].（2020-09-26）[2022-09-15]. https://www.gov.cn/zhengce/2020-09/26/content_5547310.htm.
② 胡正荣，李荃.重点清障突破，催生深融质变："十四五"时期主流媒体高质量融合发展进路展望[J].编辑之友，2021（2）：24-32.

此将传统主流媒体迭代重塑为智慧全媒体，以期在更广阔的范围内释放传播的价值也要从以下几个层面入手。

（一）以网络社会生态思维作为理念引领

随着信息化触角日渐蔓延到人们的日常生活中，人类社会业已进入一种数字化或信息化的生存状态。整个社会的生态环境也发生了持续性、颠覆性和结构性的变化，孕育出前所未有的文化形态、经济模式及体系架构。在此背景下，公众获取信息的行为与其心理都发生了深刻变化，碎片化、原子化、移动化成为人们获取信息的主要趋势。从既有的媒体融合实践来看，新型主流媒体的一个重要标志是能够实现传播主阵地的转换，即从以传统渠道为主的传统媒体平台向移动平台的转化[1]，这也是习近平总书记在相关谈话中明确指出的方向。从表面上来理解，这似乎仅是一种渠道的简单增加，然而其背后蕴含的则是社会生产力和生产关系从传统媒体时代向全媒体时代的颠覆升级与演进。

未来，主流媒体若想通过深度融合重塑传播效能，构建数字时代的全媒体传播体系，就必须将社会中稀缺的技术、资金、人才等资源，以互联网思维配置到那些具备强大发展动能与辐射带动能力的增量业务上，汇聚于互联网主阵地，向快速发展的移动端倾斜，使传媒行业的生产要素配置和供给体系得到空前的优化，而不是逆着时代发展趋势将它们投放于日渐式微的传统渠道上。

（二）以数字信息技术建设作为赋能支撑

在以数字信息产业为主导的"数与网"时代，技术不仅是对媒体行业发展现状进行评估与衡量的一项重要解释性和参考性指标，更是形塑、支撑人类社会整体结构的底层逻辑。对于旨在推动深度融合发展、构建全媒体传播

---

[1] 彭兰.移动化、社交化、智能化：传统媒体转型的三大路径[J].新闻界，2018（1）：35-41.

体系的主流媒体来说，技术方面的短板及其导致的负面效应是其发展过程中面临的突出问题，对技术研发与应用的滞后更是其入口价值丧失的重要原因。传统主流媒体对于发展空间的拓展和延伸必须以技术研发水平的提高为先导，要顺应时代发展的潮流，用新技术引领来支撑和驱动主流媒体的转型探索和发展。延续这一逻辑，主流媒体若想通过深度融合来顺利实现转型，就必须在放大其既有内容优势的同时，将技术建设作为下一阶段融合发展的核心、优先环节和基础性、前置性工作。

自媒体融合战略提出以来，全国各级主流媒体对于技术的开发和运用达到了前所未有的广度和深度，过去技术系统建设滞后的局面得到了极大的改善。其所依托的技术体系也基本实现了从工业时代向以数字化、信息化和智能化为特征的网络时代的过渡。然而，尽管其在技术建设方面已经有了长足的进步，但大部分主流媒体的技术研发仍然未能完全符合时代发展的需求，相关技术系统仍无法有效实现对资源的聚合、重组与再造。在此情况下，想要真正在数字信息技术的赋能和支撑下推动转型发展、构建全媒体传播体系，现存的技术系统有以下关键性、紧迫性的节点问题需要着重解决。

第一个节点是技术系统要能匹配全产品与服务。在信息社会，以用户为中心是传媒存续和发展必须遵循的重要理念，各级主流媒体所提供的产品早已不再局限于传统的信息资讯，其产品内涵已拓展为能够满足用户生活、娱乐等各项需求的数字化信息产品与服务。换言之，未来的新型主流媒体所需要的技术系统必须在支撑新闻内容精准分发的基础上，还能确保所有形式产品的全流程都能够被该系统覆盖。第二个节点是技术系统要以全数据为依据，即除了将自身内容资源数据化，还要在此基础上构建一个能够涵盖用户、社会资源等数据和打通诸多数据孤岛的全数据集。信息时代，数据承载、凝聚着数字化社会的核心价值。因而，对于主流媒体来说，最基础性的数据技术研发将处于其技术建设的最高优先级，与其相关的云存储、大数据运算体系的建立也同样亟待完善。第三个节点是技术系统要覆盖全业态。在网络社会生态思维引领下建设的全媒体传播体系，其本质是一种横向平台化与纵向平台垂直化、层级化与网络化、中心化与多元化、线上与线下、内部与外部、功能与效果融合的智慧生态系统①。从这个意义来看，只有能支撑起整个生态系统的技术体系，才是完备而有效的。

（三）以内容服务边界拓展作为价值延伸

对于以信息传播为主要业务活动的传媒行业来说，尤其是以传递主流价值观念、形塑凝聚社会共识的主流媒体来说，内容不仅是其传播活动的意义得以实现的关键，更是一切价值转化的起点，因此聚焦内容的供给与创新理应是其在人类社会存续与发展过程中永恒不变的信念。对于旨在通过融合发展来使主流话语和主流价值以更大声量传达到公众心中的主流媒体来说，必须在坚持为公众提供优质信息内容的前提下，依托自有技术平台提供的支撑，拓展内容服务边界，将业态延伸为一种便利化、在地化的服务。具体包括以下两方面内容：

首先，新型主流媒体为用户提供的内容应当是一种既能保证专业性和权威性，又兼顾感官吸引力和话语魅力的内容。一方面，日新月异的信息技术不仅催生并丰富了媒体所能展现的内容形态，也让人人都有了成为传播者的可能，而与之相伴的就是舆论走向难以预测的众声喧哗。对于传媒行业来说，无论传播的形态在技术的加持下如何多元化呈现，公众获取新闻信息的基本诉求并未发生改变，高站位、稳立场、守原则和有思想的内容在信息消费市场中仍占据着核心位置。换言之，在新型主流媒体谋求高质量融合发展、构建全媒体传播体系的过程中，为公众提供真实、客观且蕴含着政治定力和初心的产品与内容将是不变的准则②。另一方面，新型主流媒体还要注重丰富信息内容的话语吸引力。信息社会中人们所获取的信息数量呈现指数级的增长，充足的信息供给使得人们对于从信息中获取的价值有了更高层次的要求和期待，从及时的资讯信息到专业的深度解读、从理想的

---

① 胡正荣.技术、传播、价值从5G等技术到来看社会重构与价值重塑[J].人民论坛，2019（11）：30-31.
② 童兵.官方民间舆论场异同剖析[J].人民论坛，2012（13）：34-36.

科学指导到感性的情绪释放都是公众所需要的①。这就要求新型主流媒体要在坚持以贴近大众通俗语态的基础上，寻求更加具有趣味性、感染力的表达方式。

其次，新型主流媒体应当借助自身作为社会信息系统的强连接性，在内容供给上不断实现边界拓展，将政务服务、公共服务和商业服务聚合到自主可控的平台之上，搭建一种"内容+服务"的全覆盖范围、全传播流程、全生产链条的全媒体业态②。人类社会发展进入了一个全新的阶段，即被数字技术、信息网络和赛博文化日益颠覆的新阶段。在此背景下，主流媒体不能仅满足于承担信息发布这个单一功能，而是应当通过融合而成的智慧生态系统这一身份去开辟、延展全新的社会空间，并成为数字社会的组织手段和关键节点③。

（四）以体制机制全面变革作为活力源泉

在数字技术的赋能下，信息传播得以突破时空界限，并引发了传播生态与舆论环境的巨大变化。在此背景下，加快推进媒体深度融合发展、建设全媒体传播体系成为各级主流媒体应对时代挑战的紧迫课题。囿于工业时代所形成的条块分割、缺乏联系的传统媒体思维和惯性逻辑，原有的主流媒体体制机制已然成为其推进全媒体转向、重塑传播体系的桎梏与阻碍。

在融合实践迈向纵深的过程中，相对生产流程的调整、业务部门的整合及技术平台的建设这些外显形态的融合而言，体制机制改革作为推进媒体融合迈向纵深的内在动力源泉，在确保系统统一性和协调性的同时，还能充分赋予和凸显各个组成部分的自由度，因而更具有先导性和战略性意义。近年来，各级主流媒体为了改善体制机制滞后对全媒体建设实践的消极影响，在

---

① 吕尚彬.媒体融合的进化：从在线化到智能化[J].人民论坛·学术前沿，2018（24）：50-59.

② 胡正荣.智能化：未来媒体的发展方向[J].现代传播（中国传媒大学学报），2017，39（6）：1-4.

③ 唐绪军，黄楚新，王丹."智能+"与全媒体：中国新媒体发展的新布局[J].新闻与写作，2019（6）：33-38.

体制机制改革方面进行大量的探索，通过整合、合并重组和企业改制等手段实现工作流程优化、多样化经营和人才自由流动等，并因此获得强大的、充足的发展活力。

结　语

融合十年，各级主流媒体贯彻落实党中央关于媒体融合的重大战略决策，取得了斐然的成绩。但与此同时，问题也明显存在。未来，主流媒体应当继续加速推进媒体向纵深融合，并在此基础上构建起作为数字社会信息系统的全媒体传播体系，即一个具有信息传递、关系链接和行动协同功能的信息网络系统，以期在更大范围内释放传播的价值，为国家治理体系现代化转向提供稳定的探索环境和充足的发展动力。

重点与难点

市场、技术与现代性:"十四五"时期全媒体传播体系的构建*

2021年,党的十九届六中全会审议通过了《中共中央关于党的百年奋斗重大成就和历史经验的决议》,为全国人民奋进新征程指明了方向,为实现中华民族伟大复兴提供了行动指南。党领导的中国特色社会主义道路不仅保持了中华民族的文化与个性,而且于风谲云诡的市场浪潮中发展出"社会—政治—意识形态"紧密相嵌的结构,推动国家和人民朝着实现中华民族伟大复兴的中国梦奋勇前进。尽管中国在经济发展、深化改革、民主法治和思想文化建设等方面取得了重大成就,但也面临一系列难题:社会矛盾和问题交织叠加,国家治理体系和治理能力需要继续加强,意识形态领域的分歧依然复杂,国家安全面临新情况。

媒体的重要性对党和政府来说不言而喻。随着信息传播媒介成为人们征服时空、占领市场和建构存在意识的工具,国家必须推动国有媒介成为社会的中介者和控制者,只有这样才能确保信息沿着可能性空间中确定的方向和状态流动。面对日益复杂的媒介生态,推动国有媒体融合以建设具有强大凝聚力和引领力的社会主义意识形态,成为新时代国家实践的紧迫课题[①]。从党的十八届三中全会首次提出推动媒体融合发展的重大任务,到"十四五"规划进一步做出"推进媒体深度融合,实施全媒体传播工程"的战略部署,可

---

* 文章原载于《出版广角》2022年第3期,与张英培合作,收入本书时,略有删改。
① 王维佳.传播治理的市场化困境:从媒体融合政策谈起[J].新闻记者,2015(1):15-20.

以看出，媒体对占领舆论高地、掌握意识形态主动权、壮大主流思想舆论、深化改革创新等任务来说至关重要。

在中央和国家层面的推动下，媒体融合已取得显著成绩。传统的四级媒体初步形成立体多样、融合发展的传播矩阵。就承担举旗帜、聚民心、育新人、兴文化、展形象等使命任务而言，媒体融合的成效明显。但是，如果把融媒体、全媒体当成一种社会组织要素，在参与社会治理、维持社会安定、推动融合转型、促进高质量发展等方面发挥好媒体的引领推动作用，媒体融合则还有很远的路要走。目前，虽然各级媒体都在重构自身的传播关系，但全媒体传播体系内部架构的单元仍各自为政。各级媒体没有完全形成网上网下一体、内宣外宣联动、资源渠道融合、技术与内容驱动、跨界跨业重塑的主流媒体群。造成这种状况的原因一方面是客观的，我国地域辽阔、人口众多，各地的媒介生态、市场状态、服务水平和信息流量均有差别，这些因素导致了各地媒体融合的效率和成果存在差异；另一方面是认识层面的，随着媒体融合向纵深发展，各级媒体必须厘清媒体融合的内在逻辑以及媒体融合要解决的问题，从而更好地规划全媒体架构的方向，最终成为资源集约、结构合理、差异发展、协同高效的全媒体传播体系的组成部分。

"十四五"时期，媒体融合已经步入"深水区"，全媒体建设需要"打硬仗"，四级媒体要各司其职，各有侧重，理解各自的发展重心[①]。在将各项任务落到实处时，各媒体必须结合具体形势，提高思想定位，充分发挥宣传以外的其他媒介职能，打造全媒体传播体系，助力国家治理体系和治理能力现代化。以下从经济、技术和社会稳定的角度出发，讨论媒体融合的基本逻辑与全媒体传播体系建设的要求，探讨"十四五"时期媒体深度融合的发展思路。

---

① 张英培，胡正荣.从媒体融合到四级融合发展布局：主流媒体发展改革的新阶段[J].出版广角，2021（1）：6-9.

一、市场经济、信息技术与现代性的反弹

改革开放至今的40多年，党坚持制度自信，逐步确立社会主义市场经济的改革方向，以探索建设中国特色社会主义的正确道路。40多年来，党领导人民进行经济建设、政治建设、文化建设、社会建设，取得了一系列重大成就。在发展过程中，中国特色社会主义沿着三条互相纠缠的路径而运动：第一条路径是波兰尼式的，由市场经济充当现代社会的源泉和基础，即在"市场的持续扩张"与"市场在这一运动中所遭遇的在特定方向上制约其扩张的反制运动"（社会的自我保护）间的张力中展开①。第二条路径是卡斯特式的，把信息主义认作能缔造福特主义革命的原动力，利用技术的力量来为社会提供服务并进行自我调整②。第三条路径则与现代性的发展和反弹有关，人民日益增长的美好生活需要和不平衡不充分的发展之间的矛盾成为社会的主要矛盾，地方社会和群众在获得现代性过程中不断出现对传统的情感拉扯与艰难取舍。

从第一条路径来看，"计划"和"市场"从零和博弈到相辅相成。彼时，为了推动经济建设，国家通过地方政府更多的政策和非政策手段，处理包括政治经济在内的日常社会生活，此举通过去中心化来强化政府的功效。从第二条路径来看，由于信息的序列性逐步让位于同步性，纵向等级传播体系开始消解，传统的建制媒体逐步被一种"共同对等的信息生产系统"所取代，市场媒体、媒体平台崛起。从第三条路径来看，在经济发展和技术进步的共同刺激下，不同制度身份的社会成员和多元利益的主体将个人焦虑、情感呼吁和利益诉求投射于网络空间。这给党和国家政策的上通下达带来挑战，某种程度上也导致公共话题的空间日益被挤压。随

---

① 马骏. 经济、社会变迁与国家重建：改革以来的中国[J]. 公共行政评论, 2010, 3（1）: 3-34.
② 卡斯特. 网络社会的崛起[M]. 夏铸九, 王志弘, 译. 北京：社会科学文献出版社, 2001.

着社会的不断发展，市场经济、信息技术和现代性的力量相互纠缠，此起彼伏，国家需要推出一种总体性规划来置措由三者引发的各种社会性问题。

计划和市场之间的关系从对立转变为互补，意味着中央需要重塑一套地域性的信息传递系统，保证信息流的上通下达，以更好地解决"发展型地方主义"衍生的政治经济问题[①]。在信息主义的指导下，各级媒体单位须正确处理与商业平台、大众化媒体之间的关系。同时，国家要将现代性引发的认同和焦虑等问题纳入考量。从这三个角度来思考媒介功能，我们可以看到，传统的四级媒体尽管对中国传媒事业的发展发挥了关键性作用，但其中的结构失衡、力量分散、重复建设、资源浪费等问题都制约了媒体的"潜能"。2014年至今，在中央的部署和政策的鼓励下，从中央到地方的各级媒体均呈现加速融合的态势，初步形成了技术先导、移动优先、功能多样的全国媒体矩阵。但是，目前国内外形势正在发生深刻复杂的变化，我国发展仍处于重要的战略机遇期，因此，要深入推进媒体深度融合，实施全媒体传播工程，做强新型主流媒体，建设并用好各级融媒体中心。各级媒体在深化差异发展、形成协同高效的全媒体传播体系过程中，必须考虑经济、技术和社会稳定范畴的相关内容。

二、全媒体布局的稳定性考量

新闻传媒事业是我国社会上层建筑的重要构成部分。改革开放至今，我国社会经历了从计划到市场、从农业到工业、从封闭到开放的转变。国家需要推动国有媒介成为社会的中介者和舆论引导者，也需要赋权庞大的传播系统去承载超出信息传递范畴的职能，因此媒体的重要性近年来尤为显著。

---

① 郑永年，吴国光.论中央：地方关系：中国制度转型中的一个轴心问题［M］.香港：香港牛津大学出版社，1995.

第一，我国的经济改革发轫于地方和基层。市场化力量对地方的渗透改变了地方和基层原有秩序的权威、利益与观念体系，重塑了一个自上而下的现代传播体系，是增强社会凝聚力的中流砥柱。从这个角度来看，各级主流媒体不仅应发挥主导作用，树立正确的价值标准，而且要承担越来越重的秩序重建和利益整合的职能，辅助构建符合新时代需求的社会生态。各级媒体必须大胆改革，大刀阔斧地打造网络时代新型主流媒体的机制，特别是符合全媒体发展的布局框架。各级媒体要以地域建设为突破口，整合资源平台、拓宽服务领域，走出一条集约化、本地化、品牌化的媒体转型道路，在推动地方宣传工作高质量发展和提高社会综合治理水平中具有十分重要的意义。

第二，当前我国正处于发展的重要战略机遇期，也处于社会矛盾凸显期，一些经济社会问题，如贫富差距大、老龄化、医疗保险和健康教育等引发国内外社会关注。从这个角度来看，地方主流媒体除承担舆论宣传的作用外，必须进一步把服务延伸到基层，承接疏导社会心理传播的任务，解决现实问题。地方主流媒体要依托5G、智媒体、人工智能、区块链等技术满足更多用户的刚性需求，在新话语体系的建构中把握传播规律，遵循真逻辑，符合真人性。在对外传播过程中，新的话语体系应以"中国话语"为驱动，结合中国特色社会主义的发展成就和中国传统文化的独特成分，考虑不同国家受众的接受习惯，讲好中国故事，传播好中国声音。

由此可见，媒体融合的手段不只是解决正渐次浮出陈旧体制的各式问题的技术药方，还是国家行政力量通过信息化手段对地方社会政治经济空间进行再结构的主要手段，而未来形成的全媒体格局则肩负着巩固基层舆论阵地和推进国家治理体系现代化的历史使命。

三、建构全媒体传播体系的主要任务

进入21世纪以来，中国在经济发展、深化改革、民主法治和思想文化建设等方面取得了重大成就，但国家发展也面临一系列亟待解决的问题和挑战。

当下，国内外形势正在发生深刻复杂的变化，我国发展仍处于重要战略机遇期。推进媒体融合和研究媒体融合须在这一重大格局上加以观照，各媒体必须不失时机地采纳新技术、重塑传播体系，将传播作为思考社会问题的组织方式。

（一）媒体宣传：坚持党的领导是党媒的立身之本

我国在共产党的领导下走出了一条中国特色实践路线，既保持了自身的文化与个性，又在风谲云诡的市场化浪潮中发展出一种国家主导与地方互动的治理模式。这种特征首先要求媒体融合的深化改革必须坚持党的领导，必须增强"四个意识"、坚定"四个自信"、做到"两个维护"，确保全党步调一致向前的需要。

第一，媒体的首要职责是维护党的地位和保持全国的安定团结。这就要求各级融媒体中心建设必须坚持党对媒体的领导权。国家推进融媒体发展，便是要把传播当作地方社会的行为主体，重塑中央到地方的舆论导向，重新引导和整合社会秩序，制定信息时代的社会规范，对冗杂的信息源进行监督，同时维持公共的、共同的社会生活。党和政府是国家和社会政治生活的核心与领导力量。媒体融合向纵深发展，首先要坚持党的领导，强化党和政府的领导与执政地位。融媒体改革的前提是紧紧围绕党对传媒性质与功能的定位，只有更好地阐释国家意识形态，并在现代化过程中完善社会秩序，加强凝聚力，融媒体中心才能进一步巩固。

第二，各级融媒体中心要积极宣传党和政府的大政方针，积极推动落实党和政府当前的主要任务。中国共产党在复杂又漫长的改革中取得举世瞩目的成就，并带领全国人民进入全面建设社会主义现代化国家新征程、向第二个百年奋斗目标进军的第一个五年。各级融媒体应围绕中心，服务大局，准确、真实、全面地将党中央的方针政策传达给百姓。此外，视听传播改变了传播的结构，各级融媒体必须突破和重构各种符号体系之间的界限，使信息的平台化成为可能，拉近国家与受众的心理距离，从而完成自己的使命。

(二)公开政务：发挥主流媒体优势，强化社会信任体系建设

我国社会经历了从计划到市场、从农业到工业、从封闭到开放的转变，而在深刻的转型过程中，体制、秩序规范和机制不断产生碰撞，要求党和政府在"持续进行变革的同时保持基本的政治稳定，在扩大民众政治参与的同时维持必要的政治秩序"[①]。

第一，新的四级媒体要深入贯彻习近平新时代中国特色社会主义思想，以转变作风、提高服务质量、维护人民群众的根本利益为目的，推进政务公开，以公开促落实、促规范、促服务，为融媒体健康发展创造良好的环境。各级融媒体的价值体现在通过政务的公开，强化社会信任。各级融媒体应缓解个人和民间组织的信息资源增值与政府公共权力信息资源贬值的过程中产生的矛盾，并在其间为人民提供一条上下直通的媒介通道。通过满足人民的不同利益诉求和对政治事务的知情权，以及鼓励公众参与决策、评估、监督，各级融媒体可以减轻国家组织体制的运营压力，释放社会情绪。各级融媒体是国家促进生产机构扁平化和政治民主直接化的实践措施，必须将地方社会各个阶层的状况和文化政治互动纳入思考范畴，并做出本土化努力，进一步打通地方政府、社会组织和个人三者之间的关系。

第二，各级融媒体要充分发挥主流媒体的内容优势，面向基层群众加强和改进新闻宣传，弘扬主旋律，做好基层舆论引导力建设，让舆论与社会经济状况相适应。随着经济发展刺激技术迭代，"多元主体的社会关系和人与自然的主客体关系反应"逐渐被一步步"建立在数字的生产、储存、流通和控制之上"[②]。传统的行政空间讲究等级和秩序，强调声音的一元性，而随着区域交往频率加快、公众参与加深、市场分工细化、人民民主意识增强，各级融媒体的建立，使得国家不仅可以争取舆论，还可以安抚舆论、自上而下地调和舆论。

当各式各样的新媒体和信息源纷纷按照纯粹工具理性的逻辑以最有效、

[①] 任晓.中国行政改革：目标与趋势[J].社会科学，1994（1）：18-21.
[②] 陈卫星.以传播的名义：陈卫星自选集[M].北京：北京广播学院出版社，2004.

最经济、最快捷的手段来提高信息的生产与分发效率时，注意力市场的拉锯战中传播形式的重要性便胜过内容价值。基于此，有学者认为，在后真相时代，假新闻横行，"公众与真相提供者之间原本较为稳定的关系变得飘忽不定"①。各级融媒体因此也被赋予重建标准性框架的责任，通过对舆论的调和和与公众交往，避免社会被置于互相怀疑的主观立场判断之中。同时，各级融媒体的建立能树立正确的价值取向，加强对舆论的引导，提高大众媒介的信息素养。在重大社会事件（动乱、灾难、疾病等）发生时，谣言和流言会夹杂着公众的情感迅速传播，在此情境下，各级融媒体的建立能够使国家主动引导舆论。

（三）公共服务：向服务治理转型

随着城镇化速度加快，中国县级行政区内的传播空间不断被开辟，经济活动、社会组织事宜甚至人的情感与日常交往，也都相应地需要传播的疏导。人归根到底不是经济人、政治人、理性人、技术人，而是日常生活中的平凡人，对人的服务，归根到底要落实到日常生活中。基层媒体具备天然的地域优势和情感优势，市级和县级媒体应立足地方、渗透地方、服务地方。地方融媒体中心不仅是传播渠道，还是沟通渠道和疏导渠道，涉及交通状况、公共卫生、生态保护、文化格调、消费权益、治安消防、生态环境、节假日庆祝等主题的内容，融媒体都需要进行反复传播，而地方社会的组织形式、管理模式、人事管理、资源配置、规则流程等，也都需要融媒体重新整理。基层媒体要打通与地方政府各级组织、各个部门、本土各类企事业单位的联系，聚合各类便民惠民服务，盘活县域社会资源，打造更具服务能力的综合服务平台。融媒体中心要以新的信息技术为依托，聚合多重公益服务功能，在就业上岗、子女教育、日常生活、社会交易、文化追求等多个方面延伸媒体的职能。

---

① 胡翼青.后真相时代的传播：兼论专业新闻业的当下危机［J］.西北师大学报（社会科学版），2017（6）：28-35.

结　语

各级融媒体并不简单是"四级办"在融媒体时代的新形态，而是一种用来处理中央地方关系、应对传播技术浪潮、安抚现代矛盾的综合性地方中介。同时，各级融媒体也是一套有机的、协调的、动态的和整体的制度系统，用以协调所有的地方成员参与社会建构。融媒体中心是中央、省（自治区、直辖市）、市媒体向下延伸扩散的最终载体，是受众接受信息的关口，这决定了各级媒体生存机会的无限性和存在价值的必要性。建设融媒体中心是政府对当前新闻传播的整个态势做出的重大战略决策，各级融媒体要尽可能地开发信息传递之外的其他功能，成为传播社会主义价值的通道，以及治理、服务地方百姓的桥梁。

从融媒体到全媒体还有很长的一段路要走。各级融媒体需要高度重视互联网和新媒体发展的政策，把握新媒体的意识形态与经济的双重属性，以及媒体融合发展的范畴，才能顺势而为、因时而谋、与时俱进地打造"全国一盘棋"的全媒体网络。面向未来，各级融媒体建设应当以习近平总书记重要讲话精神为指导，根据不同地区、不同地域的特点及发展需求，准确、真实、全面地将党中央的方针政策传播到基层，更好地适应传播规律和时代背景，更好地为党和国家、人民服务。

复杂网络社会认识论中的新闻真实*

新闻真实是新闻传播学的核心范畴和主要概念之一，更是新闻传播实践中时刻都要面对的现实的根本问题。工业社会兴起并繁荣的大众传媒时代催生了庞大的媒体行业并且丰富了媒体行业的实践，同时推动了新闻传播学的诞生与成长。进入网络社会后，原有的媒体行业、原来的新闻传播实践以及原本自成体系的新闻传播学都受到了巨大冲击。格局变了，模式变了，体系变了，更重要的根基变了——两个社会的基本运行逻辑变了，这种改变迫使我们改变了原有的认识论。如今和未来的互联网时代一定是复杂的网络社会，这种基于复杂性而建构的新系统需要一种复杂网络社会认识论。

在我们认识、探讨、研究和实现新闻真实的时候，我们实际上还在无形之中受到"还原论"和"二分法"的制约。近代科学和工业化社会认识论的"还原论"特征容易让我们对新闻真实的认识变得单一、线性和抽离；"二分法"特征更容易使我们对新闻真实的认识局限于非此即彼的"零和"判断与选择。复杂网络社会认识论则需要开放、多元、非线性、协同等观念并且在基于复杂系统的技术、价值等因素的基础之上进行判断。

复杂网络社会认识论中的新闻真实，至少有两个方面的变化不容忽视：

一方面是新闻真实认识与建构的符号及技术从限制到突破的变化。人类自然语言的抽绎性、人类视听语言的可修正性，都难以将新闻真相完整、全面、全景化地和盘托出。人类创造使用的平面符号应该说发展到了登峰造极

---

* 本文原载于《新闻与写作》2022 年第 7 期，收入本书时，略有删改。

的阶段，而符号立体化、全景化、全息化已经露出端倪，并有高歌猛进地发展之势。这就意味着从符号、手段乃至感知、认知外部世界的方式方法上能够突破以往历史上不断争论的新闻真实观局限，突破新闻真实范畴的局限，改变新闻真实的认识与建构，当然，也提出了更加复杂的挑战。同时，还要考虑到传播者以及各种利益攸关方的价值取向和诉求目的等更加深层而复杂的非线性因素制约。更为重要的是网络时代的技术，特别是新一代信息技术既使得真相被记录、复制、叙事、传播、消费、体验等变得更加轻而易举，也使得真相被蒙蔽、扭曲、改造、利用、穿透、偏见化等变得更加易如反掌。

另一方面是新闻真实认识与建构的维度从制约到升级的变化。工业时代认识的"还原论"和"二分法"使得我们对于网络自媒体的整体真实大加挞伐，而对主流媒体的整体新闻真实怒其不争，容易从平面上纠结到底是局部真实还是全面真实、是个别真实还是整体真实等，这就如同马赛克拼图，取决于你的视点与视野。因此，需要适应复杂网络社会升维后的新概念、新范畴和新表述。就新闻叙事的方式而言，复杂网络社会的发展一定会让新闻表达进入全息影像时代，原有的二维世界升级到三维乃至多维世界，新闻真实的建构也就多了元素、维度和要求。至少从时间维度看，有是否全时间、全过程、全链条真实的问题。从空间维度看，有是否全景、全息、全体验真实的问题。其中还涉及现实事实与虚拟事实通过数字孪生乃至数字原生技术实现了全息叙事后，如何来区分和确定事实真实，从而确保新闻真实是否是全息真实的问题。

未来，复杂网络社会还可能出现新的变化，而我们对于新闻真实的认知也同样会不断被改变。

中国舆论场的新特点与新变量*

一、中国舆论场与世界舆论场

在世界全球化程度不断加深的背景下,中国的发展备受世界瞩目。在构建人类命运共同体国家战略理念下,关于舆论、舆论场等相关问题的探讨,也从单一关注国内舆论引导扩展至全球媒介治理范畴,即中国舆论场与世界舆论场之间的关系与问题成为研究的焦点。

从现实主义角度看,国际舆论是国家之间竞争的重要场域;从新自由制度主义角度看,国际舆论是国家软实力的一部分;从建构主义角度看,世界被国际舆论场中的"话语"所建构。从微观上看,当今的中国舆论场与世界舆论场间存在着来自政治、经济、文化和科技等领域的干预与阻隔;从宏观上看,即从媒介技术和媒体平台融合的现实,到"一个舆论场"的基本共识,再到构建人类命运共同体的全球治理理念,若将中国舆论场与世界舆论场置于二元对立之中,那么国家主体之间最终形成的是通过议程设置和框架进行的话语权争夺的竞争关系,而非协同的对话。这既不符合构建人类命运共同体的全球理念,也没有遵循平台媒介技术发展趋向融合的客观事实。这里并不是要忽视国家间存在竞争的现实,而是倡导以系统协同作为国际关系的基础思维,从系统论出发审视当下中国舆论场的特征与可能变量,以发现中国

---

* 本文原载于《人民论坛》2022 年第 13 期,收入本书时,略有删改。

同世界协同的可能①。

当下舆论场的本质是对社会现实和人心活动的反映,包括各国人民内部的矛盾,世界各国之间的矛盾及人类共同面对的如环境破坏、自然灾害、疫情肆虐、贫困及科技反噬等问题与矛盾,因全球化主体、问题和媒介的出现,世界舆论场才成为可能。从现实结构上看,世界舆论场是各国舆论场之和,如中国舆论场既是世界舆论场的组成部分,又部分反映着世界舆论。

二、中国舆论场的新特点

中国舆论场的新特点具体包括以下四方面的内容:

第一,话语权力格局:西强东弱,东升西降。当今世界话语权力的现实格局依旧是西强东弱,但东升西降的趋势已初现端倪。改革开放以来,中国在经济、军事、科技等硬实力方面取得飞速发展和重大突破,但国家话语权等软实力并未充分发展,时而遭受西方国家的舆论干扰。近年来,我国逐渐重视国家传播能力的建设,伴随"一带一路"倡议的推进和人类命运共同体理念的倡导,中国在积极参与全球治理过程中逐步提升了国际话语权,并逐渐从全球治理的旁观者向引领者转变。

在持续不断的大考面前,中国不仅因国家制度优势和超强的组织能力成功开展了各项工作,并且通过在国际舆论场上主动发声、公开信息、积极援助及合作抗疫等行动不断向世界展示了大国担当,中国正面、积极的形象逐渐展现在世界舞台之中。东升西降的国际话语格局在国际社会政治、经济、文化领域的变迁中逐渐开启。除此之外,中国积极参与全球性活动,不断向世界传递善意。北京是全球唯一的"双奥之城",从2008年到2022年,中国借助奥运符号向世界连续展示了自身快速的变化与发展,Sensor Tower(从事移动应用数据分析的公司)数据显示,2022年北京冬奥会开始后的仅一周时

---

① 曲飞帆,杜骏飞.复杂系统论:中国网络舆论研究的范式转向[J].南京社会科学,2017(11):107–114.

间内，TikTok在美国的安装量就超过了170万次，国际舆论场中逐渐出现来自中国的媒体产品链、供应链和价值链，中国声音逐渐唱响全球。

第二，舆论生态结构：媒体融合、平台链化[①]和算法逻辑。当前，中国舆论场的媒介空间结构呈现着媒体融合、平台链化和算法逻辑的新特征。2014年中共中央提出"推动传统媒体和新兴媒体融合发展"至今，我国的媒体融合改革拥有了丰富的实践与经验。在中央的部署和政策的支持下，我国的媒体融合从中央到地方通过四级融合发展布局逐渐落实，目前基本形成了技术先导、移动优先、功能多样的全媒体矩阵。在新的发展阶段，我国的媒介融合不仅在媒体内容、形式、模态、方法、业态、体制、机制等方面进行了创新，也进行了精准化的深入改革，逐渐形成了资源集约、结构合理、差异发展、协同高效的全媒体新格局，具备网络思维的四级传播生态体系已初具雏形。在技术和资本的双重裹挟下，媒体融合成为一种全球趋势。中国舆论场的媒介空间在媒体融合的过程中呈现着平台链化的特征。舆论空间平台化或者平台型媒体拥有商业化、智能化、社交化、圈层化、流动化和复杂化等具体特征。其中，舆论的生成体现着平台链化的过程，即舆论通过多平台之间的产品链化、供应链化和价值链化最终形成跨越媒介平台、形式多样、影响广泛、多重内涵的舆论声音，在这样的媒介空间中，舆论场之间的互动非常复杂。舆论空间的平台链化特征包含了国内与国外舆论场的连通。例如，2022年北京冬奥会期间，冰墩墩在全世界范围内引发的"一墩难求"景象等事件引发的舆论，在公共和商业的媒介平台之间不断流动。

在舆论空间的平台链化过程中，社交机器人有着影响舆论生成逻辑的能力。社交机器人本质上是一种数据技术工具，通过社交机器人能自动生产内容、构建网络和完成信息分发，并且可以通过操纵数据模拟出具有部分人格特征的主体。当下，"人+社交机器人"模式下开展的传播活动已成为现实社会图景，是当下舆论生态重要的技术特征。

[①] 胡正荣，王天瑞. 平台链：打通内容生态的产品链、供应链与价值链[J]. 中国广播电视学刊，2022（1）：32-35.

第三，舆论主体新特征：官方媒体、新闻发言人与桥接群体①。官方媒体以开放的姿态逐步建立起新型主流媒体矩阵传播体系。近几年，以人民日报、人民网、央视新闻和CGTN等为代表的中国官方媒体，根据不同区域、不同国家、不同受众群体的特点，采取分层、分类、分群的精准传播策略，分别在如哔哩哔哩、抖音、微博、推特（Twitter）、脸谱网（Facebook）、油管（YouTube）及TikTok等国内外社交媒体平台中扎根运营，根据平台特征和用户喜闻乐见的方式传递信息，讲述中国故事，形成多平台链化的立体信息传播格局，同时融合内宣与外宣，串联圈层，冲破茧房，澄清谣言，证实证伪，传递价值，做到入脑赢心，引导舆论与外宣工作。面向海外，中国官方媒体通过借船出海、借嘴说话等方式，积极推进中国故事和中国声音的全球化表达、区域化表达、分众化表达，将内宣与外宣紧密统一，逐渐形成全面、立体、广泛的新型主流媒体矩阵传播体系。在新型主流媒体建设过程中有很多成功的尝试，其中外交部新闻发言人的成功出圈就是一例。

社交媒体中的新闻发言人呈现着兼具外宣、外交与内宣的三重功能特征。社交媒体中的传播过程类似人际传播，在传递信息的过程中，往往伴随着蕴含情绪和态度的信息，它们作为语境又对语言或文字信息进行意义解码，最终产生更加丰富的内涵。在中国舆论场中，新闻发言人的精彩回答片段被上传至社交媒体中，经反复传播与转发，新闻发言人的个人化表达被社交媒体放大而收获巨大流量，其影响力的实质效果已经超出单纯的外交职能范围，兼具着内部宣传与民众达成认同、外部宣传澄清是非的作用。

除此之外，在全球社交媒体平台上，具有多文化影响力的"网红"逐渐增多，他们通过跨文化内容搬运方式在不同国家、不同平台中获取粉丝和流量，其连接中外舆论场的能力和影响力日趋凸显。跨文化内容搬运者是连接本土与世界的日常生活内容的群体。这类群体活跃于国内外各个社交媒介平台，有学者称他/她们为桥接社群（bridging community），"即指代拥有多元

---

① 田浩，常江. 桥接社群与跨文化传播：基于对西游记故事海外接受实践的考察[J]. 新闻与传播研究，2020，27（1）：38-52+127.

文化背景、有能力和意愿内化超过一种文化，并依照自己的文化身份认同形成不同规模的实体或虚拟社群的人"。这一群体实际上分为两类：一类将中国的故事搬运出去，如李子柒和记录中国生活的"洋网红"（如英国的 Jason Lightfoot 的"@Living in China"等）；另一类将外面的故事搬进来，如分享在美国日常生活的"@毒角SHOW"等。他们在中国舆论场中，对中外百姓日常生活信息的交流起到了桥接的作用，但同时他们是容易引发舆情的重要主体。在平台链化的社交媒体中，桥接群体广泛存在，在全球化态势之下，这类群体将越发壮大，逐渐成为具有全球影响力的舆论领袖。

第四，舆论环境特征：情感化、隐蔽化与交锋激烈化。在媒介平台不断连通、融合与链化的背景下，中国舆论场逐渐连通世界，其中舆论参与主体多元，主题话题丰富，形式模态多样；舆论生成速度快，发展转换急，影响持续久。以上特征的叠加共同形塑了中国舆论场中舆论情感化、隐蔽化、交锋激烈化的特征：①首先，短视频、直播、图像和表情包等已经成为全球社交媒体中共通的表达方式，情绪信息泛滥，感性和刺激经常遮蔽理性与思考，大量的视觉内容引发舆论情感化；其次，由于视觉内容蕴含的信息丰富且模糊，搞笑的短视频、可爱的表情包甚至有趣的小游戏等视觉内容在社交媒体中极易传播，态度和立场经常隐藏其中；再次，点赞、转发、收藏，甚至浏览痕迹、停留时长和眼动位置等网络行为中，同样蕴含着态度和立场信息，在众人的数据通过算法进行统计、计算和分析后，隐蔽化的舆论表达得以通过数据化、指标化和视觉化的方式呈现。同样，因为视觉内容的模糊性和点赞、转发等网络行为的低成本性，非理性、情绪化和泛娱乐化的表达也成为中国舆论场中的常态。情感化、隐蔽化的舆论特征为意识形态斗争提供了更具渗透力和影响力的武器和更加广阔、深入的战场。在不断情感化、隐蔽化的网络舆论空间中，中国舆论场将经历更加激烈、复杂和全面的舆论交锋。

---

① 郭小安.新媒体环境下对舆论核心要素的再思考［J］.南京社会科学，2021（6）：122–130.

三、中国舆论场的新变量

（一）病毒突变与突发灾害

当前，病毒突变与突发灾害是影响中国舆论场的首要变量。各种病毒的反复突变不但影响着疫情的势态，也容易引发极具破坏力的信息疫情和政治疫情，时刻牵动着中国舆论场紧绷的神经。① 自然灾害同样不断印证着人类命运共同体这一客观存在，从北极圈的升温到澳大利亚森林大火，从非洲的蝗灾到中国的洪涝，突发灾害一直都是国内外舆论场中的重大焦点。可以说，疫情、突发自然灾害以及重大事故等威胁人类生命健康的自然客观因素依旧是影响中国舆论场的首要变量。

（二）媒介工具与媒介环境

媒介技术是中国舆论场中的双重变量。当今中国舆论场之所以暗潮涌动、错综复杂，和作为基础设施的媒介技术的可供性有巨大关系，5G、算法机器人、短视频、直播、VR/AR以及包括手机、可穿戴设备和智能汽车在内的信息、数据、视觉与智能等技术，同时以工具与环境的双重身份参与中国舆论场：

首先，作为工具的媒介技术，利用算法技术在国际舆论场中进行宣传博弈的时代已经到来。西方某些政治势力擅长利用数据和算法技术工具制造虚假的网络社交主体，在国际舆论环境中制造混乱，在中国同世界的平台型媒介逐渐融合链化的过程中，社交机器人的舆论影响力将逐渐凸显。

其次，作为环境的媒介技术和社会与媒体的深度融合带来了人类生活方式的全面改变，技术的新尺度引发了人类行为的新动向。作为环境的媒介技术为人类在网络舆论场中提供了更多的连接、展现和互动方式，从点赞、转

---

① 涂凌波，田欣荷. 新冠肺炎疫情下中国面对的复杂国际舆论环境：表现、原因及影响[J]. 当代世界，2020（11）：57-64.

发、收藏到表情包、短视频和流行梗等，隐蔽与隐喻式的表达成为大多数网民的选择，代表了中国舆论场最广泛的意见与态度。同时，算法、大数据、人工智能等媒介技术的发展不断带来新的遮蔽，过多的媒介渠道和表达方式使舆论场愈发纷繁复杂。媒介技术在发展方向上，注定是一个从简单逐渐走向复杂的过程，这个过程有将人类社会从简单有序引向复杂无序的倾向。

（三）观念差异与战争冲突

全球范围的观念差异和战争冲突牵动着中国舆论场。观念差异从来都是冲突的重要缘起，而竞争也是普遍存在的。国家的主体地位因全球化进程发生一定程度的消解，但传播技术的飞速发展使得人们跨越时空连接彼此的能力增强。新的技术尺度又促使民族国家主义在全球范围抬头，本土化意识自下而上开始觉醒。随之而来的地域、民族、宗教和国家之间的摩擦次数激增，冲突不断升级，且越发深刻焦灼。通过媒介放大后，战争作为典型媒介事件在内外连通的网络舆论场中反复激荡，不断延伸出包括信息战、舆论战和心理战在内的现代战争。

（四）商业资本与西方政治

企业作为主体变量在中国舆论场中的影响力逐渐凸显。美国作为世界上发达的资本主义国家，通过物质和文化商品的全球化，已经在世界范围内矗立了众多消费景观。中国发展带动的"中国制造"的影响范围的扩大也给中国舆论场带来了新变化：一方面，今天的"中国制造"已经从廉价的日常用品扩展至如量子通信技术、5G、无人机等引领世界的科技前沿技术与产品，但一些西方政客仍秉持博弈思维，不断通过各种经济制裁、贸易"拉黑"等手段来压制中国企业尤其是涉及前沿科技的公司的全球化发展，这一举动不断搅动着中国舆论场。另一方面，来自西方世界，尤其是来自美国的具有全球影响力的企业品牌，常以物质或文化商品为载体，时不时、有意无意地通过社交媒体等方式传递出他们对中国的意识形态偏见。由于这些企业与品牌全球化程度极高，且关乎普通百姓日常，他们的偏见经常在中国舆论场中引发网民的民族主义情绪，成为中国舆论场中的一大影响因素。

（五）以美国为首的西方舆论挑战是中国舆论场中最直接的变量

当前，以美国为首的西方世界在国际舆论场中拥有近乎垄断的强大舆论传播能力，在全球范围内的政治、经济和文化领域，对中国行使其舆论霸权以扼制中国发展。在交锋激烈的国际舆论场中，通过污名化、标签化手段挑起贸易战、科技战和信息战；在价值观上采用西方中心主义"双标"的手段干涉中国内部问题，挑拨民族团结，煽动对立情绪，妖魔化中国形象；在网络平台中，利用计算传播手段制造激进和对立的言论，在舆论场中刻意营造反华语境；在全球理念上，中国方案在国际舆论场中常被"零和博弈"思维解读为对美国地位的挑战，进而引发紧张舆论战。

总体而言，作为具有全球担当的世界大国，中国应以构建人类命运共同体为目标，以一种建设性的姿态直面全球问题，用价值理性驾驭工具理性，开展深度媒体融合工作，搭建全球化、立体化、平台化、智能化的传播生态系统，引导构建一个积极健康、和谐有序的中国舆论场。

平台链：打通内容生态的产品链、供应链与价值链[*]

基于对我国媒体融合已进入深化阶段的现实把握，2020年9月26日中央全面深化改革委员会发布了《关于加快推进媒体深度融合发展的指导意见》（以下简称为《意见》）。《意见》指出，要推进内容生产供给侧结构性改革，更加注重网络内容建设，始终保持内容定力，专注内容质量，扩大优质内容产能，创新内容表现形式，提升内容传播效果。[①] 其中，《意见》对于优质内容建设进行了特别强调，再次证明了"内容为王"是毋庸置疑的恒久之道。

在现实需求和政策的双重感召下，国内各大商业媒体平台相继推出优质内容扶持计划，如企鹅号"芒种计划2.0"、B站"知识区"、知乎"视频创作招募计划"和小红书"创作者123"等，商业平台对优质创作者的"争抢"反映了优质内容对资本的巨大吸引力。河南台制作的《唐宫夜宴》、四川台旗下的《四川观察》等新媒体内容产品连续破圈，成功突围央视、《人民日报》等一线媒体与基层县级融媒体的"上下夹攻"，究其原因，亮点都在内容。

---

[*] 本文原载于《中国广播电视学刊》2022年第1期，与王天瑞合作，收入本书时，略有删改。
[①] 关于加快推进媒体深度融合发展的意见［EB/OL］.（2020-09-26）［2022-01-01］. https://www.gov.cn/zhengce/2020-09/26/content_5547310.htm.

一、优质内容：精彩表达出的好故事

"一个时代有一个时代的故事，新时代的精彩故事需要精彩表达。"① "说什么"是故事，而"谁来说""对谁说""怎么说""在哪说"和"何时说"都考虑到才算"精彩表达"。所谓优质内容，就是表达精彩的好故事。没有精彩表达的好故事，如同酒香巷深留下的遗憾；而没有好故事的精彩表达，就是娱乐至死。

具体分析河南台和四川台成功的原因：第一，它们发掘了蕴含在地方文化中的专属"好故事"，并用好了传统媒体的独家资源。《唐宫夜宴》从传统文化资源中汲取养分，与新媒体技术完美结合。精品内容必然是大制作、大投入，其舞蹈演员来自郑州歌舞剧院，作品曾入围第十二届中国舞蹈"荷花奖"，这都是互联网UGC（用户生成内容）很难做到的。第二，它们充分考虑了互联网时代的用户需求，做到了"精彩表达"。《四川观察》走近群众、服务群众、带领群众，用百姓喜闻乐见的方式看世界，其短视频内容在趣味性、重要性与及时性、权威性等方面做到了很好的平衡。第三，除了产品内容本身够硬，它们在资源整合、机制改革和市场化运作中也做了不少工作。

未来，二线电视台乃至整个主流媒体系统，想要推进媒体融合发展，就要从顶层设计，打通作为内容生态系统的平台链，在新媒体的产品链、供应链和价值链三个维度不断深耕，精彩表达出好故事。

二、平台链：内容生态系统

（一）平台链概念辨析

近百年来，新技术不断变革，致使人的尺度不断延展。传播作为人类社

---

① 让主流媒体成为"全媒体"［EB/OL］.（2019-01-30）［2022-01-01］. https://baijiahao.baidu.com/s?id=1624054838391997023&wfr=spider&for=pc.

会结构的框架，不断被技术逼促出新方式，社会结构因此不断被重塑，而"元宇宙"概念的"走红出圈"也正是为此。传统来讲，对内容的研究一般从文化属性和商品属性两个方面出发，分别从文化构建和商业运作两套话语体系展开；也有学者把内容作为范式，将其划分成三个维度：内容即资讯、内容即媒介与内容即关系。① 在技术、资本和政治多场域他律之下，"内容"的内涵与外延不断拓展。今天，在内容与技术相称之后，"内容"已不仅是现实世界的反映与抽象存在，而成为了0和1组成的"真实网络虚拟世界"中的"一砖一瓦"，或者可称之为真实存在的虚拟环境。在人工智能大数据时代，内容俨然成为一种生态系统。继而，内容生产也成为一项系统工程，产消者、文本模态、技术、交互方式、资本和政治等多种场域和行动者糅杂其中。

在当下及可预见的未来，内容生态横向子系统包括技术、资本、政治和人性等；纵向内容生产过程可分为产品链、供应链和价值链三个维度。2014年乔纳森·格里克提出了由"平台"Platform和"媒体发布者"Publisher的融合而成的"平台型媒体"（Platisher）概念。不管是美国的FANNG，还是中国的BAT（中国互联网公司三巨头：百度公司、阿里巴巴集团、腾讯公司的简称），以及后来的字节跳动，都迅速发展成为具有全球市场宰制力的平台企业或生态机构，即所谓"生而全球"（born global）。② 它们在创造虚拟场景的同时，不断将现实生活场景纳入其中，并搭建起了各自的平台内容生态系统，但是，它们相互区隔，竞大于合。2021年9月，工信部召开"屏蔽网址链接问题行政指导会"要求各平台限期按标准解除链接屏蔽，虽然只限于国内，但Platisher被并联成为Platisher Chain（平台型媒体链）已成可能。若将格局再扩大一点，把未来智慧城市"虚拟社会"平台作为基础设施也纳入未来内容范畴进行考虑的话，那么，在未来景象中，纵横交错的内容生态系统则更适合被称为Platform Chain，即平台链。所谓平台就是介

---

① 喻国明，张珂嘉.简论传播内容范式的三个价值维度[J].教育传媒研究，2020（4）：11-14.

② 姬德强.平台化治理：传播政治经济学视域下的国家治理新范式[J].新闻与写作，2021（4）：20-25.

质、产品、服务集成的一个生态基础设施。①那么平台链就是多元平台之间产品链化、供应链化和价值链化之后形成的产业链，也可以被理解为多平台内容生态系统基础设施。从实践来说，国内各级媒体可以打通已有的平台进而形成平台链，或以行业领域划分形成财经、教育、娱乐、体育等垂类平台链，集中各方优质内容于链条之上。只有搭建起媒体平台链，将四级媒体的优质内容资源聚合，才能充分发挥传统媒体的优势，扩大主流媒体的传播力和影响力。

我们的"脚"已经跨进互联网时代，倘若"身子"还停留在工业时代，那暂可理解，但如果"脑子"还停留在农业时代的话，那肯定不会有未来。媒体融合已经进入新阶段，主流媒体要突破思维壁垒，对未来社会展开想象，让"脑子"带着"身子"一起进人工智能大数据时代。

（二）平台链背后的力量博弈

平台正在以肉眼可见的速度成为连接万物的基础设施。作为数据内容产生的场域，平台的资本权重会随着所承载流量的增加而不断扩大，其极限规模将是"万物互联"后的平台链，统一之后的"元宇宙"，也可能是人类及万物新的存在方式。这个过程中，资本与政治裹挟着技术，在加速的时空中竞合。其中，资本裹挟着技术一马当先，技术裹挟着政治，使之必须改变。

通过央视市场研究（CTR）的广电网络传播力排行榜可以看到，目前地方媒体内容的扩散大多发生在微博、微信、抖音、快手等商业网络平台。但从中央政策及媒体融合发展规律来看，将优质内容、先进技术、专业人才、项目资金等资源倾向配置到自有平台之上，以摆脱主流媒体日益依附商业平台的命运，才是主流媒体在"十四五"期间新发展格局的基础。

今天及未来，社会多场域向平台化形态发展的趋势日益明显，自有平台建设越发不可替代，打通平台链也越发重要。在内部功能上，汇聚各方资源、形成数据资产、实现垂直开发、完善场景传播、延伸多元服务；在外部功能

---

① 胡正荣.影视产业迭代：构建跨屏生态［J］.传媒，2021（11）：16-17.

上,串联四级媒体、并联商业平台、输出价值导向、掌握各层舆情、把控全局数据、塑形内容生态。通过移动链接,平台链是真正打造符合社会主义核心价值观的"元宇宙"的必经之路,是实现新型主流媒体全平台、全链接、全产业的新格局。

作为国家治理的一个面向,内容治理拥抱平台链是一个从被动选择到主动作为的过程。平台神话是资本追逐、技术逻辑与政治诉求的合谋产物,平台链一旦被打通,看似价值无涉的技术逻辑可能会出现一个"奇点",即越无声的侵袭破坏力可能越大。因此,数据开放后的安全问题、平台之间的利益冲突、平台无界的治理坍塌等现实挑战,都需要我们保持警惕。

放眼国际,2019年之前,迪士尼的影视版权由Netflix等网络平台分销;2019年之后,迪士尼开始自建平台。Disney+、ESPN+和Hulu作为迪士尼的三大主流媒体平台,2021年第三季度的订阅量接近1.74亿次,垂直面向消费者收入为43亿美元,增长了57%,这样的成绩也使迪士尼能与Netflix分庭抗礼,可见国外内容平台对自有平台的建设也保有高度的重视。受国家主权安全等政治因素的影响,平台链的发展可能在国家与区域层面停留较长时间,突破国界相对困难,2020年6月,TikTok在印度永久性关停就是很好的例证。这也提醒我们,要时刻警惕外部资本与政治力量的虎视眈眈,以及来自国内外的双重治理危机。

三、内容生态系统的建构:产品链化、供应链化与价值链化

(一)产品链化:供应链化的呈现方式,价值链化的载体

产品链化就是在平台链思维导向下,对内容产品在文本、场景和服务三方面进行新闻+政务+服务+商务的链条化布局,对一个创意进行多模态产品转化,打造主持人风格化IP(网络之间互联的协议),营造社交场景,在权威性和真实性基础上,衍生知识付费、直播带货、娱乐交流等新媒体产品,为用户提供线上线下的链化服务,即将一个IP(网络之间互联的协议)在文本、场景和服务的链条上转化为多个产品,培养用户感情与共识,增加平台

黏性。文本内容是摆在台面上的产品，是传统意义上的"故事"，多模态与互文性是当下文本内容的主要特征，其中短视频形式最为突出；场景内容是藏在"真实的拟态环境"中的产品，是一个界面、一个链接、一项功能或一种交互方式，它是虚拟房间的"装修风格"，网络行动的"导游与地图"，平行世界的"游戏规则"，本质上就是人工智能模型与算法，VR（虚拟现实）技术的发展让场景内容的重要性更加突出；服务内容是穿插在文本与场景之间的桥梁产品，它让用户在场景中能够选择文本、阅读文本、创作文本，让用户使用文本时能够感受场景、留恋场景、构建关系等，如推送相似内容链接、支持多设备内容同步、提供社交空间等服务。

（二）供应链化：产品链化的实现路径，价值链化的保障

供应链化的本质是媒体与社会各种资源对接的能力，需要打通产业上、中、下游，将资源、生产、产品与服务连通，最终实现价值链化目的。如果传统媒体单纯将自己定位为文本内容提供者，且希望借助商业平台型媒体的转载来提高传播力，进而达到扩大传播力、引导力、影响力和公信力的目的，长期看恐怕是不现实的。主流媒体花大力气创作的优质内容，通过商业平台已有技术与数据基础，的确能在短时间内赢得巨大流量，但真正的维持可持续发展的关键在于掌握具有黏性的用户数据，而非流量本身。因此，用户数据是传播力的命脉，但其大都掌握在商业平台手中，传统媒体只能为别人做嫁衣，甚至连基本的版权盈利都无法得到保证。因此，现实情况要求主流媒体必须拓宽自身定位，更多去扮演资源统筹者的角色，布局MCN（多频道网络）业务，建设运营、开发、市场、用户服务等团队，即"我搭台子请别人来唱戏"，最后统合产品链、供应链、价值链三位一体，形成平台链化的内容生态系统。

（三）价值链化：产品链化和供应链化最终目标

具体来说，价值链化指个人价值、国家社会价值与人类共同价值三者的和谐统一。

1. 个人价值面向

按照社会心理学传统的构成主义理论，能够在传播过程中主动适应对方的"人本传播"往往会取得更好的传播效果，而要实现人本传播，则需要传播者"具有较为复杂的认知规划，因而也能更好地理解对方，更愿意接受对方的意见，并且更容易与对方产生情感共鸣"，[①] 即从当下人工智能算法的个性化推送模式朝人性化模式转向。区别于当下所谓个性化的数据推算，人性化包含着个人对自身成长过程中向好发展的未知性，什么内容对自己的成长或者愿望实现是有价值、有帮助的？虽然我们要满足用户的需求与爱好，但是，在个人成长过程中，人真的明白自己需要的到底是什么吗？从逻辑上看，每个人都有舒适区，舒适区就是可控内容，只有突破舒适区，在已有基模之上增加新的真知，人才能成长。如果"本我"是个性化的，那么"超我"就应该是人性化的，从社会整体来看，"自我"价值的塑造更多依赖"超我"部分。尤其对于青少年来说，其社会化过程更需要正向价值的引导。

2. 国家社会价值面向

习近平总书记明确指出，要坚持移动优先，让主流媒体占据舆论引导、思想引领、文化传承的制高点。从社会共识培养与"治理体系平台化"的视角出发，通过产品链化和供应链化，将平台链打造成航母级基础设施，通过"全息""全程"传播方式，使全国人民在价值信念、理想理念、道德观念方面形成同心圆，构建牢不可破的社会主义核心价值观阵地。

3. 人类共同价值面向

无论我们身在地球何处，气候变化、疾病流行、环境污染、网络安全、资源短缺等全球问题无不在提醒我们，人类已然处在一个命运共同体之中。从未来视角出发，在平台化时代，世界虽然正在变得更加紧密，但壁垒会一直存在，而平台链则可能是人类在面对全球化问题时，达成临时性和解的空间与方式。

[①] 李特约翰，福斯.人类传播理论[M].史安斌，译.9版.北京：清华大学出版社，2009：147.

三、媒介融合如何布局平台链？

回到媒介现实，当下地方媒体自有平台面临着用户日活跃度不高、黏性不强、价值转化能力差等现实困境，如何破局？从本文提出的平台链视角出发，如果说供应链化和价值链化主要在于顶层设计，是宏观战略问题的话，那么产品链化则是四级媒体都要思考的战术性问题，如何做好产品链化？需要从文本内容，场景内容和服务内容三个方面考虑。

（一）文本内容要注重坚守真实性、坚持原创性和提升策略性

主流媒体要牢牢把控新闻报道这一核心内容，必须坚守真实性，固本守正，价值引领，坚持原创性，开展供给侧结构性调整。同时，文本创作要了解群众、服务群众、引导群众，平台链应发挥四级媒体系统优势，其中央视端应引领示范、把握全局，地市级、县级融媒端应下沉内容，突出特色，走进群众的真实生活。除此之外，主流媒体还可以重新挖掘沉淀已久的经典栏目，在品牌价值中融入互联网思维，策展正能量主题，进行多渠道、多模态互动，设置用户议程，在实现价值引领的同时完成流量商业变现。

目前，直播与短视频形式的内容产品可以作为主流媒体打开局面的突破点：首先，主流媒体有资源优势，可在独家性、深度性、关键性上发力，加大单点曝光量。例如，2021年9月25日，孟晚舟乘坐国家包机回国，央视频独家直播，全网共计上亿人次观看。倘若主流平台型媒体具备产品链化思维，那么每次独家播放都可能成为平台流量爆发的契机。其次，可以将短视频作为流量的"药引"，以短带长，带动多模态长内容分发。例如，央视出品的综艺节目《你好生活》第三季中，主持人尼格买提、撒贝宁和王冰冰三人之间的斗嘴片段十分有趣，栏目组便将其中的精彩片段制作成多个短视频，投放在抖音、B站等平台上，用户被碎片化内容吸引，却感到意犹未尽或者好奇下文，进而点击进入观看完整版内容，至此，以短带长引流完成。同样的策略也可以用在新闻报道与深度评论等内容产品之中。

（二）场景内容要注重氛围塑造、真实可靠和审美引领

在未来，主流媒体应着重在虚拟交互界面中"营造"具有品质感、归属感、可靠感和充满爱的"氛围"，当VR技术发展到类似《失控玩家》和《头号玩家》中"真实的虚拟世界"的时候，更"隐蔽的欺骗"将成为人类传播面临最大的挑战之一。届时，公信力将成为未来场景内容的核心竞争力。另外，审美的引领问题也需要不断反思。

（三）服务内容要注重关系构建、深入群众和资源整合

文本和场景是产品链中的基础内容产品，而帮助用户通过文本或场景构建社会关系，提供个性化的功能需求及创作空间的服务，则是产品链中的高级内容产品。在产品链化思维下，主流媒体应发挥系统优势，整合各方资源，提供生活服务，参与政务宣传，开拓商务活动。对于地方媒体，服务内容应结合当地百姓需求，覆盖生老病死、衣食住行、吃喝拉撒等，将政务与商务资源整合起来，以达成满足百姓需求、价值引导和自我造血的多方共赢目标。把服务内容嵌入人们的日常生活，从"只看不用"转变为"在用中看"，实现"在用中看"就能解决引导群众与服务群众的问题，从而推动党的创新理论"飞入寻常百姓家"。①

《意见》明确提出，要发挥市场机制作用，增强主流媒体的市场竞争意识和能力，探索建立"新闻＋政务＋服务＋商务"的运营模式，创新媒体的投资融资政策，增强自我造血机能。将"商务"并列其中，体现着在媒体融合实践中仅靠新闻，或仅靠新闻＋服务、新闻＋政务都不足以支撑媒体融合进一步发展的需求。

结　语

马克思在一百多年前就曾说过："历史的逻辑从哪里开始，理论的逻辑就

---

① 胡正荣，蒋东旭.全媒体传播体系与四级融合新发展格局［J］.中国编辑，2021（5）:4-7+27.

应该从哪里开始。"① 平台链是建立在媒体融合过程中产品链化、供应链化和价值链化基础之上的统筹性概念，产品链化是供应链化的呈现方式，是价值链化的载体；供应链化是产品链化的实现路径，是价值链化保障；价值链化是产品链化和供应链化的最终目标。基于当下媒体融合的现实情况、技术发展趋势和政策指向，本文提出的平台链只是一种对媒体融合未来景象的理性判断，加之9月份工信部发出要求各平台按标准解除链接屏蔽的声音，平台链似乎正在成为可能。

---

① 恩格斯，马克思.马克思恩格斯选集：第2卷［M］.中共中央马克思恩格斯列宁斯大林著作编译局，译.北京：人民出版社，1995：43.

打造 2.0 版的县级融媒体中心*

2018 年的 8 月 21 日,习近平总书记在全国宣传思想工作会议上提出了"要扎实抓好县级融媒体中心建设,更好引导群众、服务群众"的要求。经过一年半的建设,各地出现了一批值得推广借鉴的典型做法和示范中心。根据要求,2018 年底县级融媒体中心基本实现全国全覆盖。挂牌是一个开始,如今我们才面临真正的考验——县级融媒体中心建设的 2.0 阶段。在紧迫的任务面前,一些普遍的、关键的问题有必要先说清楚,弄明白,这样才能保证建设的效果与中央的要求相一致,以建设促进媒体转型与社会治理的全面现代化。

一、省市县三级打通与物联网化:县级融媒体中心 2.0 平台建设

县级融媒体中心建设的首要问题是明晰建设运营主体是谁。省级融媒体中心建设伊始,中央首先提出的要求是"一省一平台",而在实际的建设中,一省双平台,或者一省三平台的模式也在一些地区出现。从省级平台下探到县级平台,就出现了多家竞争建设县级中心平台的局面。从某种程度上来说,这种多元的主体平台建设和融媒体改革的初衷存在着一定的逻辑矛盾,是资源的浪费,也会让县级融媒体中心建设又回到四级办广播电视的老路子

---

* 本文原载于《新闻界》2020 年第 1 期,收入本书时,略有删改。

上去。

　　融媒体改革一方面要将不同的媒体形态在技术融合的条件下进行整合，通过在一个较大区域范围内的平台整合与统一，来完成对数据的连接与打通，这本质上是数字化的基础设施建设问题。在这一点上，平台建设所遵循的应当是规模经济的规律，当基础设施的规模足够大，那么进行媒介产品生产的成本也会降低，从而实现规模经济。另一方面，当多个平台同时建设时，其背后建设主体的历史身份会导致其对平台建设产生路径依赖。我们知道，融合媒体与传统媒体所依赖的技术基础和思维方式截然不同，从某种程度上来说，融合媒体是一种断裂式的技术迭代、行业更新与社会变革，融媒体中心的建设就是为了告别过去，进入未来。因此，如果还是依照传统的媒体主体条块划分的格局来建设融合媒体，传统的建设思路很可能会随着传统媒体的从业者延续下去，形成一种重形式、轻本质的往复循环，逐渐背离媒体融合改革的初衷。事实上，这一现象在很多地区县级融媒体中心的建设中已经出现。

　　谁来建设的问题必须前置，并且要成为首要问题。其实，关于这个问题，在中央发布的5个规范性文件中，已经提出了全面而具体的意见、要求。但是，在操作的过程中，对于这些规范的落实，存在着较大的差异，原因主要在于对于中心的建设重心与过程的理解不到位。

　　技术不能解决所有问题，不同需求带来不同的技术应用。对于平台的建设，需要省市县三级根据各自的不同需求来完成，如果是省级单位主导，市县级中心就要以主体建设者的身份加入，全过程参与。这样能够有效地解决地方省级平台与市县级的需求不匹配，避免出现省级平台越俎代庖，为市县生产全部内容、提供全部服务的错误做法。平台是统一的平台，需要较高的行政单位通过大范围资源调配来完成。具体来说，就是要将省市县三级统一到同一个平台，各级机构分工完成：省级机构调配资源、搭框架、建平台；市级机构细化框架、连接市县；县级机构提供需求、完善功能、生产内容。在这个路径中，讨论的重心是县级融媒体中心，突出强调的是县级融媒体中心的结构与功能。县级融媒体中心不需要通过大量的投入就可以进入内容生产与服务供给环节，这符合当前媒介经济发展的规律，轻资产与小规模会带来内容生产的创新，能够让县级融媒体中心更多回归到基层内容、基层服务与业务运营。统一的融媒体平台是首选，但是基于一些地区的具体情况，省级平台与市级、县级平台分开建设的情况也较为多见。在这种情况下，省级平台提供技术和接口，将省级政务与服务资源整合进来，下沉到地方。而市级平台要具备上下连接的结构与功能，防止被"架空"。县级平台则要注重内容、政务与服务的三位一体，对接上级平台，形成另一种三级共建、数据相通、服务互补、三级同台的局面。平台建设成功的关键在于是否获得足量用户。然而，BAT 等第三方平台已经形成对用户资源的垄断，这是县级融媒体中心建设与发展所面临的最难的坎。如何迈过这道坎？即将到来的机遇摆在了面前，这个机遇来自 5G 技术预示的物联网化。从智能手机到各种可穿戴设备，包括最新的人工智能技术都为人机交互提供了各种可能。其中，移动性是融合媒体的基本特征，移动优先则是媒体融合改革要遵循的基本原则。第三方平台的人机交互界面都基于手机终端，这种基于手机的界面具有去地域化、非地方性的特征。物联网给地方带来了一种可能性，就是将人机交互的界面同可接触的物体相连接，形成应用入口。5G 技术和 5G 技术条件下的物联网可以产生新的人机交互界面，提供新的用户积累渠道。对于县级融媒体中心来说，可控的地方资源使其在下一轮通过物联网界面的用户积累过程中获得主动权，而有没有可能突破用户垄断的障碍，取决于县级融媒体中心是否对地方物联网进行提前布局，以及是否可以前瞻性地开发基于物联网技术的应用体验。从某种程度上来说，这依然是"移动优先"原则的技术延续。移动的目的是增强用户黏性，这是一种横向的移动体验。而当这种横向的移动体验被分解之后，人在所有行动中接触到不同物体的每一瞬间，都成为人机交互的时刻，复杂的、多元的移动体验将成为争夺用户的下一个战场。可以说，移动性将进一步升级，物联网化则在这种升级的过程中，在获取地方用户方面给县级融媒体中心建设提供了一个新的机遇。

二、国家治理体系与治理能力现代化：2.0 版县级融媒体中心的定位提升

2019 年 10 月 31 日，中共十九届四中全会通过《中共中央关于坚持和完善中国特色社会主义制度、推进国家治理体系和治理能力现代化若干重大问题的决定》（以下简称《决定》）。全会通过的这一决定，深刻阐释了坚持和完善中国特色社会主义制度、推进国家治理体系和治理能力现代化的重大意义和总体要求，并对坚持和完善党的领导制度体系等 13 个方面的制度作出战略部署。《决定》指出要构建社会治理的新格局。在这个新格局中，政策强调了基层社会治理的实现方式，即通过制度化与现代化实现社会治理和服务重心向基层下移，将更多资源下沉，强调实现精准化与精细化的服务，特别提出"构建网上网下一体、内宣外宣联动的主流舆论格局，建立以内容建设为根本、先进技术为支撑、创新管理为保障的全媒体传播体系"。在当前的应用场景中，很多计划是需要融媒体的参与才能完成的。县级融媒体中心的服务功能是区别于传统媒体最重要的地方，以往的地方媒体功能主要是舆论引导、传播信息。但是在今天，媒体的工作则需要深入地方发展的方方面面，特别是完善坚持正确导向的舆论引导工作机制，推进基层社会治理现代化、服务人民群众等方面。

习近平总书记在 2019 年 1 月 25 日第十二次政治局集体学习时指出："媒体融合发展不仅仅是新闻单位的事，要把我们掌握的社会思想文化公共资源、社会治理大数据、政策制定权的制度优势转化为巩固壮大主流思想舆论的综合优势"，明确提出了媒体融合是一种资源和能力的聚合。现实的发展告诉我们，当互联网走向移动互联网，并逐渐形成融媒体时，互联网并不是虚拟的，它和现实融合起来，达到一种网上网下的同构状态，这也是对媒体融合的社会学理解。融媒体必须加入社会治理，成为社会治理过程中的支撑系统。在地方上，县级融媒体中心必须抓住时机，认清责任，将其主要的功能职责向基层治理方面倾斜，在建设初期就要明确一系列基层治理的需求，并开发出

能够满足地方治理需求的应用。因此,县级融媒体中心就不仅仅是媒体的基层单位,也构成了国家开展社会治理的基础,这符合当前党和国家对基层社会治理现代化的要求。国家正在通过一种总体性的技术规划,将传播力量纳入社会治理的范畴,并把它作为一种社会治理方式,以解决现阶段人民日益增长的美好生活需要和不平衡不充分的发展之间的矛盾。

融媒体中心应该契合国家治理体系与治理能力现代化这个改革总目标,在更高的区域治理高度和更大的智慧治理范围内考虑这个问题,当然这是顶层设计者必须做到的,也是省、市,特别是县级顶层设计者要做到的。县级融媒体中心应该被定位为区域综合智慧平台,在这个平台上实现信息治理体系和信息治理能力的现代化。

三、多元产品服务策略:2.0版县级融媒体中心的功能聚合

以上讨论了功能的聚合性问题,即从过去较为单一的信息传播功能向多元化的"政务+服务"的功能聚合。媒体功能的转型对媒体的产品和服务策略提出了具体的要求。具体来说,要完成媒体的功能转型,需要县级融媒体中心的产品和服务做到垂直化、场景化、下沉化与智能化。

产品和服务的垂直化已经被证明是一个有效推进产品服务升级的方法。英国BBC(英国广播公司)在产品垂直化生产方面具有丰富的经验,他们不但将产品进行垂直化生产,也将机构依照产品垂直化的要求进行组织架构的垂直化设计。对于县级融媒体中心来说,垂直化的前提是用户需求的创造,当某种需求被创造,垂直化就要立即开始,将这一需求的全部领域占领,形成垂直产品与垂直服务,此领域也是未来不同地区融媒体中心间进行竞争的场所。

垂直化的完成需要把场景作为入口。从单个场景到场景闭环是完成场景化的路径。对于县域单位来说,场景是融合的场景,既有网上,也有网下。场景也在某种程度上体现了创造需求的能力。垂直化要创造需求,而场景则是创造的需求。将用户与地方资源连接起来,特别是对文化资源的有效利用,

能够将场景地域化，使融媒体产品和服务与用户日常生活紧密结合，并成为用户的生活方式，也能够发挥县级融媒体的地方优势，提高产品与服务的连接能力，形成完美的用户体验，养成长期的使用习惯，增强产品与服务的用户黏性。

产品与服务的下沉有两个含义：一方面是如上文所述，对于国家和省市层面的政务服务需要通过县级融媒体中心进行下沉，落实到地方，这是县级融媒体中心服务基层社会治理功能的中心任务。另一方面，对于产品和服务来说，要将其与地方情况和特点紧密结合起来，形成地方化的融媒体产品与服务，这也体现了垂直化与场景化要求。

产品与服务策略都有着一个共同的发展趋势——智能化。近年来，AI 技术的发展不断将这一趋势变成现实，包括移动性在内，也都需要 AI 技术的支撑，利用 AI 技术，可以精确地了解用户需求，形成全过程的智能化生产、智能化匹配与智能化分发。

四、数字化县域：2.0 版县级融媒体中心核心竞争力和可持续发展动力

县级融媒体的核心工作是生产内容与提供服务，这些工作的基本面是数据，其中针对数据的工作包括两个方面：一是数据的收集；二是数据的生产。在这两个方面，县级融媒体有着较强的优势，当然目前还是一种潜在的优势。地方融媒体中心可以将地方资源转化成数据，通过对社会服务的多元化介入，形成社会服务的数据入口，在这个过程中可以积累到大量的优质数据，为融媒体中心的内容生产与服务提供支撑。通过对用户数据的获取，采用打标签的方式制作"用户画像"，再通过画像对用户进行跟踪分析、消费行为预判，实现用户数据向用户资源的转化，完成用户—数据—资源—媒介产品的非线性生产。[①]

[①] 蒋东旭，胡正荣．互动依赖：多元逻辑中的媒介制度变迁［J］．新闻大学，2019（6）：86．

县级融媒体中心在数据资源的获得和转化能力方面与第三方平台之间还存在着较大差距,这种差距不仅在于技术,更重要的是对于资源的数据化与整合。大量的优质数据被放在第三方平台,如两微、抖音、今日头条,这种做法在目前有助于扩大影响,提升用户覆盖面。然而,数据沉淀在第三方平台的后果是优质数据的丧失。在 2.0 发展阶段,这种做法将无法延续,只有将优质资源配置到自主平台上,才能获得用户黏性。

在一些融媒体中心的建设中,还无法做到统一平台,对融媒体的理解也还很混乱,本来是优势的资源却被分散。比如,早年的电视,不同频道,甚至不同栏目都有各自独立的公众号或 APP,这就将本该通过整合形成的优势资源分散化,无法形成数据的场景闭环,自然也就无法得到完整有效的用户画像,融媒体产品难以精准定位、精准生产与精准投放,不能形成较强的用户黏性。面对这个问题,其实可以借鉴一些中央媒体的做法,像《人民日报》、新华社都在加紧做数据中心,它不同于技术中心的概念,因为数据中心相当于最上游资源。《人民日报》的做法特别值得其他媒体学习,它的融合思路是非常清晰的:第一步,融合内部的资源,通过搭建"中央厨房"把报社内部资源先盘活,再做数据化、网络化,最后是智能化。第二步,搭建一个全国的党媒平台,本着自愿的原则把整个传媒行业统合在一个大平台上。第三步,开始做垂直。互联网发展到现阶段,大家都在做垂直,每个垂直都越做越深。①

当前,县级融媒体中心应当牢牢围绕着生产和获得数据来做文章,这是一项前期的工作也是一项长期的工作。首先,需要将已有的相互隔离的地方数据库进行整理与打通,形成一个既有地域限定又能够跨越地域的数据优势。其次,要能够将地域变成一个数据化的地区,即通过对地域资源的清理与评估,将一些能够数据化的资源纳入中心的数据库建设。最后,县级融媒体中心要利用自身的地域优势,将用户转化成完整的用户画像,一位用户可以有

---

① 饶雷,肖婧为.媒体融合的方向渐趋清晰:专访中国教育电视台总编辑胡正荣[J].中国广播,2018(8):28.

多个画像，为不同的产品和服务提供支撑，以实现精准化的融媒体产品、服务的生产与供应。在这个过程中，既要注重横向数据的获取，也要注重不同行业的垂直数据积累，根据地方的优势产业和地方特点，垂直地获得一些行业数据等，将地方的优势突出出来，使得县级融媒体中心也能够为地方经济与社会的发展提供有侧重的支持。

上述问题以外，县级融媒体中心的建设还有很多亟待寻找解决方案的问题。比如，体制机制是促进融媒体中心产生活力的基本条件，其涉及媒体的管理机制、选人用人制度、分配制度等内部化机制。这些问题需要彻底跳出过去传统媒体的思维，用创新的方式去解决。比如，邳州的县级融媒体中心建设，在用人方面就较为开放灵活：一方面是打破了编制内外的差别；另一方面用更加市场化的工资方式、评聘方式来解决活力问题，都是值得推荐的做法。对于县级融媒体中心建设来说，特别需要注意的是地区差别，作为最接近人民群众的基层社会机构，地方情况千差万别，这是每个县级融媒体中心建设都会面临的挑战，但差异也是优势，是创造融媒体市场差异化战略的基石。深入理解地方，扎根地方，结合新的技术，把握好难得的历史发展机遇，会让县级融媒体中心展现前所未有的活力。

变迁与未来

智能化：未来媒体的发展方向[*]

2016年是全球传统媒体再次遭受一系列挑战的一年。据英国《金融时报》报道，美国全国广播公司（NBC）里约奥运会期间的收视率比四年前低了大约20%，在2016年的第二季度中有大约75.6万名美国人不再订购付费电视，这一数字达到新高。[①] 在我国西部，某省级卫视2016年全年广告收入下降了约50%；在我国香港，2016年底，继香港亚视停播后，华娱卫视成为又一家停播的卫星节目频道。央视市场研究（CTR）媒介智讯的研究显示，2017年1月，广告市场（不含互联网）同比下降1.7%。其中，传统媒体同比下降5.0%，电台1月份广告花费是传统媒体中唯一一个正向增长的媒体，同比增长3.5%，而电视媒体1月份的广告则下降了3.6%。传统媒体面临的困境可见一斑，这也提醒我们，目前媒体的变化趋势是深刻而不可逆的。

站在2017年的发展时点上推测，广播电视转型的窗口期大概会在2020年关闭，留给广播电视进行转型融合的时间已经十分紧迫了。传统媒体必须抓住机遇，如果还是停留在融合的初级阶段，无法很好地与用户对接并且进行差异化的内容推送，那么只能继续面对用户流失和广告份额"断崖式"下滑的痛苦。已经有很多广播电视业者在积极寻求新的思路，并分阶段进行媒体融合来摆脱困境，谋求新的发展。大家共同的关注点是，未来广电媒体往何处去？笔者认为，智能化或曰智慧化，可能是广电未来的演进方向。

---

[*] 本文原载于《现代传播（中国传媒大学学报）》2017年第6期，收入本书时，略有删改。
[①] 里约奥运会收视率创新低［EB/OL］.（2016-08-19）［2017-06-15］. https://m.163.com/sports/article/BUSAJRVQ00050I18.html.

一、未来媒体发展的方向

未来媒体发展的基本方向是智能化,它又与"共享化"的趋势相辅相成,需要抓住"共享化"和"智能化"这两大媒体发展的基本趋势,从而识别用户、争取用户,同时也争取广告主,实现资源最优配置和收益最大化。互联网日益普及,其本身所具有的开放性使得每个人都可以成为网络的主人,并共享这个开放的内容系统,因此,媒体需要顺应共享趋势。同时,技术的进步也正在推动媒体向更加智能化的方向发展,通过大数据、云计算、人工智能等技术,未来媒体将能以个性化和多样化的服务来对接由内容系统和平台渠道导入的用户。沿着这两个方向(尤其是智能化方向)发展的广播电视行业的未来生态,具体应包含四个特征。

第一,以用户数据为核心。现阶段,很多广播电视机构仍基于收视(听)率、人口属性等传统抽样数据进行用户分析,这并不符合全媒体时代发展的需要。内容是一个基本的入口,但如果内容分发与用户需求不相匹配,媒体的生产活动就是基本无效的,只有真正掌握好、分析好、使用好用户数据,挖掘数据背后的价值,才能真正充分满足用户的需求,使价值在用户使用阶段产生变现的可能性。从这个意义上讲,未来媒体应当意识到,用户数据是比内容更为重要的资源。

第二,以多元产品为基础。在全媒体时代,无论是节目、栏目还是其他传统媒体内容,在引入新媒体的互动基因后,都应成为未来媒体的"产品",这代表着对未来媒体的革命性认识。虽然未来媒体的产品形态是多元的,但整个流程从顶层统筹、立项策划到研发制作、推广营销都应该是一体化的,力争做到一次创意、多类生产、多次分发。在此基础上,未来媒体也将改变传统的以内容生产为中心的工作模式,实现各个岗位的跨界合作。

第三,以多个终端为平台。全媒体多终端时代已经来临,用户每天在不同的时间和地点面对智能手机、平板电脑、桌面电脑和电视(包括新型的智能电视)等不同的屏幕终端。无论是媒体的品牌影响力还是产品的变现能力,都需要以各个终端平台的互联互通为依托来实现。未来智能技术介入媒体发展后所产生的影响,也会通过这些不同终端与用户互动方式的变化体现。

第四,以业态创新为重点。2016年2月19日,习近平总书记在党的新闻舆论工作座谈会上指出,随着形势发展,党的新闻舆论工作必须创新理念、内容、体裁、形式、方法、手段、业态、体制、机制,增强针对性和时效性。① 对于传统的广播电视来说,要想在新形势下做好舆论工作,必须走融合发展的道路。广电媒体融合发展的过程也是业态创新的过程,而这种创新与互联网业态的创新密不可分。

受到智能化的引领,互联网业态将从社交媒体时代走向智能场景时代,这一过程对传统广电有很大启发。根据技术趋势、产品形态和运营模式的变化,媒体业态可以分为三个阶段。

二、媒体业态发展的阶段性分析

互联网业态的发展基本可分为三个阶段:一是门户媒体时代,即Web1.0;二是社交媒体时代,即Web2.0;三是智能场景时代,即Web3.0。传统媒体要想在各方面拓展全新的空间,其融合发展就要跟互联网业态的发展匹配起来,随着它的进程而进步,这也意味着广电在媒体融合的道路上同样要经历1.0、2.0和3.0三个阶段:第一阶段是内容媒体阶段,表现为把内容集成在微博、微信、客户端上,实现传统媒体流量到两微一端流量的转化;第二阶段是社交媒体阶段,即通过社交和互动聚集用户黏性,进而掌握用户的使用习惯和喜好,做到初级的个性化分发;第三阶段是智能媒体阶段,即将用户价值和内容价值高度匹配起来,充分实现社会价值与经济价值。无论是广电媒体还是互联网,要想迈入3.0时代的大门,都离不开人工智能技术的支撑。

人工智能(Artificial Intelligence,AI)诞生于1956年夏天,在美国达特

---

① 习近平:坚持正确方向创新方法手段提高新闻舆论传播力引导力[EB/OL].(2016-02-19)[2017-06-15]. http://www.xinhuanet.com/politics/2016-02/19/c_1118102868.htm.

茅斯组织的一个研讨会，由会议召集者约翰·麦卡锡（John Mc Carthy）为其命名。自诞生起，人工智能领域的研究经历了一系列波折①，不过得益于该领域研究人员的不断求索，目前其在农业、金融、医疗、零售、能源、驱动等方面都有相当广泛的应用。2016年8月8日，我国国务院发布了《"十三五"国家科技创新规划》，面向2030年部署启动了一批"体现国家战略意图的重大科技项目"，其中就强调要在人工智能方面遴选重大任务以充实完善重大项目布局。②2017年3月5日，李克强总理在做政府工作报告时也讲道，要加快培育壮大新兴产业，加快人工智能等技术的研发和转化。③从决策层来说，政府大力推进包括大数据、云计算、人工智能等技术在内的智慧化的建设，为下一步智能化的发展做好了铺垫。在这样的大背景下，承担最基本的传递信息、引导舆论、娱乐大众和教育传承等功能的媒体，就需要跟智能技术进行有效对接。虽然在目前的新闻生产实践中，大量的智能写作产品或者前人工智能时代的产品已经获得关注并加速发展，但实际上，人工智能在媒体行业的应用还处在比较初级的阶段。从技术本身考虑，人工智能界认为，人工智能的发展需要经过三个阶段：一是以运算和存储能力为依托的运算智能；二是以延伸人类感官的感知技术为依托的感知智能；三是以让机器能够进行类人化的理解与思考为目标的认知智能。媒体业目前只是采用了运算智能的一部分，也刚刚开始采用感知智能的"皮毛"，而认知智能的应用尚未提上议事日程。

我们可以把技术和互联网业态的发展阶段作为参照，再反观传统广电的融合进程，就会发现，现在广电的融合基本处在以"传统媒体＋两微"为主要产品业态、借用部分信息技术进行内容集成和多渠道分发的1.0时代，甚至还有部分广电仍处在前1.0时代，尚未开始融合。而理想状况下，进入社交

---

① RUSSEL S, NORVIG P. Artificial intelligence: a modern approach [M].3rd ed. Upper Saddle River, NJ: Pearson Education, 2009: 17-28.
② 国务院关于印发"十三五"国家科技创新规划的通知[EB/OL].（2016-08-08）[2017-06-15]. https://www.gov.cn/gongbao/content/2016/content_5103134.htm?eqid=eeb316020006f9570000000364979daa.
③ 政府工作报告———2017年3月5日在第十二届全国人民代表大会第五次会议上[EB/OL].（2017-03-15）[2017-06-15]https://www.mca.gov.cn/n152/n162/c82875/content.html.

媒体时代的广电应该以用户集聚为特征、以内容和用户数据为核心资源、以"传统媒体+两微+APP+SNS"为主要产品业态，借用信息技术和数据技术，以运算智能作为支撑，做到对不同的用户进行差异化、个性化和精准化的内容推送。通过以数据方式存储用户的使用习惯并进行分析，广电既可以知道自己所需要到达的用户是谁，又可以了解所面对的用户真正需要的是什么，这样继融媒体之后，广播电视传播的效应才可能提高，价值才可能增大。仅仅满足于把一项产品在所有渠道上对所有人提供是不够的，它并不能挽回用户的流失和经营效益的下滑。

进入社交媒体时代，我们所面对的广播听众和电视观众实际上是被多屏幕和多渠道覆盖的。每一个屏幕、每一种渠道都对应着特定的用户数据。因此，一个全媒体的用户数据库至少应该包括有线广播电视数据、无线广播电视数据和互联网数据三部分，如果只拥有一部分数据，则不能称之为大数据、全数据或全媒体数据。现阶段，许多广电媒体不仅缺乏大数据、云计算等技术，而且尚未充分利用自己所掌握的有线电视数据。2015年9月5日，国务院印发了《促进大数据发展行动纲要》(以下简称《纲要》)，《纲要》中指出，数据已成为国家基础性战略资源，并正在对经济运行机制、社会生活方式和国家治理能力等方面产生重要影响，要深化大数据在各行业的创新应用。[1] 这也提醒媒体行业，特别是广电媒体，要转变过去的操作思路，要对传统的收视率、收听率调查进行深度改革，只有真正把数据利用起来，才能更好地适应当今分众化、差异化的需求。

目前，许多媒体都愿意在微信上注册自己的公众号，愿意与社交类和聚合类的平台开展产品合作。这种情况不仅对中国媒体来说很常见，对西方媒体，如《纽约时报》、美国有线电视网（CNN）、英国广播公司（BBC）等来说也是如此，这些媒体也在和脸谱网（Facebook）等社交平台进行合作，在合作过程中一样面临着压力。当专业化的传统媒体把内容放在视频网站的频

---

[1] 国务院关于印发促进大数据发展行动纲要的通知［EB/OL］.（2015-09-05）［2017-06-15］. https://www.gov.cn/zhengce/content/2015-09/05/content_10137.htm.

道、微信公众号和类似"今日头条"等新闻聚合产品平台上的时候,传统媒体只等同于一个承担着前期生产工作的创作者,而后续的工作是由社交媒体和聚合类平台实现的。社交媒体利用所掌握的用户数据,将传统媒体生产的内容进行分发,对用户进行导流,最终达成了内容变现。在准人工智能时代,运算智能在媒体上的应用比我们想象的重要得多,如果没有更好的技术来改造整个系统,那么专业媒体从创作到导流、分发直至变现的整个过程,可能都很难实现。

在智能场景时代,传统媒体的融合发展应走向更高级的智能媒体阶段,即以价值的智能场景匹配为特征,以内容、用户数据和服务为核心资源,以"传统媒体+APP+SNS+O2O+LBS等"为主要的产品业态,在信息和数据技术的基础上,深度开发利用人工智能技术,为智能场景时代的匹配需求服务。我们常说的场景匹配,简言之,即在生产和分配媒介内容的时候做到内容与用户之间基于场景数据的供求关系的准确配置。场景匹配不仅涉及空间维度,还涉及时间维度,大众传媒与接受者在时间上的匹配经历了一个从无到有的过程。20世纪20年代末到30年代初,英国广播公司是没有固定的节目表的,此时的广播无法对应用户睡眠、工作和休闲三大部分的时间安排,更谈不上切实满足用户基于特定时间和空间的需求。到了30年代末,英国广播公司发现听众并不把广播视作电影院、音乐厅等偶尔与其生活相交织的特殊场所,而是和水电一样的人们生活中随用随有的背景物,从那以后,英国广播公司的节目编排者们便改变了以往特意不设置固定节目表的方式,而是开始按照人们日常生活的时间惯例来组织节目,形成固定、连续的节目编排。[①]广播电视的节目编排不仅受到用户自身时间框架的影响,也在形塑着接受者本身。例如,1993年,《东方时空》的开播改变了中国观众早上不愿意打开电视机的习惯。[②]因此,如果说时钟的发明使有机体逐渐形成了有规律的和准时的生活模式,那么广播电视的普及则使人类行为在规范化和同步化的道路上更进了

---

① SCANNELL P. Radio times: the temporal arrangements of broadcasting in the modern word [C]. London: BFI.
② 孙玉胜.十年:从改变电视的语态开始 [M].北京:人民文学出版社,2012:30.

一步。在智能场景时代，广播电视媒体会朝着与这种规范化和同步化趋势相反的方向发展，这种对于规范化趋势的否定并非对原初时期的简单回归，从自说自话到关注用户群体，再到利用技术深入了解用户个体，这个将用户摆在核心位置的发展逻辑是一脉相承并逐步深化的。利用感知智能，传统媒体的整个技术系统除了要能感知到用户具体处于什么时空场景中，还要能感知到用户在这个场景下具体有什么需求，以及处在此种需求中的用户对特定的内容又形成了怎样的感情色彩，是拒斥的，还是接受的，抑或是强烈需要的？只有把用户的需求跟广电在供给方面的传统优势做到高度的智能匹配，才能充分吸引用户的注意，从而实现社会价值和经济价值。说到底，这是传受关系的权力转移和中心转移，也是传播的语法体系从传播者第一人称向用户第一人称的转变。

无论是在门户媒体时代、社交媒体时代还是智能场景时代，当我们讨论广电等传统媒体的融合方向的时候，都不能脱离具体的社会语境。在中国的语境下，以技术为重要驱动力的媒体融合不仅需要紧盯每个时代的技术前沿，更需要得到体制自上而下的支持。2017年1月3日，国家新闻出版广电总局原局长聂辰席在全国新闻出版广播影视工作会议上提出，要进一步推动广播电视媒体和新兴媒体的融合，加大科技创新力度，把深度融合作为关系行业发展的战略工程，进一步增强危机感和紧迫感，以自我革命的精神推动深度融合。2017年1月5日，时任中宣部部长刘奇葆同志在推进媒体深度融合工作座谈会上也强调，推动媒体融合发展，是巩固宣传思想文化阵地、壮大主流思想舆论的战略举措，但动力不足、缺乏居安思危和求新图变的紧迫感、工作积极性主动性不够、缺乏总体设计等问题仍是媒体融合所面临的突出问题。在中央的大力推动下，媒介融合已经成为国家媒体和各个地方媒体着力推进的重要工作，但在具体操作过程中还存在一些值得改进之处。在中国的特殊语境下，如何在政治使命和经济诉求之间寻求平衡点，将媒体融合真正落到实处，使媒体改革既能够促进和发展主流媒体的传播能力、更好地发挥舆论引导作用，又能够在经济上获得成功、取得良好的收益，这是需要我们不断去尝试和探索的。

三、广播电视媒体智能化发展的四条路径

广播电视媒体从社交化走向智能化，可以沿着四条路径展开探索：

第一，以云端化为产品存储平台。媒体实现产品及服务云端化，不仅在媒体内部可以更快、更高效、更集约地完成内容生产，也能使用户真正参与其中，从而提升用户体验。国内的一些省级电视台已经在产品制作过程中逐步探索云端化，但彻底的实现云端化还需要思维和技术的不断跟进，同时云端内容的稳定性、云端内容的安全加密体系也应同步推进。

第二，以垂直化为内容整合方式。与传统媒体不同的是，媒体垂直化生产给产业价值链的深度开发提供了可能。垂直化使得广告投放更加精准，从而能有效提升广告价值，并提高盈利能力。保持有价值的内容及深度的服务，把垂直化做深、做强，是广电媒体可以尝试的思路。

第三，以场景化为需求对接入口。每个人的需求都是在特定时空下产生的，而特定的时间和空间就是场景。这就需要我们形成以用户为中心、场景为基准、服务为增值的思路和做法，利用感知智能去判断特定场景下人的状态和需求，在海量信息基础上向用户进行推送以满足其需求，从而做到个性化的需求匹配和有针对性的产品推送。

第四，以智能化为行业演进方向。媒体融合在走向智能化高级阶段的过程中，必须抓住智能化的媒体应用、智能化的媒体产品和智能化的媒体生态这三个关键点，而想要在这三个方面有所进展，则离不开与互联网公司的合作。2016年底，百度联合中信国安广视发布的G-1智能高清机顶盒便是人工智能与内容直播平台进行合作的一种探索。

在可见的未来，语音识别、自然语言处理、计算机视觉等技术还将对各行业产生更加深远的影响。对媒体行业来说，仅凭广电自身还无法达到完善的全媒体生态，它需要联合所有的信息业、技术业和服务业共同进行技术研发和创造，搭建整个智能化的技术生态系统。所以，媒体行业需要有更加开放的心态、机制和举措来适应这种智能化的发展趋势。就广电行业来说，"智

慧广电"需要成为更加开放的系统,如果把眼光放得更为长远,未来的广电不应该止步于具备强大机器学习和运算处理能力的弱人工智能(Weak AI)层面,而应该追求更高级别的智能系统。未来广电不仅是高智慧的,也必将是高情感的,这才是值得我们追求的方向。

历史、变革与赋能：AIGC 与全媒体传播体系的构建*

在邓小平提出的重要论断"科学技术是第一生产力"的指导下，中国在改革开放的数十年间取得了巨大的进步。科技的进步推动了人类社会的结构变革，特别是新一轮科技革命的迅猛发展，加速推动人类社会迈向工业 4.0 的进程，引领产业变革向更深层次的方向发展。新一轮科技革命也是世界百年未有之大变局产生的内在因素之一。正如习近平主席在致 2021 年世界互联网大会乌镇峰会的贺信中写道："数字技术正以新理念、新业态、新模式全面融入人类经济、政治、文化、社会、生态文明建设各领域和全过程，给人类生产生活带来广泛而深刻的影响。"

近年来，以数字技术和智能技术为主要驱动力的媒介技术的快速发展，显著地改变了人们的生活方式。2021 年，人们满怀兴奋和忐忑地迎接了"元宇宙元年"的到来，短短一年之后，又在 2022 年底见证了一场颠覆式的新技术革命，即 ChatGPT、DALL·E 2、Topaz Video AI 等生成式人工智能（Generative AI）应用的广泛问世。生成式人工智能的普及，将 AI 从科幻作品的想象正式变为人们在日常生活中常见之物，使得"元宇宙"的实现真正成为可能，同时掀起了人工智能生成内容（artificial intelligence generated content，AIGC）的创作浪潮，将人类社会的信息生产和信息泛滥推向了另一座高峰。

---

* 本文原载于《科技与出版》2023 年第 8 期，与樊子塽合作，收入本书时，略有删改。

毫无疑问，AIGC 的出现，是内容创作领域的一次巨大飞跃，为广大用户提供了更多的创作灵感，内容创作过程也变得更加高效。与此同时，AIGC 的出现也为新时代主流媒体的发展带来了新的机遇和挑战，如何处理好主流媒体与 AIGC 之间的关系，如何利用好 AIGC 从事内容生产，是建设全媒体传播体系、塑造主流舆论新格局的重要课题。

一、AIGC 的发展历史与运行逻辑

AIGC 是一种通过人工智能技术，利用大数据、机器学习和自然语言处理（NLP）等技术，自动生成各种形式的内容，如文章、新闻、图片、音乐、视频等的新内容生产方式。继专业生成内容（professional generated content，PGC）、用户生成内容（user-generated content，UGC）、专业用户生成内容（professional user-generated content，PUGC）之后，AIGC 成为当前内容生产领域的第四种主要类型，可以在短时间内生成大量内容。AIGC 的广泛应用，离不开 AI 技术奠定的基础。本文在已有文献[1][2][3]的基础上，根据 AI 技术的迭代和智能生成内容的特征，将 AIGC 的发展划分为四个阶段。

（一）奠基萌芽阶段——规则驱动的实验（1956—1980）

一般来说，人工智能这一术语诞生在 1956 年的达特茅斯会议上[4]，因此 1956 年被认为是"AI 元年"，人们开启了对 AIGC 的尝试。1957 年，雷贾

---

[1] CAO Y, LI S, LIU Y, et al. A comprehensive survey of ai-generated content（AIGC）: a history of generative ai from gan to chatgpt［EB/OL］.（2023-03-22）［2023-08-08］. https://www.doc88.com/p-20029625148407.html.

[2] LIU Y, HAN T, MA S, et al. Summary of ChatGPT/GPT-4 research and perspective towards the future of large language models［EB/OL］.（2023-04-04）［2023-08-08］. http://www.paperreading.club/page?id=159266.

[3] 人工智能生成内容（AIGC）白皮书（2022 年）［EB/OL］.（2022-09-13）［2023-08-08］. https://baijiahao.baidu.com/s?id=1751004628926601886&wfr=spider&for=pc.

[4] 尼克. 人工智能简史［M］. 2 版. 北京：人民邮电出版社，2021：368.

伦·希勒（Lejaren Hiller）和莱纳德·艾萨克森（Leonard Isaacson）通过蒙特卡洛算法将计算机程序中的控制变量换成音符，生成了历史上第一支由计算机创作的音乐作品——《依利亚克组曲》（*Illiac Suite*）。①1962年，最早的诗歌写作软件Auto-beatnik诞生，由R. M. 沃西（R. M. Worthy）领导的团队研发，通过向计算机输入语法结构和词汇，让计算机随机选择，并组合成诗歌。②

1966年，计算机科学家维森鲍姆（Weizenbaum）在麻省理工学院开发了最早的人机对话系统——Eliza，通过关键词扫描和重组实现人与计算机之间的简单对话。③1972年，科尔比（Colby）在斯坦福大学开发了另一款人机对话系统——Parry，可以模拟偏执型精神分裂症患者的思维模式，旨在通过计算机模拟和理解人类的精神和行为。值得一提的是，1973年，Eliza和Parry之间产生过一次对话，前者扮演心理治疗师，后者则扮演病患。④但是，由于这一时期的AI主要依赖规则系统（rule-based system）和专家系统（expert system），尚处于符号AI的阶段，内容生成主要基于固定的规则和模板，这使得两款程序都无法真正理解对话的语境和情感，导致对话结果通常是机械化且无意义的。这也揭示了早期AIGC的局限性，生成的内容大多基于规则和模板，过于依赖预定义的语句和结构。在大数据和深度学习技术普及之前，计算机生成的内容通常缺乏真正的创造性和多样性，AI也缺乏深度的语义理解和情感感知能力。

---

① ASSAYAG G E R. Computer assisted composition today［C］//Music representation team. 1st symposium on music and computers. Applications on contemporary music creation：esthetic and technical aspects. Corfu，1998：1.
② WORTHY R M. A new American poet speaks：the works of A. B.［J］. Meanjin quarterly，1964（2）：166–172.
③ WEIZENBAUM J. ELIZA：a computer program for the study of natural language communication between man and machine［J］. Communications of the ACM，1966，9（1）：36–45.
④ When PARRY met ELIZA：a ridiculous chatbot conversation from 1972［EB/OL］.（2014-06-09）［2023-08-08］. https://www.theatlantic.com/technology/archive/2014/06/when-parry-met-eliza-a-ridiculous-chatbot-conversation-from-1972/372428/.

（二）沉淀积累阶段——机器学习的崛起（1980—2006）

机器学习的概念在 AI 研究诞生之初就已经出现，目的是让计算机能够更好地模拟和实现人类的学习行为，但在 AI 发展的初期，由于技术、理念等因素的影响，机器的学习能力一直处于蛰伏状态，直到 1980 年卡内基·梅隆大学召开了第一次机器学习国际研讨会，机器学习的系统研究才开始兴起。同年，日本科学家福岛邦彦提出了人工神经网络模型 Neocogniron，被认为是卷积神经网络（CNN）的雏形。20 世纪 90 年代初期，由于计算机技术的加速发展和数据量的急剧增长，统计学习方法开始被广泛应用于信息处理领域。这使得 AIGC 能够摆脱依赖固定模板和预设规则的限制，转向更加自适应和灵活的内容生成方式，以及更为复杂的生成策略，AI 技术的应用逐步从实验性向实用性转变。在这个阶段，许多基于统计的方法，如决策树、随机森林、支持向量机等开始流行；又如统计机器翻译系统开始通过大量双语语料库训练，自动翻译出更为流畅自然的文本。此外，互联网在这一时期兴起，产生了大量的数据，可用于 AI 模型的训练，传统的一对多的传播模式转变为多对多的互动模式，个性化的内容生成需求逐渐凸显，同时带来了新的应用场景，如搜索引擎、智能推荐系统等。

1997 年 5 月，IBM 研发的国际象棋程序深蓝（Deep Blue）打败了世界象棋冠军卡斯帕罗夫（Kasparov），证明了 AI 在某一领域能够超越人类，引发了社会对 AI 的广泛关注，从现实意义上真正解决了大规模复杂系统的开发问题[①]，成为 AI 史上的一个重要里程碑。深蓝采用的是决策树搜索算法，通过对可能产生的对弈走向进行预测，从而作出最有利的选择，以此生成下一步走棋。尽管深蓝并没有直接涉及内容生成，然而它显示了 AI 在复杂问题解决上的潜力，为后续的 AI 开发打入了一剂强心针。类似的采用决策树搜索算法的机器学习模型，都可以通过学习大量的训练数据，实现内容的自动化提取和生成，并应用于内容的个性化和定制化推荐。

---

① 张钹，朱军，苏航. 迈向第三代人工智能 [J]. 中国科学（信息科学），2020（9）：1281-1302.

（三）快速蝶变阶段——深度学习的革命（2006—2014）

这一时期 AIGC 的发展迎来了革命性的重大突破，即基于人工神经网络的机器深度学习的广泛应用给 AIGC 的发展带来了革命性突破。2006 年，多伦多大学教授杰弗里·辛顿（Geoffrey Hinton）和他的团队发表了一篇关于深度置信网络（Deep Belief Nets）的论文，提出了一种快速学习算法，用于训练深度人工神经网络[1]，自此拉开了机器深度学习的帷幕。同年，李飞飞教授意识到"数据"在 AI 算法研究中的重要性，于是带头构建大型图像数据集——ImageNet，包含上百万张带有详细标注的图片[2]，对深度学习，尤其是卷积神经网络（CNN）在计算机视觉领域的发展起到了关键作用。

这一时期，大量的人工神经网络得以广泛应用，尤其是递归神经网络（RNN）和长短期记忆网络（LSTM）在文本生成领域取得显著进步，进一步提高了 AI 在自然语言处理方面的能力，能够更加容易和快速地识别和生成自然语言。例如，LSTM 能够学习和理解长距离的文本依赖关系，使得生成的文本更加连贯和自然。2007 年，艺术家罗斯·古德温（Ross Goodwin）开始了一个基于人工神经网络深度学习技术的艺术实验项目，他驾驶一辆名为 Wordcar 的汽车穿越美国，车上的 AI 系统在旅行的过程中实时生成和打印与所处环境相关的内容，并最终形成了一部长篇小说 The Road。谷歌的 Smart Reply 也是一个很好的深度学习应用实例，Smart Reply 使用 RNN 模型来理解用户在电子邮件中的对话，并自动生成相关的回复建议。

与此同时，机器学习模型开始被广泛应用于媒体新闻生产。2009 年，美国西北大学智能信息实验室研发的 StatsMonkey 系统撰写了一篇关于美国职业棒球大联盟季后赛的新闻稿件。它运用统计分析技术识别出比赛期间的重大事件，并总结整体比赛动态，从而自动生成一份体育报道。2014 年，美联社开始采用 Automated Insights 推出的人工智能平台 Wordsmith 来增强核心新

---

[1] HINTONG E, OSINDERO S, TEH Y. A fast learning algorithm for deep belief nets [J]. Neural computation, 2006（7）: 1527–1554.

[2] FEI-FEI L, DENG J, LI K. Imagenet: constructing a large-scale image database [J]. Journal of vision, 2010（8）: 1037.

闻报道的能力，Wordsmith 能够根据结构化的数据自动撰写新闻报道和财务报告，成为第一代撰稿机器人。此后，全球各大媒体纷纷开始开发和应用新闻撰稿机器人，如洛杉矶市时报的 Quake、纽约时报的 Blossom、腾讯财经的 Dreamwriter、新华社的快笔小新、第一财经的 DT 稿王等，均是 AIGC 在新闻内容生产领域的实践。①

（四）全面爆发阶段——生成智能的突破（2014 年至今）

这个阶段是 AIGC 发展的最新阶段，也是最具影响力的阶段。前面三个阶段的 AIGC 大多是围绕自然语言的文本生成，而生成智能的突破是 AIGC 发展的最新阶段，也是最具影响力的阶段。这一阶段的 AIGC 开始向多模态、跨模态内容生成转变，图片、视频、音乐等内容的创作均可以被 AI 完成，并能够生成高质量的内容，由此人工智能实现了向生成式人工智能的跨越。

2014 年，生成对抗网络（generative adversarial network，GAN）由美国机器学习研究者伊恩·J. 古德费洛（Ian J. Goodfellow）等人提出②，标志着这一阶段的开始。GAN 的核心思想是让两个神经网络进行对抗，通过学习真实数据生成与原数据分布相符的新数据，从而生成更加真实、多样的内容，当前被广泛应用于图像的生成。2018 年 10 月，法国巴黎艺术组合 Obvious 利用 GAN 生成了一幅名为《埃德蒙·贝拉米》的肖像画，并在佳士得拍卖出了 43 万美元的高价。③ 同年，英伟达发布了一款基于 GAN 的 AI 图像生成模型 StyleGAN，目前已升级到第四代模型 StyleGAN-XL，可以生成极其逼真的人脸图片，普通人难以分辨真假。此外，近几年引起广泛热议的"AI 换脸"技术 Deepfake，也是基于 GAN 模型生成人脸图片，Deepfake 还可以进行语音模拟和视频合成。2017 年

---

① 周志明. 智慧的疆界：从图灵机到人工智能［M］. 北京：机械工业出版社，2018：356.
② GOODFELLOW I, POUGET-ABADIE J, MIRZA M, et al. Generative adversarial networks ［J］. Communications of the ACM，2020（11）：139-144.
③ AI Art at Christie's Sells for $432, 500 ［EB/OL］.（2018-10-25）［2023-08-08］. https：//www.nytimes.com/2018/10/25/arts/design/ai-art-soldchristies.html.

5月,微软人工智能助手"微软小冰"出版了第一部人工智能创作的诗集《阳光失了玻璃窗》。①2017年12月26日,新华社在成都发布了中国第一个媒体人工智能平台——"媒体大脑",生产的第一条MGC(机器生产内容)视频新闻是《新华社发布国内首条MGC视频新闻,媒体大脑来了!》。②

越来越多的AI研发者意识到,他们需要的不仅是一个能够快速处理大量数据的系统,更是一个能够理解用户需求,并以自然语言和人类交流的AI程序。2015年7月,Google推出DeepDream,开创了文本生成图像AI模型的先河。

2018年,AI的研发开始转向基于大规模预训练语言模型(PLMs)的方法,充分利用大模型(large language model,LLM)、大数据和大计算,对人类的语言系统进行全方位的深度学习。其中,OpenAI研发出了第一代GPT(generative pretrained transformer)模型,将自然语言处理带入"预训练"时代。③2021年1月,OpenAI发布DALL·E模型,正式将文本生成图像推入大众视野。2022年4月,OpenAI将DALL·E升级为第二代,在文本智能生成图像的基础上加入了图像边界拓展、元素编辑和风格转换的功能,进一步提升了该模型的实用性和创造性。2022年7月,Midjourney发布了图像生成模型Midjourney,游戏设计师杰森·M.艾伦(Jason M. Allen)使用该模型生成了一幅名为《太空歌剧院》(Space Opera Theater)的AI绘画,并赢得了科罗拉多州博览会美术竞赛数字艺术单元的第一名。④

---

① 陈根.泛智能革命:从人工智能到元宇宙的关键革新[M].北京:电子工业出版社,2022:99.
② 新华社发布国内首条MGC视频新闻,媒体大脑来了![EB/OL].(2017-12-26)[2023-08-08].https://baijiahao.baidu.com/s?id=1587837872338337274&wfr=spider&for=pc.
③ RADFORD A,NARASIMHAN K,SALIMANS T,et al. Improving language understanding by generative pre-training[EB/OL].(2014-01-05)[2023-08-08].https://blog.csdn.net/sinat_34461199/article/details/135404779.
④ AI won an art contest,and artists are furious | CNN Business[EB/OL].(2022-09-03)[2023-08-08].https://edition.cnn.com/2022/09/03/tech/ai-art-fair-winner-controversy/index.html.

2022年11月30日，OpenAI推出全新的对话式通用人工智能工具——ChatGPT，它通过深度学习和自然语言处理技术，在大量的文本数据上进行训练，能够理解人类的语言和思维方式，并用自然语言与人进行对话，极大地提高了人机交互的效率和体验。ChatGPT的横空出世，改写了AIGC的生产逻辑，人们可以用人类的自然语言向机器描述问题、发布指令，而机器也能以自然语言的方式进行反馈。在Transformer模型与注意力机制（attention mechanism）的共同作用下，AI可以快速捕捉人类语言中的重点信息，并能够解决上下文学习（in-context learning）中的长距离依赖问题，做到内容的持续输出，从而与人类达成深切的交互。这样，AI不仅能够理解用户的需求，还可以与之互动，并提供个性化的服务。

二、AIGC对全媒体内容生产的颠覆式变革

（一）生产者——从人到机器，再到人机协同

AIGC改变了媒体内容生产者的角色。在PGC时代，传统媒体的内容生产通常需要团队协作完成，内容的采集、创作、编辑、传播分别需要由不同的专业生产者完成，专业知识技能和创造力是内容生成的核心要素。到了社交媒体蓬勃发展的Web2.0时期，平台型媒体的崛起和生产技术准入门槛的降低，使得内容生产者的角色延伸到整个互联网用户，UGC时代到来。这一转变使得内容生产由团队转向个人，每个人都具备了创造和分享内容的能力，以极大的开放性和普及性丰富了媒体生态体系。然而，由于大部分用户缺乏专业知识和技能，UGC时代的内容质量良莠不齐，许多内容缺乏深度、准确性和可信度，促使UGC向PUGC转变。无论是PGC还是UGC，其内容生产的核心主导者依然是人，需要生产者依靠自身的知识和能力进行内容创作。

随着AIGC的出现，自动化内容生成开始替代部分媒体生产者的工作。在新闻报道方面，撰稿机器人开始在体育、财经等需要强时效性的领域取代人类记者，如腾讯财经于2015年推出的自动化写稿机器人Dreamwriter，在奥运会、NBA等大型体育赛事的报道中担任内容生产者的角色，以"比赛

视频+比赛回顾+阵容介绍"的形式向用户进行赛事的实时报道。在视频生产方面，短视频的自动化内容生成已经普及，进一步降低了视频制作的门槛，如字节跳动旗下的剪辑软件剪映具备一键成片功能，用户可以自主导入视频素材，由剪映AI分析画面，匹配相应的风格和音乐，从而形成一条较为完整的短视频。另外，AIGC在文学、音乐、绘画等艺术领域也已确立重要的内容创作者地位。至此，机器已经成为内容创作过程中不可或缺的重要参与者。

DALL·E 2、Midjourney、ChatGPT等基于大模型的AIGC程序问世以后，内容生产者的角色又一次发生了变化，从人和机器各自生成内容转变为人机协同生产。此时的人类创作者无须承担内容生产的全部任务，也未被边缘化，更不用担心机器生成内容的同质化与机械化，而是可以通过"人类指令—AI创作"的模式，实现人与AI的共创，即人类负责策划、审核与优化，确保内容的质量和人文关怀；AI负责内容的制作，人与机器的关系实现了史无前例的融合。例如，美国漫威公司于2023年上线的美剧《秘密入侵》（Secret Invasion），采用了人机协同的创作模式，其片头动画由Method Studios使用AI程序制作而成，这是AIGC技术首次在大型媒体平台的作品中得到应用。虽然片头动画有着十分明显的"AI绘画感"，且较为粗糙，但正如该剧导演兼制片人阿里·塞勒姆（Ali Selim）所说的，那种变幻莫测的不稳定的状态与剧集的主题以及剧中主要族群斯克鲁人（可以随意变幻外形的外星人）的特质极为契合。

（二）生产方式——从人工到机器辅助，再到智能交互

AIGC驱动的内容生产方式的三次变革可以被看作科技解放和发展生产力的过程。早期的内容生产都是由人类亲力亲为，如写作、绘画、雕塑等需要人操作特定的器具进行，内容是由人类经过观察和思考所表达出来的。换言之，只有人类才能进行内容创作。但是，此时的人类创作行为往往被限制在特定的物质材料之上，如纸笔、画布、石头等，一种材料只能用于生产一种特定的内容，而一些大型的创作活动会对人类的生理机能产生一定的负担。

可以说，纯人工的内容生产方式是低效且难以规模化的。

内容生产方式的第一次变革是计算机的诞生以及配套软件设施、硬件设施的发明，让人们摆脱了特定物品和空间的束缚，仅在一台计算机设备上就能完成写作、绘画、编曲、剪辑等一系列内容生产，彼此之间还能够产生交互组合，促使多媒体内容的诞生。例如，人们可以使用 Word、Photoshop、FinalCut 等软件进行文字、图像、视频的编辑，也可以使用手绘板辅助绘画和建模的创作。此时的机器已经开始辅助人类生产内容，大大提升了生产效率，但其只是作为一种工具化的手段，并未主动参与内容创作，人类仍然是内容的唯一生产者。

内容生产的第二次变革是早期的 AIGC 工具的产生。这一时期，机器的辅助属性变得更为明显，从先前的被动使用转变为主动协助，将内容生产者从大量重复、多余的劳动中解放出来，并能将更多注意力放在内容质量方面。同时，AIGC 工具的应用第一次大幅度降低了内容生产者的创作门槛，将内容生产的权利从部分专业人士扩散到掌握基础数字技能的普通人手中。例如，撰稿机器人的发明可以让体育和财经领域的新闻生产者不再耗费心神捕捉大量动态的数据，转而将重心投入对事件的分析和解读。由字节跳动 AI Lab 联合上海交通大学研究团队发布的全新升级版 AI 新闻记者 Xiaomingbot，通过内置的新闻生成器、翻译器、跨语言阅读器和头像动画，能够独立完成新闻报道的整套工作流程。① 此时的机器仍然是作为人类的辅助工具进行内容生产。

内容生产的第三次变革是自然语言处理与大模型的 AI 技术的应用，它们彻底改变了内容生产方式的格局，将机器与人类提升到同等的地位，形成智能交互的生产模式。这种模式简化了工作流程，进一步提高了生产效率，再一次降低了内容制作的门槛，人类甚至不需要掌握软件和硬件的使用方法，仅向 AI 描述创作意图和想法就能够生成高质量作品，这在内容生产层面将"数字鸿沟"缩减到最小，进一步放大了人类的独特性、创造性。同时，人类

---

① Xiaomingbot: a multilingual robot news reporter [EB/OL]. (2020-01-08) [2023-08-08]. https://xueshu.baidu.com/usercenter/paper/show?paperid=1u1j00g03e6k0g40u14r0mp0cp278253&site=xueshu_se.

与AI进行交互的过程也是相互学习的过程，AI大模型在预训练中已经通过大量的参数获取学习、理解、记忆、总结、预测、创作等能力，并能够通过上下文机制将大规模的文本有机串联起来，同时激发处理复杂问题和思考的能力。此外，AI大模型的微调机制能够让AI从与人类的交互中进一步理解人类的意图，学习语义，模仿特定风格，从而生成更加真实、准确、生动的内容。而人类也可以在与AI的交互中扩展知识谱系、激发创作灵感。

（三）内容消费——从找我喜欢到猜我喜欢，再到懂我喜欢

随着科学技术的发展，人类获取知识与内容的方式发生了数次颠覆性的转变。在互联网诞生之前，人类能够获取到的信息大多来自传统媒体，属于"你说我听""你播我看"的阶段，内容消费的渠道和模式较为单一，可供选择的内容相对贫乏，消费者是处于被动接受地位的受众。随着计算机与AI基础技术如NLP（自然语言处理）、网络爬虫等的发展，搜索引擎应运而生。此时的内容消费逐渐由被动接受转变为"找我喜欢"，即用户运用搜索引擎在互联网的海量信息中寻找自身感兴趣的内容，内容的发现和消费依赖于用户的主动性。但由于搜索引擎只是一个查询和分类的工具，如果关键词使用不当或者不够精确，用户即使花费大量的时间和精力来二次筛选搜索引擎罗列出的内容，也难以找到他们真正想要的。

进入21世纪后，大数据和机器学习技术开始蓬勃发展，内容消费模式再一次发生转变，基于智能算法的推荐系统逐渐占据内容消费市场的主导地位。内容提供者或平台通过搜集用户与互联网交互产生的数据，确定用户的偏好，再使用协同过滤、混合推荐等算法将机器认为用户喜爱的内容推送到用户面前，此时的内容消费从"找我喜欢"变成了"猜我喜欢"，AI只扮演和"邮件分拣员"类似的角色，不涉及具体内容的生产。

而大语言模型的诞生，生成式AI的出现，彻底颠覆了内容消费的逻辑，用户对一切内容信息的获取将从与机器的交互中产生。此时，基于深度学习和NLP技术不断迭代后的AI，更容易理解用户的意图，能够最大限度给用户推荐或生成其想要的内容，甚至能够从过往的交互活动中记录、分析、判断用户内

容消费的变化逻辑，从而预测用户接下来的消费偏好。此时的内容消费从"猜我喜欢"转变为"懂我喜欢"。对此，有人担忧这一密闭在私域的人机互动行为，会加厚算法推荐时期形成的"回音壁"，将人们牢牢困在自己与 AI 形成的"另一个自己"所构成的思维茧房中。在担忧的同时，我们不能忽视人类的主观能动性，以及人类适应环境和改造环境的能力。由于现在仍处于生成式 AI 发展的起步阶段，是否真的会形成人们所担忧的局面，还需要不断地观察。

三、AIGC 赋能智慧全媒体传播体系构建

一直以来，中国的主流媒体建设都十分重视科学技术的应用，无论是 5G、大数据、虚拟现实，还是 AI、元宇宙，中国的主流媒体都在第一时间进行积极的理论探索，并将之应用于媒体实践。2022 年底，以 ChatGPT 为主的大模型 AI 诞生和开放以后，AIGC 风靡全球，再次掀起了一场技术革命。通过梳理 AIGC 的发展史，初步分析内容生产生态带来的变革，可以直观地感受到，AI 已经全面渗透人类社会的运行机理，并可能随时引起结构性变化。尤其是对于传媒行业而言，AIGC 带来的机遇和挑战更是一触即发。恰逢中国媒体行业改革的第十年，由媒体深度融合向全媒体传播体系转变的历史际遇，中国的主流媒体更应该登上 AIGC 这趟时代的"高速列车"，将 AIGC 融入智慧全媒体传播体系的建设。以下尝试从全媒体传播体系的六个微观层面[①]出发，探讨 AIGC 如何赋能智慧全媒体传播体系的构建：

第一，在思维体系层面，AIGC 时期的全媒体人才应当在全媒体思维的基础上，培养人机互动的思维模式和创新创意的思维能力。尤其是在内容创作层面，生成式 AI 的运行逻辑注定其拥有比人类更为丰富的知识体系、更为成熟的创作手段，以及更为迅捷的响应速度。因此，我们需要改变以往人本位的思维模式，将人工智能置于与人类创作者同等的地位，将其作为创作的伙伴，而非传统意义上的工具。改变这一思维模式的关键在于培养人机交互能

---

① 胡正荣.构建全媒体体系：内涵与层次[J].新闻与写作，2019（8）：1.

力，即如何实现与生成式 AI 更为高效的沟通，理解人的意图，同时更快速地将其训练成可靠的创作伙伴。此外，由于 AIGC 能够大幅解放人类创作者的生产力，因此更需要人类创作者拥有创新创意的思维能力，这样才能更好地指导 AI 进行内容创作，生成高质量的作品。

第二，在技术体系层面，我们应当加强主流媒体自主大模型的建设。其中，对大模型进行预训练的数据集更是重中之重。在平台型媒体时代，用户数据已经成为第一生产力，谁掌握了用户数据，谁就掌握了话语权。而随着生成式人工智能的发展，数据的重要性进一步提升，用户数据不再是唯一的争夺目标，人类社会自诞生以来产生的知识数据成为最宝贵的财富。当前，这些数据被掌握在具有能够支撑起大模型学习的大算力的企业当中，这也是企业争夺用户资源的核心竞争力。主流媒体若想在未来与商业平台继续博弈，那么对于数据的收集和大模型技术的研发已经迫在眉睫。

第三，在用户体系层面，应当进一步厘清用户群体，对其进行更为细致的划分，从而实现更为垂直化、精准化的传播。AIGC 的出现，使得用户个性化的内容需求能够在最大程度上被满足，如某歌手的粉丝利用 AI 音频识别与合成技术翻唱其歌曲，一度在短视频平台流行。因此，在 AIGC 极大提升了内容生产力的基础上，满足多元化的用户需求成为主流媒体下一步的努力方向。

第四，在产品体系层面，应当打造品类更加齐全、内容更加丰富的全媒体产品体系。AIGC 的多模态、跨模态生成能力使得产品的一次创意、多种生产、多次传播更容易实现，一段文本就可以生成图像、视频、音乐等多种形态的内容。同时，AIGC 也能帮助实体创意产品进行更为全面的开发。

第五，在业态体系层面，应当建设智慧全媒体平台，构建一个多元、跨界、开放的业态体系，该体系包含传统的内容提供商、服务运营商和平台商，还涵盖所有与之适应的相关业态，同时建立"内容+政务+服务+商务"的体系，服务区域综合治理。基于大模型的 AIGC 可以满足几乎所有业态的内容生成需要，同时，NLP 技术允许 AI 与人类进行实时交流，功能性更强的政务服务更可以依靠 AI 满足用户对高效率的追求。

第六，在体制机制层面，应当在原有的全要素融合理念中加入 AIGC 相关规制与政策。首先，建立一套 AIGC 全流程的配套管理机制，完善 AIGC 生产全流程的规范，明确各个环节的权责机制；其次，建立一套完整的 AIGC 审查机制，明确 AIGC 内容的合法范围，同时探索 AIGC 背后的隐私与版权保护机制；最后，在技术开发、内容策划、人机对话、安全监管等方面培养专业型人才，全面提升 AIGC 的应用水平。

结 语

AIGC 经过短短几十年的发展，已然成为人类社会不可或缺的一部分，AIGC 不仅是内容创作领域的一次突破，更是人类文明历史上的一个重要节点。在全媒体传播体系的建设中，AIGC 可以承担极为重要的角色，能够快速实现全程媒体、全息媒体、全员媒体、全效媒体的构建，为智慧全媒体平台的搭建提供基础条件。

AIGC 虽然为人类的内容生产活动带来了极大的便利，但也存在许多不足之处。尤其是 ChatGPT 等大模型人工智能，存在生成内容可信度和真实性不足、独特性和原创性匮乏、舆论刻板印象与偏见频生、威胁隐私和数据安全、深度伪造影响社会治理等问题，为全媒体传播体系的建立带来了许多挑战。虽然每一次技术革命都有可能带来风险，但是人类不能因此否定或拒绝新技术的产生和发展。AI 技术进步的脚步不会停止，未来将会以通用 AI 甚至赛博格（Cyborg）的形式深植于人类社会。在中国式现代化的语境下，中国的发展"必须坚持科技是第一生产力"，不断"开辟发展新领域新赛道，不断塑造发展新动能新优势"，AI 赛道必然是未来中国参与世界竞争的核心手段之一。因此，应当在接受 AIGC 带来的技术利好的前提下，警惕其可能引发的社会风险和对人类文明发展的威胁。在 AIGC 的实际应用过程中，仍须以人的需求为核心，与社会伦理及相关法规相协调，以实现技术与社会的和谐共生。

智媒智治：全媒体推进现代治理体系建设*

2022年10月16日，习近平总书记在中国共产党第二十次全国代表大会上的报告中，提出要"加强全媒体传播体系建设""健全网络综合治理体系"。"全媒体传播体系建设"与"推进国家治理能力现代化"的关系一时间成为学界和业界关注的中心。当下，利用全媒体完善社会治理越来越成为共识，谁能摸清传播规律，谁能用好新技术、新手段，谁就能占据治理现代化的主动权。当今我们要讨论的媒体加快融合和深度融合的方向问题，就是媒体在完成初步融合后进一步参与社会治理的逻辑问题。

一、全媒体参与社会治理的逻辑分析

近年来，随着信息社会的迅速发展，强调数字技术接入、服务供给集成、治理架构重组、治理流程再造等全面创新的社会治理理念逐步取代以科层压力、行政动员、运动式治理为主的传统方式，社会治理从电子政务、"互联网＋政务服务"逐步向"平台驱动、数字治理"过渡。转型时期的风险与挑战并存、不确定性与难料因素增多，新需求、新问题不断涌现，这就要求我们在推进国家治理体系和治理能力现代化的过程中必须形成决策科学、执行坚决、监督有力的权力运行机制。当下，媒体在这"三大长效机制"中扮演着越来越重要的角色。

---

* 本文原载于《郑州大学学报（哲学社会科学版）》2023年第3期，与张英培合作，收入本书时，略有删改。

首先，科学决策是社会治理的基本方法论。面对繁重艰巨的国内改革发展稳定任务和复杂多变的外部环境，以及快速变化的网络信息及民众要求，社会治理的及时性与有效性依赖媒体系统对信息的搜集和筛选。随着信息传播技术以多维度、体系化的方式嵌入社会，各级媒体演变为社会的"神经脉络"，媒体在搜集社会信息、反映群众愿望等方面发挥了重要作用。例如，浙江省通过"中国蓝云"链接城市和县乡，打造了一网统管、数据汇聚、态势感知的网络平台，这便是社会治理与媒体融合的具体链接。各级媒体只有形成以现代信息网络为主要载体、以数据资源为关键要素的融媒体信息搜集系统，才能加强信息数据与智慧决策的联动，推进政府治理高效精准、公共服务优质精细、应急处置灵敏精准。

其次，如何提升执政效率是公共管理研究与实践中的一大难题。在"推进数字政府建设"的大背景下，强调管理、操纵和控制的传统治理理念已经向着"多样性制度安排与差异化供给"的思路转型[1]。但要进一步实现良政善治，各级政府还需要加速推进职能的媒介化，倾听群众诉求，保障群众合法权益，让"信息多跑路，群众少跑路"。目前，部分地区形成了以媒介为中心的政务服务模式，"一网通办""一网统管"和"最多跑一次"等创新服务管理新模式被广泛应用。例如，广州市依托"新花城"平台构建起市、区、街（镇）三级信息共享交互体系，其"微社区模式"覆盖全市150多个街道，可以服务500万名广州本地用户。由此可见，以媒介为载体，利用大数据、云计算、区块链、通信技术和人工智能等前沿数字技术，可以进一步驱动治理手段、模式和理念的创新，让城市更"聪明"一些、更"智慧"一些。

最后，如何有效实现多元主体对公共服务的长期监督与问责，困扰着公共管理、政府管理等领域的专家和实践者。一般情况下，无论是公众还是监察部门等内部监督主体，均缺乏了解真实情况的渠道，导致内部监督执行困难、外部监督失灵。而开展新闻批评和舆论监督不仅是最经常、公开、广泛

---

[1] 王猛，毛寿龙.社会共享与治理变革：逻辑、方向及政策意蕴[J].社会科学研究，2016（4）：75-82.

的监督方式,还是有效制止腐败现象的重要手段[1]。通过媒体对行政系统相关工作进行数字化改造,不仅有助于政府工作流程和审批环节系统化、规范化和透明化,还有利于及时发现问题、解决问题。例如,江苏邳州银杏融媒开通问政服务,升级《政风热线》和《有容有度》两档直播栏目,通过新媒体发布话题,收集网友意见,再把民意调查的结果汇集到电视上进行深度剖析,最后再把整档节目通过新媒体进行发布,实现了融合互动。节目展示了多方观点的碰撞,有权威人士的发声,有对不同观点的评论,从而达到媒体对行政权力的监督和问责。

可见,以媒体融合为导向的主流媒体改革不只是一个传播命题,也是一个治理命题。媒体融合发展不仅是新闻单位的事,也是政府机关的事,要把社会思想文化资源、社会治理大数据、政策制定权等单一化制度优势融合转化为巩固壮大我国主流思想舆论的系统化综合优势。现代社会治理能力建设离不开新闻传播这个对社会运行的生产、流通、分配、消费各环节产生深刻影响的中介系统。换句话说,"全媒体传播体系"也是组成我国现代治理体系的重要一环。

二、全媒体参与社会治理的功能考察

20世纪中期,在国际传播学界关于大众媒体社会功能的讨论中就出现了媒体与社会治理的经典论述,美国政治学家拉斯韦尔、社会学家查尔斯·赖特、传播学学者施拉姆等都对媒体在社会中的影响与作用做出过解释说明。传统的理论视角认为媒体在政治上可以反映民意、监视与调节社会;在经济上能够促进信息的传递与交换,直接或间接地促进经济运转;在社会层面能够生产、推广、传承文化知识,并充当社会规范的坐标系;在生活层面可以丰富人们的精神需求。中国共产党领导下的全媒体体系既有着与世界范围内

---

[1] 郑保卫.习近平新闻思想的奠基之作:读习近平的《把握好新闻工作的基点》[J].新闻爱好者,2018(3):4-10.

其他媒体发展一致的一面，又有着中国特色的运行轨迹①。同时，全媒体传播体系又在推进现代治理体系中发挥着多元作用。

第一，全媒体系统在社会治理中具有起调节作用的能力。信息社会中的媒介可以通过广泛接入与触达来实现社会关系的连接和社会资源的重组，并借此支持、解构、过滤或协调社会秩序②。具体而言，当下的媒体在形成社会现实、维持社会生活、引导社会舆论、制定社会标准与规范方面发挥着重要作用，并对社会形象和社会记忆进行控制。媒体的调节功能便是对社会进行重构，涉及交通状况、公共卫生、生态保护、文化格调、消费权益、治安消防、生态环境、节假日庆祝等主题的内容，融媒体都需要进行反复传播，而地方社会的组织形式、管理模式、人事管理、资源配置、规则流程等，也都需要融媒体重新配置资源③。换句话说，加强媒体调节社会的能力旨在维持公共的、共同的社会生活。

第二，全媒体系统在社会治理现代化进程中可以有效地打破时空阻隔，成为"信息的开放式资源"，"赋权"社会多元利益主体。通过全媒体系统的搭建，媒体可以对信息资源进行再分配，进一步提高公共服务水平。通过容纳不同阶层民众的利益诉求，以及鼓励人民互动参与，融媒体可以减轻国家组织体制的运营压力，释放人们的社会情绪。全媒体系统是国家促进生产机构扁平化和政治民主直接化的实践措施。随着国家、社会组织和个人三者之间的关系被全媒体系统打通，国家与地方在社会公共事务管理上有了更多的合作的可能性。在此基础上，媒体可以进一步促进民主协商，支持群众监督，推动政务公开，拓展数字经济，提高有限资源的无限数字普惠化水平。通过赋权行为，媒体可以极大地方便和满足人民群众多样化、个性化的生活需要，赋能广大群众享受到更多看得见、摸得着的实惠。

---

① 丁和根.媒体介入基层社会治理的现状、角色与维度[J].新闻与写作，2021（5）：5–13.
② 可见与不可见：媒介研究中的互联网基础设施[EB/OL].（2022-01-04）[2023-05-25].https://baijiahao.baidu.com/s?id=1720981710990811078&wfr=spider&for=pc.
③ 胡正荣，张英培.市场、技术与现代性："十四五"时期全媒体传播体系的构建[J].出版广角，2022（3）：11–15.

第三，全媒体系统可以协同推进数字化技术、模式、业态和制度的创新发展。当下，数据对提高全社会生产效率的乘数作用不断展现，已经成为数字时代的核心生产要素。爆发式增长和海量集聚的数据蕴藏了巨大的结构化价值，为全社会智能化发展带来了新的机遇和可能：一方面，全媒体系统作为智能时代的数字基础设施广泛渗入全社会生产生活的"毛细血管"，对政务服务、公共服务和社会治理的支撑作用进一步凸显；另一方面，通过对数据要素的汇流、储存、归整、分流和转输，可以加快推进农业、工业和服务业等领域基础设施的数字化改造。从某种意义上来看，随着全媒体传播体系建设的不断深化，主流媒体将为地方创新型组织和个体提供足够的空间，最大程度地激发社会参与技术创新的积极性，推进数字技术、应用场景和商业模式融合创新，建构协同、互补和联动的区域数字化发展生态系统，构建先进普惠、智能协作的生活服务数字化融合设施，打造智慧共享、和睦共治的新型数字生活。

三、全媒体参与社会治理的核心是智媒智治

用全媒体推进现代社会治理体系、构建社会治理新格局的核心是实现"智媒智治"。智媒是在传播技术的支持下，由中央级媒体、省级媒体、市级媒体和县级媒体有机协同推动内部资源整合、流程优化，以实现技术应用、内容信息和管理手段共通共融，形成遵循传播规律运转的全媒体系统。

智媒的核心是平台和数据，如果说之前我国媒体融合的1.0阶段是"以产品为导向的融合"，那么区域综合智慧平台的定位与建设将成为媒体融合下一个五年的重点。随着数字技术与信息网络的高度集成，它们与国家重大基础设施和生活设施广泛交互、深度融合，平台逐渐成为赋予传统物质设施全面感知和智能服务能力的基础设施，在网络社会中占据主导性、战略性和引领性的位置。以传统广电为依托，整合媒体资源，建立和立足于自主可控的全媒体自主平台，是打造全媒体系统的通用技术底座。随着平台对社会生产方式和日常生活方式提出全要素数字化转型的要求，数据资源将成为网络社会的核心要素。由网络全面普及而产生的源源不断的数据是确保平台运转的重

要驱动，数据要素具备可复制性强且复用价值高、升级迭代速度快且可持续增长供给等特征。随着数据横向规模愈大、纵向维度愈多，数据的边际价值和总体价值会成倍增加，大量数据不仅可以驱动新闻报道，而且可以将社会活动的物理状态精准映射出来，辅助相关机构进行决策或解决问题。

"智治"是指媒体对于社会治理的辅助与推动。媒体不仅要承担传播的责任，还要有深度思考的能力，以及给出解决方案的能力：一方面，媒体要进一步完善新型统一的信息流通道，并继续实现环境监测、文化传承、娱乐休闲等基本功能；另一方面，媒体应该是网络社会的节点，要深度参与包括公共安全、治安防控、心理服务、社区治理、社会调节、网络安全、信息化赋能以及居民自治等多元的社会活动。简单来说，智媒是充分利用人工智能、大数据等信息技术的媒体，智治则是要利用媒体作为社会中介的身份，引导各个社会主体探索出一个协同共治的现代社会格局。

四、从耦合到融合：全媒体推进社会治理的建设思路

2014年，党和政府提出了"媒体融合"的总体性规划，要求中央和省部级媒体主动采纳一系列新型智能技术范式，以建构立体多样、融合发展和有机协同的现代化传播体系。此后，媒体融合发展由表及里、由点到面逐步铺开，省级及以上的广播电台和电视台纷纷改组。2018年，国家将媒体融合的重心转向基层单位和组织，要求各县因地制宜建设县级融媒体中心，进一步推进融合发展。一时间，国内各县级媒体单位纷纷启动了由传统媒体向新媒体的改革。2022年4月，中宣部等部门联合下发《关于推进地市级媒体加快深度融合发展实施方案的通知》，在全国遴选60家市级融媒体中心建设试点单位，要求"聚焦深化改革、深度融合目标，研究制定推进试点建设的具体举措，细化建设项目，明确任务书、时间表，扎实推进，确保实效"。由此看来，随着省级以上媒体推动组织架构和生产方式的变革，县级融媒体中心的建设和部署，市级融媒体中心的改革、建设也被提上了日程，我国媒体融合进入关键时期。

需要指出的是，媒体融合不等于全媒体。媒体融合是发展过程，是手段；

全媒体是发展结果，是目的。只有实现了全程、全息、全员、全效的四全媒体，媒体才能进入智能化的阶段，成为智媒，进而成为智治的工具。就目前的媒体融合进程而言，虽然中央广播电视总台合并重构，省级广电转型成为地方的旗舰媒体，各地市区县的融媒体中心纷纷成立，但是国内绝大多数传统媒体仍然聚焦产品，布局频道、H5、"两微一端一抖"等，开发维系自己的传播区间，这仅是学界和业界所说的媒体融合的1.0阶段。接下来，媒体融合的改革必须不断深入，媒体融合的方向是在遵循传播规律的基础上搭建相对完善的媒介智慧平台，对区域范围内的数据进行采集分类，并在此基础上添加新功能、构建新生态，以符合数字化、网络化、智能化的社会发展趋势。从总体上来看，各级行政部门要以智慧平台建设为突破口，运用市场化手段打造技术先进、传播力强、影响力大、资源丰富、深度融合且自主可控的新型网络传播平台。各智慧平台要因地制宜地整合媒介资源、理顺体制机制、拓宽服务领域，不仅要加强信息网络平台的信息聚合与精准分发能力，更要进一步拓展政务、服务和商务运营能力。

储藏地方数据的智慧平台是媒体融合2.0阶段的核心工作目标，在建立智慧平台之后，媒体才能在真正意义上成为地方社会的多棱镜与中枢系统，得以最大程度地释放人、财、物、信息的互动潜力，最大限度地配置资源，最大效度地获得政治、经济、文化效益。只有进入2.0媒体融合阶段，有了自主可控的自有平台后，全媒体传播体系才有意义，实施3.0阶段的全媒体生态系统也才有更为紧固的根基。

五、以全媒体体系建设推进现代治理体系建设

中国的传媒改革实践代表了媒体发展的一种特色模式。如果说西方的媒介研究认同传媒业发展是市场在资源配置中发挥了决定性的作用，那么我国则一直是将媒体的改革发展保持在预设的轨道内。党和政府是媒体发展进程的宏观组织者和管理者，在路径选择的次序和时期的权衡中扮演着核心角色。从这个角度看，我国传媒的发展与改革是经过缜密部署的国家政策，媒体发

展改革的动机、设计、过程等都可以理解为一个特定的政治目的。在当下这个极不寻常、极不平凡的时期，媒体融合改革的主线是将全媒体体系建设与推进国家治理能力现代化结合起来。

在数字时代，社会生产力的发展、多层级信息的传递、多元主体利益的协调，以及日常生活的组织，实际上都是基于互联网实现的。现代社会的组成和改组，也都依靠着作为物质和组织手段的传播。媒体融合的本质暗含着国家通过对互联网的总体性规划将公共权力与治理手段数字化，在信息社会中利用新媒介来为治理服务的希望。随着媒体融合的不断深入，省级融媒体要加快整体转型、纵深融合步伐，依靠政策、资金等外在优势着力建设强盛的省级技术平台和区域性传播平台。市级融媒体要把"己之所长"作为融合内生动力，坚持因地制宜、因势利导、灵活机动，加强上下联动和横向合作，主动引导、积极推动县级融媒体中心健康发展，建设综合服务平台和社区信息枢纽。通过构建以"云、网、端"为基础的新型网络架构，推动打造以省级为中枢、市级为节点、县级为网点，省市县三级有机融通的媒体融合生态圈，形成专业化、垂直化、区域化的协调发展格局。只有把自身打造成信息储存传输系统、公共信息服务系统、社会交往系统，各级各类媒体才能更好地推动新闻宣传工作高质量发展，提高社会综合治理服务水平。在这个过程中，必须确立公共利益至上的原则，并以此作为制度安排来约束和辅佐传媒产业健康发展。因此，如何有节奏地把握社会信息传播系统的开放程度和范围规模，如何把当下的既有利益和长远的可持续发展目标有机地结合起来，这两个问题将始终考验媒体改革决策者的政治智慧和政治意愿。

第二部分
国际传播与传播的全球化

战略与体系

构建基于全球传播生态的新时代中国国际传播体系[*]

一、当前是构建新时代中国国际传播体系的重要时机

"国际传播"作为一个 20 世纪中叶由西方学者提出的概念，其主旨是在媒介功能主义社会学视角下，将"征服人心和思想"作为目的，在以广播技术为核心的大众传播语境下关注其功利性需求。[①] 中国在日益走近世界舞台中心的过程中，也逐步加深对国际传播概念的理解，并在实践中通过国际传播与世界沟通、让世界了解。在中国共产党带领中国人民开启第二个百年征程之时，我们迎来了构建新时代中国国际传播体系的重要时机。

（一）从世界格局演变看

党的十九大以来，习近平总书记多次指出，"当前世界正经历百年未有之大变局"，这是对当下世界格局的深刻认识和总结。以美国等西方强国为中心的世界秩序正在发生改变，中国的国际影响力日益提升并正以史无前例的速度走近世界舞台的中央，一大批新兴市场国家和发展中国家快速发展，越来越多的国家和国际组织在世界格局的演变中发挥重要作用。这种时代变局虽

---

[*] 本文原载于《中国广播电视学刊》2022 年第 12 期，与田晓合作，收入本书时，略有删改。
[①] 马特拉. 传播的世界化 [M]. 朱振明，译. 北京：中国传媒大学出版社，2007：72.

然还未能根本性改变"西强我弱"的国际传播基本格局,但显然助推了"东升西降"的趋势,让中国有机会改变在国际舆论场上话语被动的境地。对此,正如习近平总书记在党史学习教育动员大会上指出的,在面对世界百年未有之大变局时,要"树立大历史观,从历史长河、时代大潮、全球风云中分析演变机理、探究历史规律,提出因应的战略策略,增强工作的系统性、预见性、创造性"①,中国在国际传播中也需要因时制宜,跳出对传统国际传播范式的认识和理解,建构全新的全球观和全新的中国观,进而建构新时代中国国际传播体系。

(二)从传播理论和传播业态发展看

互动、自由、多维等特点不断冲击和颠覆着旧有的传播学理论在新背景下的适用性。②之前习以为常的学术研究理论框架已经发生巨大改变,议程设置理论、把关人理论、沉默的螺旋理论等随着新媒体的兴起,已经不能完全适用;③在传统媒体时代,传播者将不断提升系统化、专业化作为目标,试图以此吸引受众,但在信息爆炸的时代,却一再被连"5个W"要素都不全的快速自媒体信息抢走受众④,受众也"成长"为用户,变为传播者;以前讨论研究问题都在全球化的大框架下进行,但现在已经出现后全球化时代等认知环境的新框架;政治上的国家主义、民粹主义、民族主义等,经济上的工业时代4.0、数字经济等,这些认知框架都在发生根本性改变。这些将我们与西方传播学界拉到了同一起跑线,让我们有了突破西方理论框架的机会。我们通过一段时间的追赶和创新,在5G、AI、4K、8K、16K等技术上已经逐渐赶超西方,走到了

---

① 习近平在党史学习教育动员大会上强调:学党史悟思想办实事开新局以优异成绩迎接建党一百周年[EB/OL].(2021-02-20)[2022-12-01].https://www.gov.cn/xinwen/2021-02/20/content_5587966.htm?eqid=cb265e8300000d76000000066487cb03.
② 刘涛.理论谱系与本土探索:新中国传播学理论研究70年(1949—2019)[J].新闻与传播研究,2019,26(10):5-20+126.
③ 韩雨峰.新技术发展对传播学理论的颠覆与重塑[J].新闻文化建设,2020(18):81-82.
④ 姜飞.从信息到讯息:网络社会多元安全感重组的传播视角[J].南京社会科学,2016(8):96-102+117.

世界前列，一些中国互联网模式也开始输出海外，国际上有声音认为一些传播领域已经从过去的"Copy to China"到如今的"Copy from China"，这些新变化有利于我们在新业态下实现对西方的弯道超车。

（三）从中国国际传播基础看

基于中国国家综合国力的提升、国际传播经验的积累和深厚的文化传统，中国的国际传播已经取得较大进展，国际传播格局已基本形成：以中央广播电视总台（如CGTN、CRI等）、人民日报社、新华社、中国日报社、中国新闻社等传统媒体为主体的国际传播矩阵已初具雏形，记者站、分社、制作室遍及世界各地，在一些议题特别是涉华新闻报道上的传播力、引导力、影响力、公信力已经可以与美国有线电视网（CNN）、BBC、美联社、RT等国际一流媒体相抗衡，形成了具有国际影响力的媒体集群；不仅在脸书、推特、油管等境外网络平台上不断提升了传播影响力，还开辟了抖音、微信等中国互联网平台新阵地，将互联网作为国际传播的主战场；在全球各地开设中国文化中心、孔子学院和孔子课堂等，走进世界知名高等院校、知名学府、研究机构，在政府、媒体、民间等各层面开展文明交流互鉴，推动中华文化走出去。

二、构建新时代中国国际传播体系面临的难点和挑战

虽然构建新时代中国国际传播体系已经具备上述有利条件，也处在关键机遇期，但要想真正构建符合全球传播生态、能够产生传播效果的新时代国际传播体系还要面临很多难点和挑战。

（一）对于全球传播生态的认识和理解不足

传播生态随着社会的演进、技术的发展、媒介的更迭而日新月异，新技术发展速度很快，传播界很难对不断发展变化的传播生态完全认识和理解。比如，近两年被脸书、阿里、字节跳动等先后布局的元宇宙新技术到底能给

未来传播生态造成什么影响,至今仍很难认知。虽然很多人已经认识到其将推动数字技术与现实世界更加深入融合,促使社会生态与虚拟社会生态高度耦合,①但这种现实世界和虚拟世界的融合到底将如何改变现有社会格局的运行,进而形成什么样的传播生态,究竟是像有些人认为的会在非中心化、去中心化时代出现,还是会在新型的中心化时代以人们不认知、不理解的方式出现,仍然不能准确判断。这种对新传播生态演化路径的认识不足,是新时代中国国际传播体系构建的一大难点和挑战。

(二)缺少新时代中国国际传播理论的支撑

传播理论对于构建传播体系、指导传播实践的作用显而易见。如果学术研究跟不上,没有形成自己的传播理论体系,就很难有符合现实的国际观和传播观,就无法构建传播体系。中国要打破"西强东弱"的国际传播格局,突破西方既有的理论框架,形成本土性思想成果至关重要。虽然已经有大量的国际传播实践经验,我们的传播学理论也经历了几十年的发展历程,但无论是国际传播还是全球传播,其理论框架、范式都基本无法摆脱西方传播学的总体框架,中国传播研究的本土化实际上遵循的是"西方理论,中国经验"的二元框架,②并没有基于中国这块土壤,把中国放在全球传播生态下提出自己的、有效的学科体系、学术体系、话语体系。虽然有些学者提出了一些新理论概念、观点或模式,但是大多未能形成学术对话,也未能在国际学术界引起反响。③像软实力、巧实力、锐实力等近年来讨论比较多的国际传播概念都是由外国人提出的。甚至有些学者认为,整体上看,中国的传播学界俨然成了国际传播理论的"世界遗产保护组织",中国传播学者成了传播理论在全球

---

① 高金萍.元宇宙与全球传播秩序的重构[J].学术界,2022(2):80-87.
② 胡翼青.传播研究本土化路径的迷失:对"西方理论,中国经验"二元框架的历史反思[J].现代传播(中国传媒大学学报),2011(4):34-39.
③ 刘涛.理论谱系与本土探索:新中国传播学理论研究70年(1949—2019)[J].新闻与传播研究,2019,26(10):5-20+126.

最大的遗产保护者，在各种平台上不停地讲说着别人的讲说。① 如果一直跟在西方后面，或者说一直基于西方设定的理论框架，就很难构建新的国际传播体系。哪怕有一些创新，也不会有多大新意，更不可能实现对西方的超越。

（三）对国际传播策略选择存在迷茫

中国国际传播有两大策略：一是以我为主，是"向世界讲我们想讲的"；二是迎合外部，"向世界讲世界想听的"。但如此一来，时间一长就变成了"重外来外在评价、轻自身话语和叙事逻辑"②，传播数据好看了，但实际传播目的却没有达到，并没有让世界了解中国、理解中国。从以上情况也可以看出，当下中国国际传播处在一个窘境，内向过多容易形成"内卷"，而外向过多又容易失去自我，到底如何实现对中国价值观的有效对外传播，在策略选择上还比较迷茫，这也是构建新时代中国国际传播体系的一个难点。

三、构建新时代中国国际传播体系的关键点

（一）坚持基于全球传播生态

传播生态是一个受多个要素相互联系、相互制约的系统，既包括媒介、渠道、对象等传播生态内部构成要素之间的关系，也包括与外部环境之间的关系。③ 当下的全球传播的媒介技术、传播渠道、传播者、传播用户、传播产品等内部构成要素正在快速演变，世界格局等外部环境也在变化，所以，我们在建构新时代中国国际传播体系时，需要把全球传播生态的相关者都纳入进去，缺一不可。

---

① 姜飞. 全球传播新生态呼唤国际传播新思想［J］. 新闻记者，2020（10）：80-86.
② 张毓强，庞敏. 新时代中国国际传播：新基点、新逻辑与新路径［J］. 现代传播（中国传媒大学学报），2021，43（7）：40-49.
③ 李博. 生态学［M］. 北京：高等教育出版社，2000：197.

（二）坚持系统性思维

除了基于全球传播生态系统相关者以外，还要用系统思维打造国际传播体系。这里的系统思维可以从两方面理解：一方面，国际传播是社会运行中的一个重要组成部分，构建国际传播体系是国家系统的一环，一定要与国家的战略价值、战略位置、战略目标、战略资源、战略安排和战略现实等具体要素高度关联，实现与其他战略系统相匹配，这样才能在资源和行为的协同性上得到保障。另一方面，国际传播本身就是系统工程，包括的理念、主体、客体、内容、运行方式、渠道、人才队伍等诸多方面，都要以系统性思维考虑，进行系统性创新，这样才能整体推进新时代中国国际传播体系的建构。

（三）坚持以全球视野把握传播共通意义

在新时代，中国已日益走近世界舞台的中央，也提出了"人类命运共同体"理念，这说明我们认识到中国已不仅是"中国的中国"，而是"世界的中国"，中国的历史文化、价值观等都是世界文明、世界价值观的重要组成部分。具体到国际传播中，中国应该放宽胸襟，坚持以全球视野，从根本上挖掘与传播内容共通的当代价值和世界意义，实现从讲"我的故事"到讲"我们的故事"的转变。例如，2022年北京冬奥会的开幕式，将中华优秀传统文化的精髓以简洁的方式展示出来，其以"二十四节气"为主题的倒计时短片，表达了中国对人类环境、气候和文明遗产的尊重，产生了良好的传播效果。只要依据这样的传播理念构建新时代中国国际传播体系，就能在全世界获得更大范围的理解和认同。

（四）坚持以精准传播策略提升传播效能

用户认知与行为改变是一切国际传播的落脚点，更是国际传播追求的效果。构建国际传播体系，在传播策略上必须坚持以用户为导向，努力实现精准传播：第一，注重分层传播。面对每个国家和社会的不同社会分层，应使用符合其特点的不同话语表达方式，从而实现国际传播话语构建的层级化，实现各取所需、有的放矢。第二，注重分类传播。国际传播主体及其叙事的分类化和多样化，有助于呈现立体的中国故事，而国际传播手段与平台的多元化，有助于实现畅通的渠道、有效的手段和与平台的有机融合。第三，注重分群传播。"一篇通稿打天下"的传播实践早已无法适应当下的国际传播格局，因此必须做到"一洲一策""一国一策"乃至"一群一策"，以精准化的内容生产与投放，达到国际传播效果最大化的目的。

结　语

在全球传播生态发生重大变革的重要机遇期，我国国际传播站在了历史新起点上，构建与我国不断提升的大国地位和新时代国家发展需要相适应的国际传播体系，已经逐渐成为一项日益紧迫的战略任务。虽然面临很多困难和挑战，但时不我待。目前，亟须我们理顺思路、找准关键点：在外部，必须基于全球传播生态，将所有生态相关者纳入考量范围；在内部，必须坚持系统性思维，进行整体打造；在理念和策略上，突破固有条框，进行颠覆性创新，从而逐步完成新时代中国国际传播体系的构建。

系统协同：中国国际传播能力建设的基础逻辑*

习近平总书记2021年5月31日在中共中央政治局第三十次集体学习时强调，必须加强顶层设计和研究布局，构建具有鲜明中国特色的战略传播体系，着力提高国际传播影响力、中华文化感召力、中国形象亲和力、中国话语说服力、国际舆论引导力。从局部看，我国国际传播在具体战术层面收获颇丰，已经拥有相当多的成功案例与经验，其中对国际传播关键要件（如主体、内容、渠道和效果等）的研究、建设与发展已经有了长足的进步。但从全局看，我国国际传播的整体战略系统性不足、关键要件之间协同性不够，国际传播的效能在全球范围内还未达到理想状态。习近平总书记曾强调国际传播是"交响乐、大合唱"，因此需要整合各类资源，加强统筹协同，而不是各唱各调。面对前所未有且复杂多变的国际新局势，我国国际传播能力建设的重心应当在研究局部问题的同时更加重视顶层设计，从聚焦局部转向通观全局，在具体战术卓有成效的基础上进一步争取整体战略的阶段性胜利，以展示真实、立体、全面的中国，呈现可信、可爱、可敬的中国国家形象。面对问题和目标，厘清国际传播能力建设的基础逻辑是解决问题的关键。从关于建设"四全媒体"的论述中，我们能够清晰地了解到国际传播需要提高的"五个力"并非各自独立，它们彼此存在着关联性、层次性和系统性的逻辑。本文从系统论出发，以"系统协同"作为国际传播的整体战略前提和全面提

---

* 本文原载于《新闻大学》2022年第5期，与王天瑞合作，收入本书时，略有删改。

升中国国际传播效能的基础逻辑，探究我国国际传播能力建设中战略与战术、外部与内部、硬件与软件、规律与规矩、理论与实践之间的系统协同关系。

一、国际传播能力建设的基础逻辑

（一）系统科学：网络社会运行的底层逻辑

坚持系统观念，是党的十九届五中全会提出的"十四五"时期经济社会发展必须遵循的原则之一，会议强调系统观念是具有基础性的思想和工作方法[①]。

1. 系统、系统科学与系统论

"系统"观念古已有之。在中国传统思想中，从《易经》中的"是故易有太极，是生两仪，两仪生四象，四象生八卦"，到《大学》中的"修身、齐家、治国、平天下"、《道德经》中的"道生一，一生二，二生三，三生万物"，再到《孙子兵法》中运用动态系统运筹思想等，都体现着中国古代圣贤运用"系统"观念思考自然与社会问题。在西方传统思想中，在前苏格拉底哲学时代，泰勒斯（Thales）的"水是万物的始基"、毕达哥拉斯（Pythagoras）的"数是万物的始基"、赫拉克利特（Herakleitos）的逻各斯和德谟克利特（Demokritos）的原子论等都企图从整体系统视角把握世界规律；从柏拉图在理念论中认为几何学表达了理念世界中的系统性和层次性[②]、亚里士多德在《物理学》中对元素和整体的探讨[③]，到康德在《纯粹理性批判》中提出知识是相互关系、相互联系要素的整体进而对知识的系统性探讨[④]，再到黑格尔在《逻辑学》"本质论"[⑤]中对部分和整体的本质关系辩证法的讨论，系统范畴的基本概念和观念体系越发清晰。19世纪，马克思和恩格斯对社会系统、自

---

① 中共中央关于制定国民经济和社会发展第十四个五年规划和二〇三五年远景目标的建议［EB/OL］.（2020-11-03）［2022-05-15］.https：//www.gov.cn/zhengce/2020-11/03/content_5556991.htm?eqid=f07b7cee00003e4d0000000364660f35．
② 施米特.现代与柏拉图［M］.郑辟瑞，朱清华，译.上海：上海书店出版社，2009.
③ 亚里士多德.物理学［M］.张竹明，译.北京：商务印书馆，1982.
④ 康德著.纯粹理性批判［M］.蓝公武，译.北京：商务印书馆，2009.
⑤ 黑格尔.小逻辑［M］.贺麟，译.北京：商务印书馆，2019.

然系统的辩证实质做了深刻的论述，创立的辩证唯物主义哲学体系中处处体现着系统思想。恩格斯写道："我们所面对的整个自然界形成一个体系，即各种物体相互联系的总体。"① 其中，"体系"便是系统之义。关于人类社会，马克思在《资本论》第一版序言中指出："现在的社会不是坚实的结晶体，而是一个能够变化并且经常处于变化过程中的有机体。"② 其中，"有机体"也暗含着系统之意。20 世纪 30 年代，贝塔朗菲（Ludwig Von Bertalanffy）创立了"一般系统论"（general system theory），正式提出"系统"（system）这一概念并定义系统是"处于一定相互联系中的与环境发生关系的各组成要素的总体"③。20 世纪 40 年代，一般系统论连同信息论（information theory）、控制论（cybernetics）三门横向学科一同奠定了系统科学的理论基础④。由此，系统论作为一种研究范式进入社会科学领域。除上述三门学科，1969 年，普利戈金（Ilya Prigogine）提出耗散结构论（dissipative structure theory），1977 年，赫尔曼·哈肯（Hermann Haken）创立协同学（Synergistics），1972 年，托姆（René Thom）提出突变论（catastrophe theory），再加上超循环理论、混沌论、分形论、系统工程学等，系统科学的观念和体系逐步形成⑤。钱学森在《自然杂志》上发表《系统科学、思维科学和人体科学》一文并明确提出"系统科学"这一概念，主张将系统科学作为同自然科学、社会科学、思维科学相并列的一个科学门类⑥。所谓系统科学，即研究系统的所有学科的统称，是一个以自然界、社会和思维领域各种运动形式的共同方面作为研究对象的横向科学门类，系统科学的基本思想是把研究和处理

---

① 恩格斯．自然辩证法［M］．中共中央马克思恩格斯列宁斯大林著作编译局，译．北京：人民出版社，1971．

② 马克思，恩格斯．马克思恩格斯全集：第 5 卷［M］．中共中央马克思恩格斯列宁斯大林著作编译局，译．北京：人民出版社，2009．

③ 贝塔朗菲．一般系统论［J］．自然科学哲学问题丛刊，1979（1）：5．

④ 赵玉明，王福顺．广播电视辞典［Z］．北京：北京广播学院出版社，1999．

⑤ 陈奎宁．"新三论"的启示：谈耗散结构论、协同论和突变论［J］．科技导报，1987（1）：40–42．

⑥ 钱学森．系统科学、思维科学与人体科学［J］．自然杂志，1981（1）：3–9+80．

的对象当作一个整体系统来对待①。魏宏森和曾国屏②认为系统论是对系统科学、一般系统论进行的哲学概括,是系统科学与辩证唯物主义联系的桥梁,也可以称为系统科学哲学。他们从系统辩证的角度对系统论进行了深入探讨,提出了八项基本原理和五条发展规律。系统论发轫于自然科学领域,渗透于包括社会科学在内的各个领域,突破了简单思维方式和单一研究方法的禁锢,为解决人类多维世界中的各种复杂问题提供了整体性的普遍思路。

2. 社会系统与网络社会

1984年,德国学者尼古拉斯·卢曼(Niklas Luhmann)的《社会系统》(*Soziale Systeme*)问世,他把系统科学理论同组织学理论相结合,在塔尔科特·帕森斯(Talcott Parsons)的基础上提出了"社会系统理论",认为社会系统是一种在一个封闭循环的过程中不断通过沟通制造出的自我指涉系统,它既具有(操作上的)封闭性又具有(环境上的)开放性的特点③。基于此理论,有学者将社会定义为由人类个体构成、开放耗散且具有适应性和自组织能力的复杂适应性网络结构系统(complex adaptive system)④。

进入21世纪,随着网络技术的全球普及,媒介技术的新尺度促使社会结构快速革新,曼纽尔·卡斯特(Manuel Castells)所著的《网络社会的崛起》《认同的力量》和《千年终结》被称为"信息时代三部曲",他在其中对网络社会概念、网络社会中的认同及政治、经济和文化的互相作用进行了阐述。网络社会的崛起,导致合法性认同逐渐瓦解⑤。网络是自然界和社会中普遍存在的客观现象,计算机网络作为一种媒介技术深嵌于人类社会系统,致使"网络社会"这一概念具有了双重内涵:一是作为一种信息化社会的社会

---

① 王续琨,冯欲杰,周心萍,等.社会科学交叉科学学科辞典[M].大连:大连海事大学出版社,1999.
② 魏宏森,曾国屏.系统论系统科学哲学[M].北京:清华大学出版社,1995.
③ 丁东红.卢曼和他的"社会系统理论"[J].世界哲学,2005(5):34-38.
④ 范如国.复杂网络结构范型下的社会治理协同创新[J].中国社会科学,2014(4):98-120+206.
⑤ 卡斯特.认同的力量[M].夏铸九,黄丽玲,译.北京:社会科学文献出版社,2003.

结构形态的网络社会（network society）；二是基于互联网技术的网络空间互动场域中的赛博社会（cyber society）[1]。社会结构的层级化、扁平化与网络化将人类命运关联程度不断提升，在中心化与去中心化、共同体与圈层化并存的现实中，网络社会系统牵一发而动全身[2]。互联网技术作为媒介和工具重新塑形了一种同时具有全球化与个人化特征的网络化社会逻辑[3]。对卢曼[4]来说，社会系统必须不断生产要素才能维持自身运行，而这个要素就是传播，但这里的传播主要强调社会系统中的不确定性（improbability）。关于传播，我们能够确定的或许只有一件事，那就是维持系统[5]。传播的不确定性存在于信息自身、编码过程与解码过程中。在复杂的网络社会中，传播行为无时无刻不在发生，各个系统的不确定性不断激增，国际社会的整体传播系统愈发复杂和混乱，传统的国际传播系统已不能有效应对网络社会中的各种认同危机。

习近平总书记在2017年中央全面深化改革领导小组第三十六次会议上强调，注重系统性、整体性、协同性是全面深化改革的内在要求，也是推进改革的重要方法。改革越深入，越要注意协同，既要抓改革方案协同，也要抓改革落实协同，更要抓改革效果协同，促进各项改革举措在政策取向上相互配合、在实施过程中相互促进、在改革成效上相得益彰，朝着全面深化改革的总目标聚焦发力。其中，系统科学作为底层思维被反复强调，系统性、整体性、协同性既是网络社会的特征也是改革的方法。

（二）系统协同：国际传播能力的基础逻辑

协同的观念与系统的观念自古有之。《孟子》中的"天时不如地利，地

---

[1] 郑中玉，何明升. "网络社会"的概念辨析[J]. 社会学研究，2004（1）：13-21.
[2] 胡正荣. 技术、传播、价值 从5G等技术到来看社会重构与价值重塑[J]. 人民论坛，2019（11）：30-31.
[3] 黄少华. 论网络空间的社会特性[J]. 兰州大学学报，2003（3）：62-69.
[4] LUHMANN N. The improbability of communication[J]. International social science journal，1981，33（1）：122-132.
[5] 葛星. 卢曼社会系统理论视野下的传播、媒介概念和大众媒体[J]. 新闻大学，2012（3）：7-20.

利不如人和",《虞书·尧典》中的"协和万邦"都蕴含着系统和协同的思维。贝塔朗菲①在阐述系统论的整体性原则时对亚里士多德所说的"整体大于它的各部分的总和"评论道:"亚里士多德的论点'整体大于它的各部分的总和'是基本的系统问题的一种表述,至今仍然正确。"这个命题辩证性的实质不在于"大于"的字面意义,而在于系统对要素、要素对自身的这种双重意义的"质的超越"和"新质的实现生成"的复杂而全新的综合建构②。

赫尔曼·哈肯③定义"协同学"为"一门在普遍规律支配下的有序的、自组织的集体行为的科学",研究目标为"在千差万别的各科学领域中确定系统自组织赖以进行的自然规律"。协同论要求事物的整体统一性,同一般系统论的整体原则保持一致;协同论是系统内各部分之间的互相作用的观念;协同学是系统科学的重要组成部分,协同的概念和系统论思想同源,而协同论的建立又推动了系统学的发展④。在英文中,协同对应的单词主要有三个,分别是 collaboration、coordination 和 cooperation,人们习惯将这三个单词分别对应翻译为协作、协调与合作。有学者对它们进行了概念区分,"协调"(coordination)更注重矛盾调解与平衡同步⑤;"合作"(cooperation)强调通过共同工作达成积极结果;"协作"(collaboration)仅强调共同工作这一动作,而不强调结果⑥。合作正式化程度较高,协作正式化程度较低⑦;合作是具有互惠价值基础含义的共同工作,协作是指共同协力,跨越边界在多重关系中合

---

① 中国社会科学院情报研究所.科学学译文集[M].北京:科学出版社,1980.
② 邬焜."整体大于部分之和"到底意味着什么?[J].哲学动态,1992(6):15-17.
③ 哈肯.协同学:大自然构成的奥秘[M].凌复华,译.上海:上海译文出版社,2005.
④ 陈奎宁."新三论"的启示:谈耗散结构论、协同论和突变论[J].科技导报,1987(1):40-42.
⑤ 刘卫东.大学与地区经济协同发展机制研究[D].武汉:华中科技大学,2003.
⑥ STRAUS D.How to make collaboration work:powerful ways to build consensus, solve problems, and make decisions[J].T+D,2002(3):62-63.
⑦ KOOIMAN J.Governing as governance.[M].London:Sage,2003.

作达成共同目标①；协同概念更多地对应在协作意义上，但协同是合作和协调在程度上的延伸，是一种比合作和协调更高层次的集体行动②。本文认为，协同是统筹协调、合作与协作后具有层次性的概念：第一层以协作为基础，即强调共同协作这个动作；当协作过程中遇到矛盾时应当进行协调，即第二层强调解决矛盾达成同步；协作和协调的目的都是达成合作，即第三层含义强调价值互惠。概言之，"协同"的内涵应当包括共同协作、协调同步和合作互惠三层内涵，是系统运行中三个层次的追求。因此，协同一词应当是"人类命运共同体"价值理念的理论性体现。

从对立统一的辩证唯物视角看，系统强调整体，协同突出部分，系统的整体性运动是各部分协同的表征，各部分协同是整体性运动的前提。本文认为，"各系统""普遍规律""自组织"和"有序"是研究协同的四个关键点。换言之，"系统协同"就是以系统科学为认识论和方法论，以系统自组织为互动形式，以系统内外间价值互惠的有序状态为目标的逻辑思维。简单讲，系统协同就是人类辨别、认识和治理各种系统性问题的基础逻辑。

二、国际传播中系统协同逻辑的原理分析

基于以上判断，我们可以从系统论视角出发，将国际传播系统置于社会大系统中，以"系统协同"作为国际传播能力建设研究的基础逻辑。在此之前有两个问题需要注意：一是对系统协同基础逻辑的把握问题；二是在国际传播实践中系统协同的实现问题。

---

① LUBELL M, ROBINS G, WANG P. Network structure and institutional complexity in an ecology of water management games [J]. Ecology and society, 2014, 19 (4): 23.
② 董宏伟. 社会体育专业建设与群众体育协同发展的策略研究 [J]. 黑龙江高教研究, 2016 (6): 67-70.

（一）逻辑与实践的问题

在逻辑方面，"变"是系统的基本特征，是加世界最基本的规律，而当今世界变化速度快、幅度大、方向多，"变"的规律更加难以捉摸。用整体与部分的视角分析，国际传播系统的整体性具体可以用战略传播这一概念进行表达。战略传播是政府顶层设计之下的一种专业性传播，强调传播过程的系统性、整体性和协同性[①]。与国际传播主要依靠媒体相比，国家战略传播体系建设是一项系统性的工程，需要根据本国的整体目标、外部局势、资源现状等因素进行规划和建构[②]。与国际传播的工具性不同，战略传播体系的构成极大突出着国际传播的战略性。中国特色的战略传播体系，是将我国的战略价值（value）、战略位置（position）、战略目标（vision）、战略资源（resource）、战略安排（arrangement）、战略现实（fact）等进行系统化、制度化的规划设计，重视传播的实施落地，形成有效影响以服务更大的国家发展战略[③]。美国等西方国家纷纷采用战略传播，从国家战略层面开展国际传播实践[④]。相较而言，我国才刚刚开始将国际传播提升为具有系统性的战略传播体系进行建设，总体战略的基本诉求、框架、目标还不够明确，具体实施过程中需要哪些部门配合、有什么类型的业务模块等问题都迫切需要解决。网络社会传播主体愈发多元，国际传播系统的层次愈多，国际关系体系中的国际、国家、集团和个人层面的诸多现象都需要深入系统剖析。21世纪以来，"英国脱欧""特朗普当选""美国退群"以及"俄乌冲突"等各类"黑天鹅"事件频频出现，而中国面对全球巨变稳步前进，中国人民对国家的自信程度高涨，但同时出现了类似"美国加速衰落"这样的误判，归结起来主要还是因为简单思维和定

---

① 国家国际传播能力建设需具备战略视野[EB/OL].（2015-07-21）[2022-05-15].http://www.zja.org.cn/zja/system/2015/07/21/019558642.shtml.
② 李宇.新形势下我国战略传播体系建设及国际传播定位初探[J].新闻战线，2021（18）：44-49.
③ 国际传播最重要的是人的要素创新[EB/OL].（2021-07-14）[2022-05-15].https://m.thepaper.cn/baijiahao_13582583.
④ 毕研韬.厘清战略传播十个基本问题[J].青年记者，2017（4）：48-49.

势思维在作祟①。从本质上看,就是对系统协同这个网络社会运行的基础逻辑认识不清,缺乏对系统协同中关键逻辑的辨别和把握,判断错误必然导致实践失误。要想国际传播"富",先修"逻辑高速路"。目前来看,实践中的难题只是表象,方法逻辑的混乱才是根源。尽管有很多学者意识到了系统和协同概念对国际传播能力建设的重要意义,但多数研究或在研究路径上一叶障目,或在语境上生搬硬套,对于协同概念的理解,并没有领会到其内涵的层次性,尤其缺乏对第三层合作(价值互惠)的认知,进而导致在国际传播实践过程中各个层级间的矛盾难以协调,协作难以开展。

在系统协同实践方面,当下我国国际传播实践中存在着就事论事、区别对待和亦步亦趋的问题,缺乏协同政治、经济、文化、社会和安全等不同要素的方法;缺乏协同国内事务与国际关系的意识;缺乏协同共时性和历时性的能力。究其原因,在于整体的战略传播系统性不强、统一性不足、传播资源协同性不够、传播人才供给匮乏,深入探究无发现,已有的国际传播理论同网络社会的国际传播规律和中国具体国际传播实践不匹配、不适用。如果国际传播在战略与战术上做不到系统协同,在转化为具体战术过程中不接地气、子系统各自为战,甚至战术与战略背道而驰,无论国家总体战略多么高瞻远瞩,结果只会是"画饼充饥";如果协同不好国际传播中硬件与软件的关系,软硬件不同步、不适配,那么再先进的媒介硬件都只能沦为摆设,甚至一加一小于一;如果国际传播在规律和规矩上做不到系统协同,就会出现国家战略战术不适应新变化,甚至有悖于传播规律的现实困境;如果国际传播处理不好国内与国外两个大局的关系,对国际传播系统自身来说,没有政治、经济、文化、军事等社会多维系统的协同,国际传播就没有发展的能力和空间。从内外两个大局来说,国内国外紧密相连,多元化的网络社会中存在着多元的声音,我们要警惕内外舆论场中捕风捉影、煽风点火、火上浇油和趁火打劫的行为,谨防发生国内国际舆论危机的涟漪效应。以上问题能否解决

---

① 冯玉军.对深化中国国际问题研究的几点方法论思考[J].现代国际关系,2020(5):58-64.

取决于是否能够系统协同好国际传播的理论与实践。在虚拟与现实交织的网络社会中,媒介技术作为关键变量引发了世界系统的大幅度的涨落、突变、失衡和无序等关键词充斥政治、经济和文化等各类系统。国际传播格局中的传播主体、渠道、话语和机制等系统要素均发生了质变,如果把握不好国际传播能力建设的基础逻辑,就无法及时有效地应对变幻莫测的舆论斗争。若在一些关键节点、核心议题、重大事件上反应滞后、回应失语或者错判形势,将会危及国家的发展与安全。总体来说,要加快我国国际传播能力建设,提高国际传播实践效能,关键在于:洞悉网络社会底层逻辑,厘清国际传播基础逻辑。

(二)系统协同逻辑的原理与关键观念

今天的国际传播系统是多姿多彩的,只有细心观察才能发现规律的光谱和底色。洞悉网络社会的底层逻辑,应当从认识复杂系统科学的基本特性和规律开始,摆脱"牛顿力学"单一方向的线性思维。对于国内社会,国家系统蕴含着政治系统、经济系统和文化系统三大子系统,根据系统的层次特性,三大子系统内部各自又包含着众多结构和功能相异的小系统,交错叠加,都要通过传播系统形成联动。传播系统与三大社会子系统之间不是上下有别的层级关系,而是结构和功能存在差异的场域间关系,政治、经济和文化系统在传播系统的联动下协同发展。对于国际社会来说,国际传播系统是国际社会系统中的一个子系统,它的作用是通过代表中国与以世界其他国家的媒体系统为主的各类系统进行互动。

魏宏森和曾国屏从辩证统一的视角出发,在《系统论—系统科学哲学》一书中提出了系统科学的八项基本原理和系统发展的五条规律[①]。八项基本原理是整体性、层次性、开放性、目的性、突变性、稳定性、自组织性和相似性。系统发展的五条规律是结构功能相关律、信息反馈律、竞争协同律、涨落有序律和优化演化律。系统协同既是网络社会的底层逻辑,也是国际传播

---

① 魏宏森,曾国屏.系统论:系统科学哲学[M].北京:清华大学出版社,1995.

能力建设的基础逻辑，还应成为对国际传播的实践逻辑。将国际传播系统自身的特殊性与系统科学的原理和规律结合思考，以下八个关键观念值得关注：第一，国家系统的总战略目标是国际传播能力建设的目标；第二，系统内外部的竞争与协同是国际传播能力建设的系统性动力；第三，不确定性是国际传播能力建设灵活性的体现；第四，系统的开放程度决定着国际传播能力建设的活力值；第五，关键序参量是影响国际传播能力建设方向和速度的诱因；第六，突变是国际传播能力建设的一种方式；第七，国际传播系统的平衡应是动态的平衡；第八，国际传播系统的本质是实体性的，更是关系性的。其中，每提到类似"变化、竞争、不确定、差异、突变、失衡"等词语时，人们往往会下意识地用负面消极的态度去理解，但在以系统协同为基础逻辑的国际传播能力建设过程中，我们应当用辩证发展的眼光去看待它们，发现它们在系统演化过程中的建设性意义。只有这样，才能在纷繁复杂的网络社会和变化莫测的国际局势中，拥有泰然处之的心态，解决问题才能应付裕如，游刃有余。下文将从系统科学出发，结合系统协同这一基础逻辑的基本原理和关键观念，探析我国国际传播实践中五组重要的关系：战略与战术、内部与外部、硬件与软件、规律与规矩和理论与实践，以寻求加快国际传播能力建设和提高国际传播效能的有效路径。

三、系统协同逻辑下国际传播能力协同建设的要件

（一）战略与战术

战略与战术，从空间规模上看是整体与部分的关系；从时间目标上看是长期目标与短期目的关系；从效果上看是存亡与得失的关系。

国家战略是最高层次的战略，第二次世界大战后西方世界将这一概念列为军事用语。国家战略是对国家各个领域发展的方向与方式总的概括，其任务是依据国内外的情况，综合运用政治、军事、经济、科技、文化等国家力量指导建设与发展，维护国家安全，达成国家总目标。我国国家战略主要体

现在中国共产党和国家的总路线、总方针、总政策上①。

在全球化的背景下，平台媒体和社交网络等新传播技术共同形塑网络社会，其中多元主体、交互渠道和内容丰富的特征将国际传播的具体实践全面嵌入全球政治、经济、文化、社会以及军事等领域之中。现实中，美国的战略传播已运作多年，中国已经成为美国战略传播的重点对象。面对严峻的国际态势，我国必须用全球战略的思维重新审视国际传播和国家安全、国家发展之间的关系，将国际传播提升到国家战略传播的高度重新进行部署。客观现实表明，国际传播已经成为国家战略不可或缺的重要一环。习近平总书记在 2021 年 5 月 31 日讲话中指出的"构建具有鲜明中国特色的战略传播体系"是国际传播能力建设的具体路径。而"战略传播"首次出现在习近平总书记的讲话中，标志着这一概念已经进入了决策层的话语体系中②。近年来，我国初步建立起了多主体、立体化的"大外宣"格局，国际传播能力得到一定程度的提升。2019 年，习近平总书记提出了"全程、全员、全息、全效"地建设媒体的要求，从传播的主体、流程、方式、效果等战略要件出发对网络社会中传播系统的融合实践指明了方向，这既是为全面推进国内媒体融合发展做出的具体战略部署，也是为夯实中国特色国际战略传播体系做出的战术准备。

当前，我们只有从国家战略层面出发，对我国国际传播的总体战略进行探究，围绕与国际传播相关的要件进行系统协同战术设计，才能拥有高效能的国际传播能力。具体而言，从传播学视角看，国际传播战略要件应当包括具有针对性的国际战略传播理论、传播主体、传播内容、传播渠道以及国际战略传播人才；从系统科学视角看，国际传播战略要件应当包括整体的战略与局部的战术。对于国际传播的战略与战术而言，我们用国家战略视野看待国际传播，以找准定位、明晰方向，要注重国际传播局部战术的细化与协同，以确保总体战略的实现。战略与战术就是整体与部分的关系，战略的实施需

---

① 熊武一，周家法，卓名信，等.军事大辞海：下［M］.北京：长城出版社，2000.
② 史安斌，童桐.从国际传播到战略传播：新时代的语境适配与路径转型［J］.新闻与写作，2021（10）：14–22.

要具体的战术支持,而国际传播战略体系的细化与落地,需要由局部的和具体的国际传播战术共同实现。从系统协同逻辑出发,总体战略下的具体战术之间要实现协同,就必须以国际传播战略总目标为统一前提,把握好"协同"概念中的"共同协作、协调同步和合作互惠"三个具有递进层次的关键内涵,只有如此,才能制定出高能效的具体策略。战略是战术的目标与方向,战术是战略的延续和细化。战略是道,战术是术,道是总体思想,术是具体方法,只有使国际传播的道术"同一",国际传播能力才能得到快速提升。

(二)内部与外部

内部与外部首先指的是国内、国际两个大局。根据系统论的竞争协同律,我国国际传播系统内部包括同国内社会系统之间的竞争,因为目标统一,因此系统内部的竞争是对协同的追求;还包括同外部世界系统的竞争,也就是不同战略理念下的竞争,如英国提出的"Global Britain"(全球英国)和美国提出的"America First"(美国优先)等国家理念更多体现了一种"零和博弈"的冷战思维,而中国提出的"人类命运共同体"理念中蕴含的则是协同发展的良性竞争观念。用系统协同逻辑去梳理内部与外部关系,可以更好地认识国际传播现实的复杂性和斗争性,进而统筹好国内、国外两个大局。除此之外,还有更大的问题有待厘清,即外部世界与中国之间是何种关系?世界的中国还是中国的世界?"我"与"我们"之间的关系映射着中国同世界的关系,在传统社会中,"我"从属于"我们","我们"为实,"我"为虚,只有"我们"的共同体而没有"我"的个性化存在,"我"若脱离了"我们"便也没有了"我"。在现代社会中,主体性成为基本原则,理性、算计、物质和欲望共同凸显了大写的"我"。在消费社会与网络社会中,人们"链接"成为圈层化的、虚幻的、以"我"为主的"符号共同体"。随之而来的全球性危机,如生态环境危机、金融危机、恐怖主义、网络信息安全及引发世界敌对与分裂的霸权主义和零和博弈思维等都同唯"我"独尊的世界观、价值观和国际观有着密切的关系。世界的全面发展需要解决国家内部的阶层冲突、国家之间的民族国家冲突、东西方之间的意识形态冲突、南北之间的发展利益冲突、世界文明体系之间的文明冲突等问题①。为此，习近平总书记统筹国内、国际两个大局，提出"一带一路"倡议、构建"新型国际合作关系""新安全观""正确义利观"和"人类命运共同体"理念等新时代国际观的思想内涵，为全球"人类同一"提供了一种共建、共治、共享的新型全球化模式，为中国国际传播战略提供了总目标与价值导向②。其中，"人类命运共同体，顾名思义，就是每个民族、每个国家的前途命运都紧密联系在一起，应该风雨同舟，荣辱与共。"③"人类命运共同体"理念就是对"我"与"我们"关系的重构，将"我"与"我们"从一种对立状态的"种思维"观念转换为"我"与"我们"本为一体的"类思维"观念。这种"坚持人类优先"的思维就是人类命运共同体理念的核心观念，也是中国的世界观、价值观和国际观中的核心观念。基于此，中国就是人类的中国，世界也是人类的世界，中国价值观与全人类的共同价值观相通，中国与世界合为"我"与"我们""同一"后的"人类命运共同体"，这样的观念契合了系统科学中整体与部分的统一性原理。因此，以"我们"为基点坚持人类优先，将内、外两个大局统筹起来实现中国与世界的"同一"关系，就应当成为中国国际传播战略和战术的根本出发点。

其次，内部与外部也是指国际传播的环境和系统两个层面：一是作为环境的内外，即党和国家的国内宣传政策、宣传纪律和宣传惯例等内部宣传与外部国际传播的策略之间的协同；二是作为系统的内外，即国际传播系统内部的传播的主体、渠道、内容和机制与社会政治、经济和文化系统之间的协同，以及同世界其他国家的各类系统之间的协同。从系统的开放性、相似性和稳定性原理看，在全球网络社会中，"内爆"无处不在，尽管国有疆界，但客观来讲国内宣传和国际传播的信息流向正在逐渐融为一体，两者的结构功能边界越来越模糊。媒介融合是传播技术发展的规律，国际传播系统的内容、渠道、平台、经营、管理等各方面都要融合，融合就需要系统更加开放，开放就会带来更多摩擦和矛盾。根据竞争协同律，竞争和协同是系统发展的动

---

① 陈相光.习近平构建人类命运共同体方略的世界历史意义[J].社科纵横，2018（1）：1-4.
② 黄良奇.习近平的国际观及其时代价值[J].中国井冈山干部学院学报，2019（2）：15-26.
③ 张文嘉."我"与"我们"关系的历史流变[J].中学政治教学参考，2020（38）：90-93.

力,因此在处理国际传播内部与外部关系上,应当以协同的共同协作、协调同步和合作互惠三层内涵为思路,为摩擦和矛盾定制出能被转化为机遇的具体策略。

(三)硬件与软件

硬件与软件包含两层含义:首先,硬件是指一个国家的治理现实;软件是指一个国家治理现实传播的能力,过硬的治理现实一定是强大国际传播能力的基础,所谓桃李不言,下自成蹊。其次,硬件是指支撑国际传播的硬实力,如经济、科技、军事以及传播基础设施等;软件是指基于上述硬实力的软力量的表现与水平,如高质量的内容产品一定会带来国际传播的好口碑。

从本质上看,硬件与软件的关系问题其实是对工具理性与价值理性的把握问题。工具理性更注重"合理性",即以能否达到目的作为行动选择的标准,但过于偏向工具理性容易因丧失价值感而走向冷漠;价值理性更看重行为本身和过程的价值与意义,但过于偏向价值理性容易因不考虑"合理性"而缺乏对结果的责任感。任何极端的选择都不应当出现在我国国际传播能力建设的观念之中。我们也应当看到,在不同时代、不同阶段和不同处境下,对工具理性和价值理性的侧重应当是不同的。进入现代社会,全球科技与经济飞速发展,包括传播媒介和治理现实在内的各类硬件在数量与质量上都得到了较快发展,追求效率和合理的工具理性大行其道,对它的偏向将"我"无限放大,人从目的变成手段,除"我"之外全是"他者"。在全球化浪潮的今天,硬件重构了社会结构,软件随之具有了超强的时空跨越性和扩张性。网络信息技术、大数据、人工智能、VR/AR 及算法主导的信息定制与分配等媒体硬件的发展共同改变了国际传播的实践逻辑。谣言、假新闻层出不穷,信息把关、社会瞭望、去伪存真以及价值判断和道德判断的媒体功能都出现了问题,加之西方媒体对中国形象有意无意的片面报道,导致世界许多国家和地区的公众对中国的认知仍然停留在"东方主义"之下扭曲的刻板印象之中。如果国际传播完全以工具理性为选择标准,那么算法带来的所谓"个性化"推送只会进一步固化刻板印象,而无法有效树立真实、立体、全面以及可信、可爱、可敬的中国国家形象，更无法有效实现共建"人类命运共同体"的战略总目标，这无疑有悖于中国国际传播实践的初衷。在以系统协同作为基础逻辑的国际传播能力建设中，既要充分把握技术、基础设施及硬实力等硬件发展带来的机遇，也要充分意识到，过于强调硬件则会陷入对工具理性片面追求的局限。如果观念和思维的软件得不到发展，物质硬件同样无法实现良性协同运作，这种情况下的国际传播能力建设是不全面、不协调的，也是不可持续的。针对当下的中国现实处境，国际传播能力建设应当在硬件的基础上提升对软件价值导向的重视程度，并协同好其内部各种思维、观念和文化之间的关系，以价值理性驾驭工具理性[①]，将软件协同的重要程度提升到更高的战略维度。同时，要处理好软件中各种价值观念之间的关系，如新旧媒介的融合、多元传播主体的协同、内宣外传的统一、传统与现代思想以及中西方文化的交融等各种"子软件"之间关系的协同。约瑟夫·奈[②]在《硬权力与软权力》一书中说："如果该国的文化和意识形态具有吸引力，则其他国家更愿意追随其左右。……简言之，一个国家文化的普适性及其建立的有利的规则或制度、控制国际行为领域的能力是关键的权力之源。在当今世界政治中，这些软性权力之源正变得越来越重要。"在工具理性泛滥的现代社会中，当世界看到中国的治理现实，认识到中国治理背后的价值支撑和文化力量时，凸显的就是价值理性的作用与光芒。因此，在国际传播能力建设过程中，价值理性才是关键，以价值理性驾驭工具理性、以软件驾驭硬件的国际传播实践才能更加有力，影响才能更加持久。

（四）规律与规矩

国际传播实践要遵循传播的基本规律和国际传播的特殊规律。马克思告诉我们，劳动始于对客观规律的把握和对工具的制造与使用，劳动创造性发展的过程就是人类进步的过程。互联网技术下的国际传播，突破了媒体界

[①] 胡正荣. 智能化背景下国际传播能力提升与人类命运共同体构建[J]. 国际传播，2019（6）：1-8.

[②] 奈. 硬权力与软权力[M]. 门洪华，译. 北京：北京大学出版社，2005.

限、突破了地域界限与社会圈层界限、突破了社会行动领域的界限、也突破了社会维度界限①，在全球化网络社会中，媒体融合成为信息传播的核心规律。国际传播作为一种跨文化传播，其中"文化折扣"是普遍存在的现象。科林·霍斯金斯（Colin Hoskins）认为文化内容产品的吸引力是特定情境的产物，在跨文化传播过程中，这种吸引力会随着信息和传受双方的文化差异的增大而降低，文化差异体现在对文化项目所体现的形式、价值观、信仰、制度和行为模式等的不认同，其结果是受众既不愿意知道也懒得理解这些信息②。因此，在国际传播能力建设中，只有遵循、尊重传播的基本规律和国际传播的特殊规律，针对不同区域、不同国家、不同群体的受众进行精准传播，满足受众对未知文化的好奇，制作满足人性共通的喜好的文化产品③，做好中国故事和中国声音的全球化表达、区域化表达、分众化表达，增强国际传播的亲和力和实效性，才能有效降低"文化折扣"的程度、频率以及引发误解的概率。

不尊重客观规律的规矩，只是主观的一厢情愿，带来的只能是各种误解与偏见。比如，中文中的"龙"字，对中国人来说是中华民族和中华文化的象征，"龙的子孙""龙的传人"等词语蕴含着一种血肉相连的情感。我们通常将"龙"译为"dragon"，柯林斯词典对其的解释为："A mythical monster usually represented as breathing fire and having a scaly reptilian body, wings, claws, and a long tail."④在西方文化中，"dragon"是一种拥有负面含义的"monster"，另外在《圣经》中"dragon"代表着邪恶与战争。如果将中国的"龙"音译为"loong"，是否能有效减少"文化折扣"带来的误解呢？已有的

---

① 张磊，胡正荣.重建公共传播体系：媒体深度融合的关键理念与实践路径［J］.中国编辑，2022（1）：4-9.

② HOSKINS C，MIRUS R.Reasons for the U.S. dominance of the international trade in television programmes［J］.Media culture & society，1988，10（4）：499-504.

③ 昝琳佳，刘建华.跨文化传播中的价值流变：文化折扣与文化增值［J］.中国出版，2014（8）：8-12.

④ Dragon definition and meaning.［EB/OL］.（2018-11-15）［2022-05-15］.https：//www.merriam-webster.com/dictionary/dragon．

成功案例中，CGTN制作的《全球财经》节目、西班牙语频道、阿拉伯语频道等多语种频道的国际传播实践，都因既遵循了网络社会的传播规律又蕴含文化特色，而在国际舆论场中收获了较好的效果。

对于一个国家来说，规矩就是国家的底线，对于国际传播来说，遵循规律的规矩才是发展和实践的道路。具体而言，讲好中国故事，传播好中国声音，展示全面、立体、真实、可信、可爱、可敬的中国国家形象，同世界人民共建"人类命运共同体"的国际传播总目标是规矩；推动守正创新，加强顶层设计和研究布局，掌握规律，提供学理支撑，高举大旗，把握基调，创新体制机制，发展既开放自信又谦逊谦和的国际传播策略是规矩；打造具有国际影响力的媒体集群，构建具有鲜明中国特色的战略传播体系，构建中国话语和中国叙事体系，开展各种形式的人文交流活动，发挥高层次专家作用，建立适应新时代国际传播需要的专门人才队伍也是规矩。规律是客观的，是事物运动的本质；规矩是主观的，是人为制定共同遵守的制度。规律是规矩的前提，但没有具体的规矩，规律便无从遵守。我们既要明白自然世界规律中"天地不仁，以万物为刍狗"的客观性，也要懂得人类社会中"爱人者，人恒爱之；敬人者，人恒敬之"的体现主观性的规矩。值得注意的是，规矩并不是对规律的复刻，而是价值理性驾驭工具理性的结果。

当前社会已经进入数字时代，数字化已经成为社会运行的显在规律，国际传播能力建设需要具备包括数字技术素养、数字信息素养和媒体素养在内的数字素养的人才队伍，并以之作为实践和发展的基石[①]。今天的国际传播必须遵循数字规律，才能制定出切实可行的规矩来。因此，媒体融合时代，需要以遵循媒介运作系统逻辑和协同传播的规律为前提，将移动互联网思维深度融入国际传播的工作思路，以"创新"引领、以"协调"统筹、以"绿色"引导、以"开放"促进、以"共享"提升国际传播的能力建设与实践[②]，只有

---

① 张力玮，王亭亭.全媒体与数字素养：访中国教育电视台总编辑胡正荣[J].世界教育信息，2019（14）：7–11.
② 王润珏，胡正荣.融媒体时代国际传播的新特点与新格局[J].国际传播，2017（5）：31–36.

系统协同好国际传播中规律与规矩之间的关系，才能把握好国际传播媒介格局整体变迁的历史机遇。

（五）理论与实践

硬件是软件的基础，实践是理论的前提，这些都是显性的规律。纵观百年全球传播技术和国际传播活动的发展与变迁，大众报刊、电报、电话、电视和互联网的雏形阿帕网等媒介硬件都诞生于工业时代的西方世界，远程传播技术的发展催生了人类全新的传播实践，两次世界大战期间对宣传的需求、意识形态的争斗、"冷战"后西方资本对全球利润的追求等，都持续推动着国际传播实践与理论快速发展。整个20世纪，西方世界依靠工业时代的硬件基础形成了系统的国际传播理论知识体系和话语体系，长期主导着国际传播格局、世界舆论方向和话语权。现代国际传播理论与实践发轫于西方，也被西方世界所主导。

进入21世纪，互联网已渗透至现实社会的各行各业，近30年内，互联网技术每10年转向一次，经历了可读不可写的Web1.0时代、可读又可写的Web2.0时代和可读可写可拥有的Web3.0时代，全球传播生态进入了由产品链、供应链与价值链共构而成的平台链媒介系统环境[①]，虚拟与真实并存并构的网络社会已成为全球现实，面向未来的"元宇宙"概念也讨论正酣。当前，大数据、云计算、5G、物联网、人工智能、VR/AR等数字技术主导的新一轮媒介革命，正在重构着国际传播格局与实践，而在此次变革中，中国快速赶超态势凸显。2020年2月6日，美国司法部部长威廉·巴尔（William Barr）在一次主题演讲中说道："中国已经在5G领域建立起领先地位，占据了全球基础设施市场40%的份额。美国没有领导下一个技术。"除了华为的5G技术，还有字节跳动旗下的TikTok，据Sensor Tower[②]51的数据显示，TikTok

---

① 胡正荣，王天瑞.平台链：打通内容生态的产品链、供应链与价值链[J].中国广播电视学刊，2022（1）：32-35.

② Top Apps Worldwide for October 2021 by Downloads[EB/OL].(2022-04-26)[2022-05-15]. https://sensortower-china.com/zh-cn.

成为 WhatsApp、Messenger、Facebook 和 Instagram 四款美国的软件外,第五款全球下载量达到 30 亿次的软件。在 2021 年的东京奥运会以及刚刚过去的 2022 年北京冬奥会期间,TikTok 更是最大的赢家。《华盛顿邮报》连续发出多篇报道,对比美国传统媒体 NBC 和 TikTok 在北京冬奥会期间的表现,Farhi①52 和 Hunter②53 均表示,拥有冬奥会美国转播权的 NBC 收视率不断下降,而越来越多的用户选择 TikTok 等新兴网络平台。

  网络时代的国际传播实践与理论发展旭日初升,这是中国的机会。但现实依旧严峻,当前的全球国际传播学科体系、学术体系和话语体系依然存在着"西方中心主义"的惯性思维:当下的国际传播理论大都始于西方,而内生于中国思想、中国实践和中国特色的理论寥寥无几,用西方理论套路操作中国案例的学术困境依旧;西方中心主义和全球资本主义框架仍然坚挺,面对中国的发展,西方话语对华舆论控制力度持续加大,并通过贸易战、金融战、技术战和媒体战等各种方式维护其霸权,对中国国际传播能力建设进行遏制。

  在全球化程度不断深化的网络社会中,国际传播能力建设已上升为关乎中国发展与生存的国家战略问题,是治国安邦的大事。当下,亟须重新审视西方主导的国际传播理论与话语体系,围绕构建"人类命运共同体"的中国全球理念,构建符合新时代传播规律和世界发展现实且具有人类共同视野的中国国际观和传播观,进而构建本土性与普适性兼具的中国特色社会主义国际传播学科体系、学术体系和话语体系。

---

① NBC's Olympics ratings are terrible. that doesn't mean the games are dying [EB/OL].(2022-04-26)[2022-05-15].http://k.sina.com.cn/article_1887344341_707e96d5040017ldy.html.
② Official Olympic coverage tells us who wins. TikTok tells us everything else [EB/OL].(2022-04-26)[2022-05-15].https://www.washingtonpost.com/technology/2022/02/16/tiktok-winter-olympics/.

结　语

"这是一个需要理论而且一定能够产生理论的时代，这是一个需要思想而且一定能够产生思想的时代。"中国国际传播实践已经大踏步地走进数字时代，在百年未有之大变局之中，中国的发展也是世界的机遇，中国国际传播必须承担起时代的责任。笔者认为，我国国际传播能力建设应在以系统科学为前提，以系统论为方法，以系统协同为基础逻辑，以构建人类命运共同体为总系统的目标下展开。重点厘清新时代全球范围内各种宏观、中观和微观系统及其内外部系统之间的关系，具体分析战略与战术、内部与外部、硬件与软件、规律与规矩和理论与实践之间辩证统一的关系，弄懂系统的特性与规律，理解协同的共同协作、协调同步和合作互惠的层次性内涵，辩证看待系统中可能出现的竞争、不确定、差异、突变和失衡现象。量"度"画"界"，定"度"守"界"，以"度"为"界"，只有如此，才能加快国际传播能力建设的速度，有效提升我国国际传播的能力，达到全面提升国际传播效能的要求。

新一代人工智能与国际传播战略升维[*]

在智媒时代的国际传播与大国竞争中,人工智能依托数据、算法和算力重塑了国家的核心资源底色,成为政治逻辑和国家能力逻辑下国际传播结构性权力的强有力变革者。随着以 ChatGPT 等为代表的 AIGC 的异军突起,新一代人工智能的技术革新与应用普及颠覆了传统的信息获取方式、内容生产分发方式和人机交互方式,形塑了智媒时代从人机传播发端的人际传播、公共传播、国际传播新样貌,改变了当下的社会规则、传播秩序和国际关系,具体化体现,如乌克兰危机等地缘政治争端之中的传播博弈和算法之战。当前,人工智能革命框架下的国际传播愈发复杂化,亟须战略性的升维匹配。

一、新一代人工智能引发的传媒格局变迁

作为美国人工智能研究公司 OpenAI 在 2022 年底发布的一款人工智能语言模型,ChatGPT 产品因其采用着眼于提供通用解决方案的预训练模型,凭借其强大的自然语言理解能力、巨量的知识库存和完备的训练反馈范式,极大地提升了交互体验。从表征上来看,ChatGPT 已经在专门化人工智能技术领域取得重大突破,在通用对话及特定的技术任务中表现出色,可以创作剧本、完成代码编程、医学诊断,甚至能通过人类的专业资格考试。数据显示,ChatGPT 2023 年 1 月末月活用户已突破 1 亿,成为史上用户增长速度最快的

---

* 本文原载于《对外传播》2023 年第 4 期,与于成龙合作,收入本书时,略有删改。

消费级应用程序①。

如果说 ChatGPT 的快速崛起在于其"过于"强大的文本理解和反馈能力，在此之前，基于 AIGC 技术的稳定扩撒（Stable Diffusion）、达利（DALL-E 2）、中途（Midjourney）等 AI 绘画模型同样展现了其内容智能生成的能力。在新一代人工智能技术的支撑下，传播领域的内容生产模式已经从原来的专业生产内容、用户生成内容时代，不可避免地进入"文本生成一切"的人工智能生成内容时代，推动传媒格局出现颠覆性变革。

（一）从理解到创造：工具效能的新跃迁

人工智能的发展大致可以分为专门化人工智能（只能完成专项任务的智能）、通用化人工智能（以一个通用的模型泛化解决各种各样的问题的智能）和情感化人工智能（能感知情绪的智能）等三个技术阶段②。

历史地看，传统的人工智能技术仅侧重既有形态内容的分析利用，如语音的识别技术、作为内容分发核心计算的推荐算法等，都属于专业化人工智能的范畴。而新一代人工智能通过预训练模型、生成算法、多模态等人工智能技术的累积融合，对使用者偏好及意图进行预测，生成全新的、表征合理的、具有价值意义的内容或数据。这种以理解式的交互为基础，由机器深度学习和人本激励反馈融合的内容生产方式开启了人工智能创造的新时代，实现了传播价值的再组和重构。

从"理解"到"创造"的突破，既有人工智能技术指数级进步的因素，也有训练模型规模化增加的考量。OpenAI 为 ChatGPT 所创建的 Transformer 的深度学习架构作为基于注意力机制的深度学习模型，具有强大的语言理解能力和生成能力，借助"从人类反馈中强化学习"（RLHF）的训练方式，利用人类手动标记语言模型产生的回应，不断调适优化模型。

从目前的情况看来，ChatGPT 所代表的新一代人工智能生产的内容并

---

① 李佩珊.从电灯到 ChatGPT：颠覆性创新带来的改变[N].经济观察报，2023-02-20（30）.
② 张洪忠.如何从技术逻辑理解人工智能对传媒内容生产的影响[J].中国传媒科技，2018（8）：10-11.

不具备完全的独创性，更多还是在"人工标注＋机器学习"机制下概率性的模仿式输出。但是，由于具备海量参数和复杂架构的大模型的出现，为 ChatGPT 在概率计算中学会"推理"，实现自主创造提供了基础。OpenAI 公布的数据显示，OpenAI GPT 模型参数量从 2018 年 GPT 1.0 的 1.17 亿个，连续跃升为 2019 年 GPT 2.0 的 15 亿个和 2020 年 GPT 3.0 的 1750 亿个，而人工智能模型算力的消耗则从 2012 年到 2020 年增长了 30 万倍，平均每 3.4 个月翻一番。这种爆炸式的累积增长，必然会导致人工智能"奇点"的到来。

在对"奇点"快速到来的预期中，ChatGPT 给传播带来的颠覆式创新不言而喻：技术的进步再次降低了内容生产和社会表达的门槛，传播主体可以基于更为丰沃的信息资源、知识表示、文明传承来高效率地实现内容生产和社会对话，有望用低成本甚至零成本的自动化内容生产范式重塑内容生产供给和分发传播。在国际传播中，人工智能主体的加入使得传播力量博弈增加了非文化性的复杂变量。由此而延续的糅合生物思想和技术表达的内容生产和数据生产，可以借助更为多元而开放的多模态体系来实现传播的跃迁。

（二）从信息到认知：传播效果的新争夺

信息交互能力，是决定国际传播水平的根本。在当下的国际传播中，国际传播影响力、中华文化感召力、中国形象亲和力、中国话语说服力和国际舆论引导力建设已经不能仅依靠信息的规模化展演来实现，而更多要从简单化、标准化的信息传受演进到个性化、精准化的认知争夺。

随着新一代人工智能技术的强势崛起，认知争夺的战场进一步从话语体系、符号体系延伸到机器和算法驱动的底部逻辑层，在平台化传播中利用算法制造个性化信息茧房，制作精准化、高沉浸感的传播体验，驱使用户凭借自身认知"自我绑架"并留存在平台的算法架构中，而在 ChatGPT 等新一代人工智能技术实践中，用户的认知被更为精准地限定在大模型的数据内在关联中。

由于海量存储的知识体系和类人化的知识表示的出现，ChatGPT 信息获取与筛选的速度实现了跨越式发展，以模型和算法为核心的传播逻辑更加彰

显。以往借助搜索引擎实现的多元化思维入口变成了单一的反馈通道,决策行为中的决策权部分或完全实现了由人向机器的转移,模型和算法的智能主张使得人在被说服过程中的认知自主性受到了极大挑战。

以ChatGPT为例,其GPT3.0的大模型容纳了高达45TB的数据,涵盖了文章、图书、维基百科以及其他互联网文本等六大类内容资源,"无所不知"的大模型训练具备了必要的认知框架和知识体系,同时,在其计算中也继承了现有文本数据库中的隐形价值观和对抗训练中的主观价值倾向。外显的反馈输出局限在大模型的数据环境中,其数据环境中建构并伸展的文化—思想—知识体系成了传播效果的规训条件,强化了认知竞争的进化进程。

(三)从工具到行动者:传媒生态的新建构

随着新一代人工智能技术的发展,网络传播、社交传播在国际传播中发挥的作用日益明显。媒体的平台化和平台化媒体使得具有全球影响力的互联网平台成为国际传播的主导性渠道,附着其上的人工智能和算法规则在较大程度上决定了传播过程和传播效果。数字平台已成为互联网时代的新型信息基础设施[1];机器、技术、算法在国际传播中扮演的角色从传播赋能工具演进成具有主导地位的行动主体;以人为中心的传统思维,乃至人的主体性地位不断受到新技术的挑战[2]。长期习惯以工具观看待传播技术、传播平台的人们,需要在对国际传播生态的考量中进一步转变观念。

作为当下发挥重要作用的基础技术架构,以ChatGPT为代表的新一代人工智能为国际传播增加了新动力和新变量。与以往社交媒体平台的单向算法"驯化"不同,ChatGPT因其"人—机"双向互动性和渗透性的加强,实现了双向"驯化":人工智能技术被人类"驯化",人类凭借其可被计算化的自然语言体系也成为算法驯化的对象。双向驯化的结果,造成了人机传播关系中连接行为和决策行为的解构和重构,也影响了ChatGPT作为类人化行动者的

---

[1] 沈国麟.全球平台传播:分发、把关和规制[J].现代传播(中国传媒大学学报),2021,43(1):7-12.

[2] 李蕾.人机关系:交互与重构[J].新闻与写作,2022(10):4.

表现。

作为类人化行动者的 ChatGPT 通过技术的赋能和赋权，造成了国际传播中权力的持续极化：一方面，作为工具的 ChatGPT 可以使大众参与传播的权力进一步下沉，传播内容的生产门槛进一步降低；另一方面，以作为行动者的 ChatGPT 为代表的新一代人工智能的权力在与政府、资本和社会的博弈中进一步扩张，以算法化为核心的传播逻辑更加难以被改变，人类社会和技术空间之间的差距愈加难以弥合。基于传播范式的升维，由人工智能所生发的平台话语权、数据话语权乃至算法和人工智能的话语权对国际传播格局的重构将不可避免。

二、智媒时代国际传播的战略升维

2021 年 5 月 31 日，习近平总书记在十九届中共中央政治局第三十次集体学习时要求，构建具有鲜明中国特色的战略传播体系。中国国际传播的战略传播研究进入高光时刻。① 在世界百年未有之大变局加速演进的当下，当以 ChatGPT 为代表的新一代人工智能凭借技术、渠道、内容、效果等多方面的优势深度嵌入并改观国际传播实践时，技术的新尺度提供的更多连接与遮蔽、互动与隔离、赋权与失能都促使智媒时代的国际传播实现新的战略升维。

（一）"持续危机"语境下的底线思维坚守

当下，人类社会正在进入以"持久危机"（permacrisis）为特征的新时期②。地缘冲突、经济下行、大国博弈等多重因素叠加下的国际传播的泛政治化倾向日益明显。新一代人工智能技术的发展与应用，不断刷新舆论场被技术议程设置、价值嵌入的现实。在"持续危机"的语境下，战略化的国际传播更要有底线思维的坚守。

---

① 毕研韬. 战略传播：溯源、发展及其启示［J］. 对外传播，2022（6）：26-29.
② 王沛楠，史安斌. "持久危机"下的全球新闻传播新趋势：基于 2023 年六大热点议题的分析［J］. 新闻记者，2023（1）：89-96.

立足基础设施建设坚守底线思维。围绕海底电缆周而复始的合作与斗争①，抖音国际版（TikTok）接连被美、日、欧盟等多方限制的现实已经昭示，在全球政治极化结构性扩散的背景下，作为传播装置的基础设施不再仅是政治权力释放的底座，更成为霸权主义权力被结晶、塑造和使能的能动性工具。在智媒时代，基础设施的范畴已有更为广泛的延展。作为新的基础设施的新一代人工智能在中国有广泛的应用场景和庞大的数据基础，但底层算法和系统的原始创新不足，制约算力的核心智能芯片和基础元器件的自主研发生产能力与国际领先水平差距较大，制约了人工智能技术赋能国际传播的深度和广度；自主可控的传播平台建设也是国际传播中必要的基础设施支撑。在新时期国际传播的博弈中，要落实习近平总书记在中共中央政治局第三次集体学习时强调的"要强化国家战略科技力量，有组织推进战略导向的体系化基础研究、前沿导向的探索性基础研究、市场导向的应用性基础研究"的要求，以基础研究夯实科技自立自强的根基，以新型举国体制的优势破解国际传播基础设施建设的制约性难题。

立足认知博弈坚守底线思维。网络技术挑战了国家的日常、自我叙事和家园感②。进入智媒时代，以技术为本底的国际传播对于国家主权安全、实体安全的挑战更加严峻：在乌克兰危机中，国际传播在认知博弈上的效果被放大，使得内外连通的网络舆论场反复激荡，不断延伸出包括信息战、舆论战和心理战在内的现代战争③；在以计算宣传为特征的新信息战中，隐蔽技术的应用背后始终离不开使用者的主观宣传意图④；在以ChatGPT为代表的新一代人工智能在交互中也显示了价值观的偏颇。ChatGPT等基于大模型训练的人工智能技术，在模型与用户的交互中，必然难以跳脱模型开发者和掌控者在

---

① 陆国亮.国际传播的媒介基础设施：行动者网络理论视阈下的海底电缆[J].新闻记者，2022（9）：55-69.

② AMIR L. Ontological security, cyber technologies, and state's responses. European journal of international relations[J]. 2023, 29（1）：153-178.

③ 胡正荣.中国舆论场的新特点与新变量[J].人民论坛，2022（13）：30-33.

④ 赵永华，窦书棋.信息战视角下国际假新闻的历史嬗变：技术与宣传的合奏[J].现代传播（中国传媒大学学报），2022，44（3）：58-67.

知识误差、种族歧视、文化偏见和历史误读等方面的价值观偏差。特别是当相关人工智能服务在一定程度上为国家行为体及非国家行为体操控后，因意识形态博弈而造成的用户规训破坏性效应将更明显。当认知和文化的边界博弈已经突破地理疆域成为当今国际传播中大国博弈的前沿地带时，在"持续危机"语境下我们必须进一步坚定"四个自信"，强化以国家文化数字化战略为龙头的传播内容资源建设，以中华文明和中国文化资源的数字化、数据化、智能化为导向，以数据优势的强力构建参与国际传播的认知竞争与博弈。

（二）价值理性下的智能思维回归

有学者认为，人工智能就是认识论[①]。在当今的国际传播中，推进社会与传播的良性互动，既需要从人类社会结构观照到技术空间，更需要将思维模式从数据思维、算法思维进化到关切人机交互的人工智能思维。与之相反，在此期间还要将国际传播的效果考量从工具理性、科技理性回归到价值理性，特别是要回归价值理性中那些思想意识、义务、尊严、美、规训等信念[②]，让人工智能在体现人的主导性与价值观的基础上实现有价值的国际传播。

在新一代人工智能技术的辅助下，个性生产、精准分发、偏好维护、忠诚培养、价值反哺等都可以低成本高效率地实现，但偏见和谬误也会同步加剧扩散。基于对以 ChatGPT 为代表的新一代人工智能工具理性的运用，需要在国际传播中强化平台话语权和数据话语权意识，在更大范围实现国际传播内容资源的引导、富集、加工、解析和传播，从而获得与之对应的强大现实传播优势和深层影响能力。同时，要善于运用工具理性的技术表达，让国际传播的多模态样态更为充盈。

意识形态价值观、受众身份认同等，即使是在技术理性的思考维度下，

[①] 肖峰.人工智能与认识论的哲学互释：从认知分型到演进逻辑[J].中国社会科学，2020，(6)：71.
[②] 陈昌凤，石泽.技术与价值的理性交往：人工智能时代信息传播——算法推荐中工具理性与价值理性的思考[J].新闻战线，2017（17）：71-74.

也是实现国际传播效果不可逾越的关键因素①。如果国际传播完全以工具理性为选择标准，往往会陷入人工智能和算法的狭隘通道中，无法真正实现真实、立体、全面以及可信、可爱、可敬中国国家形象的有效传递。因此，我们在欣然接纳新一代人工智能带来的技术便利的同时，必须真正回归到国际传播的价值理性，满足传播的初衷，特别是要协同好在技术、基础设施及硬实力等硬件之上的各种思维、观念和文化等软件之间的协同关系，以价值理性驾驭工具理性②。

以ChatGPT为代表的新一代人工智能为破解国际传播中叙事能力不足和传播渠道不畅两大问题提供了解决的可能。价值理性的回归，将有助于我们在面对新一代人工智能所带来的传播内容的多样性、真实性、矛盾性等方面，更好地借助综合现代方法和算法的智能思维，进一步统合中国故事在世界舞台上的共同性、共情性与普遍性，进行智能思维下的创造性转化和创新性发展，破解受众因个体情感、身份认同和政治倾向造成的传播壁垒，而对于价值理性的把握，在开展宏观叙事、向世界沟通推介人类命运共同体的传播基调和价值理念的过程中尤为重要。

（三）发展逻辑下的共生思维依从

共生思维，是陷于困境的西方传统本体思维转向伦理思维的合理进路，也是现代社会存在的真切守望③。在中华文明"共生交往"的生存智慧辉映下，当代著名社会学家、中央民族大学名誉校长费孝通提出的"各美其美，美人之美，美美与共，天下大同"反映了构建人类命运共同体的中国式共生思维。在新一代人工智能扮演更为重要角色的当下，国际传播命题的研究起点从人与人、人与自然的共生上溯到人机交互的技术性开端。在由此而来的人机之

---

① 张毓强，潘璟玲.从效果到效能：新时代国际传播目的论的思路转圜［J］.对外传播，2022（9）：66-70.

② 胡正荣，王天瑞.系统协同：中国国际传播能力建设的基础逻辑［J］.新闻大学，2022（5）：1-16+117.

③ 顾智明.论共生思维［J］.福建论坛（人文社会科学版），2006（9）：126-129.

间、人际之间、家国之间、文明之间不同价值体系的融合共生、互补双赢过程中，共生思维的秉承尤为重要。

从共生的新起点出发，过去180多年信息技术的发展历史一直是三个永恒要素的稳定演变：交互（interaction）、信息（information）和计算（computation）[1]。在ChatGPT作为人工智能技术被广泛关注的过程中，除了依旧被探讨的算法黑箱、算法歧视抑或是数据隐私泄露等伦理问题，人与技术在交互中的角色适配成为讨论的焦点。

传播学家施拉姆曾预言，在计算机袭入传播生态的最后阶段，计算机将不再是机器而是一个物种[2]。以ChatGPT为代表的人工智能正在试图验证这个预言，在算法优化和策略的不断调整中，ChatGPT实现了传播主体和传播技术这两个彼此异质的实体在人机传播的相互嵌入、互补同构。通过人的身体的技术化在场，人与人之间的数据、知识、思想、价值观等被ChatGPT以计算的方式连接起来，并在对人的意向性的自然语义理解与加工中，形成一种人机共生、共同演进的关系，而对这种共生关系的假设建立在人工智能的透明性、道德性和算法可审计、可解释的基础之上。

在人机共生的基础之上，跨平台的共生和转文化的共生显得更为复杂而重要。类似人工智能长期遭受反技术主义的质疑、拒斥甚至敌对，当下中国提出和构建的话语和叙事在国际传播中长期遭受欧美国家的歧视性对抗，加之逆全球化、后疫情时代的全球传播生态变化，在作为复杂系统工程的中国国际传播体系的构建过程中，"系统协同将被视为国际传播能力的基础逻辑"[3]。因此，在以效能提升为导向的国际传播实践中，共生思维的导入将更加注重系统性和整体性，更加注重国家传播能力的顶层性战略布局和协同性

---

[1] Deloitte's 14th Annual Tech Trends Report Finds Trust at Center Stage, Illuminates the Path from Now to Next for Business Leaders [EB/OL].（2022-12-07）[2023-04-22]. https://new.qq.com/rain/a/20230202A00PMG00.

[2] SCHRAMM W. The story of human communication: cave painting to microchip [M]. New York: Harper & Row, 1988: 125.

[3] 胡正荣，王天瑞. 系统协同：中国国际传播能力建设的基础逻辑 [J]. 新闻大学，2022（5）：1-16+117.

资源调配。在多元化的传播主体力量动员中，尤其要注重人工智能技术的导入：不仅要建好用好特色突出、自主可控、影响广泛的海外传播载体，还要借助脸书、推特等海外社交媒体平台、海外知名传统媒体的传播优势放大声量，更要凭借技术优势丰富不同语言、不同文化语境中的传播语料和故事供给，以多元力量的共建共享促进共生共治格局的建构。

"国之交在于民相亲，民相亲在于心相通。"在仍以英语为主要语言的国际传播生态中，新一代人工智能技术的支撑，在变革传播渠道的同时，可以在认知共识、兴趣耦合、社会认可、文化认同等方面为构建跨国良好关系积累正向效果，有效提升跨文化传播、转文化传播的效能。

在系统性共生思维的观照下，国际传播在微观上将更加关注以人为主体、以交往为本位的"交往性传播"[①]和以人为本位的个性化传播。从宏大叙事的全力铺陈到个体命运的全景关注，我国的国际传播近年来在挖掘并尊重个体化传播力量方面渐次发力，在全球化共同、共鸣和共情特质的找寻中获取了更多的话语空间。"李子柒"在离网一年后仍被海外用户追捧、云南野生大象迁徙事件持续走红、《媳妇的美好时代》等电视剧的海外热播、"洋网红"推介中国的良好成效，都从共生共情的层面上打破了传统国际传播路径上跨文化传播固有的藩篱。

基于发展的语境，人机交互的赋能，个人化传播主体和人际传播、社交传播能够在提高传播的共情力方面有更为经济的成本和更为宽宏的作为领域。共生思维在国际传播的作用中，将更加聚焦人工智能长于发挥作用的精准传播，以新思维、新方法讲好中国故事，开展个性化、精准化、情景化的传播，真正推动国际传播的"一国一策""一群一策"，[②]有助于通过矩阵化、立体化、多元化的互动打破国际传播中的隔膜与距离，真正实践我国基于人类共同价值构建人类命运共同体的国际传播价值观里所蕴含的共生思维，为冲突加剧背景下的国际传播找寻新的路向。

---

① 李智，雷跃捷. 从国际话语权视角构建和传播中国式现代化话语体系[J]. 对外传播，2022（12）：36-40.

② 胡正荣. 新时代中国国际话语权建构的现状与进路[J]. 人民论坛，2022（3）：119-122.

要素与格局

人类命运共同体与文明交流互鉴*
——基于数字时代传播体系建设的思考

人类命运共同体与文明交流互鉴是一体两面。前者是目的，后者是机制和过程。两者结合将决定数字时代新的全球化的方向。

在党的十九大报告中，习近平总书记向全世界呼吁："各国人民同心协力，构建人类命运共同体，建设持久和平、普遍安全、共同繁荣、开放包容、清洁美丽的世界。要相互尊重、平等协商，坚决摒弃冷战思维和强权政治，走对话而不对抗、结伴而不结盟的国与国交往新路。要坚持以对话解决争端、以协商化解分歧，统筹应对传统和非传统安全威胁，反对一切形式的恐怖主义。要同舟共济，促进贸易和投资自由化便利化，推动经济全球化朝着更加开放、包容、普惠、平衡、共赢的方向发展。要尊重世界文明多样性，以文明交流超越文明隔阂、文明互鉴超越文明冲突、文明共存超越文明优越。要坚持环境友好，合作应对气候变化，保护好人类赖以生存的地球家园。"

这一来自新时代中国领导人的全球观、文明观和传播观深刻影响了未来的世界秩序，以及中国在其中扮演的关键角色。人类命运共同体的全球观让合作共赢超越了20世纪至今的地缘对抗，重置了人类社会的终极追求，也表明了中国立场。开放、包容、多样和平等的文明观再次强调了文明冲突论和历史终结论将不再（也从未）适合21世纪的世界文明秩序，历史上曾经存在的多种形式的文明优越感和自我中心主义必须被基于尊重和对话的文明间性

---

* 本文原载于《人民论坛·学术前沿》2019年第9期，收入本书时，略有删改。

所替代。正如周宁所说："世界文明的进程是一个多元发展、相互作用的系统进程，形成创造于跨文化或文明之际的'公共领域'或'公共空间'中。"[1] 最后，也许更重要的是，在全球化和地方化不断深入的当下，文明之间的对话正在更多被各种新的信息与传播技术所中介，"媒介化"的文明交流互鉴正在成为数字、网络和智能传播时代的一个新常态。传统的建制化传播渠道（如文化外交、文化贸易、国际媒体传播和国际学术交流等）将继续发挥作用，而新兴的基于互联网的平台媒体（如社交媒体、推荐引擎、游戏等）将在全球范围内的"数字原住民"一代中扮演更具有建构性的角色。对这一代人而言，当下的文明交流不再起始于课堂，也不再受物理的传播空间限制，而是遍布于沉浸式的数字化生存环境，活跃于人机互动的界面互联之中。"指尖上的文明交流"将成为文明间对话的最灵动渠道和最有效机制。

在这个意义上，基于上述全球观和文明观的人类命运共同体构建也将被史无前例的媒介化和数字化文明间传播所影响，也许我们可以称之为媒介化或数字化的人类命运共同体。

一、历史：交流互鉴是人类文明存在的根基，而演化的媒介在其中扮演了重要角色

纵观人类历史，有关文明交流互鉴的规范性和经验性讨论已经耳熟能详，独立的文明体内和文明间的持续对话同时存在于复线的历史叙事中已经成为共识。如果不承认这一历史事实，而仅基于某种文明优越论的假设来建构其他文明的附属关系乃至价值评判标准，就无法深入了解人类文明的本质，也会扭曲人类历史的发展逻辑，建构符合其霸权主义倾向的历史叙事。这一点在西式现代化的主流叙事中是显而易见的，其与帝国主义、殖民主义和后殖民主义的主导式话语逻辑是前后衔接的。对于后发国家或者非西方国家或者非西式文明体来说，这些话语是有着"天然"的霸权倾向和影响的，需要在

---

[1] 周宁. 探寻世界文明的中华文化资源[J]. 东南学术, 2003（3）: 81-90.

不断祛魅西方、重置自身的文明传统，以及直面文明交流的历史事实和主动参与文明对话的主体性构建中，重写新的文明史、重建新的以文明间性为标准的伦理规范。

与文明交流互鉴相伴随的是作为载体的各类媒介在技术和功能上的复线式进化，它们参与了人类历史上多次的文明演化，也形构了文明间性的可能。值得注意的是，在这里我们所使用的"媒介"是一个十分宽泛的概念，包含了邮政、铁路等交通工具，而不仅是随着印刷技术出现至今而形成的专业化的以信息处理和散布为职能的媒介机构。著名的经济史和传播史学家哈罗德·A.英尼斯（Harold A. Innis）曾将传播技术划分为时间偏向和空间偏向两种，认为不同的传播技术参与了人类历史上的不同帝国的兴起。根据他的梳理，从公元前500年始，主导型传播技术与世界格局的变迁可以划分为以下多个阶段：以驿站和骑手为基础的邮政系统与波斯帝国；以人力为基础的邮政系统与历代中国王朝；以声音和火为代表的希腊帝国；由中心到边缘的道路系统和罗马帝国……印刷媒体与欧洲各帝国；电报与大英帝国；广播与帝国战争；电视、卫星、计算机、互联网与冷战的两极体系；1989年以来，战略防御计划（星球大战）、电子人与全球系统。①

喻希来也曾从媒介（或者说符号）与社会的角度做过一个简单的梳理，即："传播媒介的发展大体上经历了口语、文字以及电子媒介三个阶段。口语文化是原始形态的地域文化或部落文化的载体，书面文化是民族国家范围内的社会上层统治者及其知识分子特权文化的载体，广播、电影、电视、录音、录像、因特网等电子传播媒介则是跨越国界的全球性大众文化的载体。"② 换句话说，不同的媒介形态不仅参与了全球范围内社会结构的变迁，如去部落化（如电视）或重新部落化（如社交媒体），而且使得文化本身产生了更广泛的分化，如精英文化和大众文化，而这一变迁是涉及几乎所有文明的。

除此之外，学者们也注意到人作为媒介本身在文明交流互鉴中的作用，

---

① HAROLD A. Innis, the bias of communication [M]. Toronto: University of Toronto press, 1951.
② 喻希来.世界文明中的中国文化 [J].战略与管理，2001（1）：64.

尤其是在中国与后来崛起的西方文明之间。"马可·波罗那一代人发现世界的最重要的意义是发现中国。现实世界的旅行将商人、传教士等带到中国，是中西交通史上真正划时代的大事。文本世界中的旅行将中国形象带回欧洲，是欧洲文化史上的大事。"① 换句话说，中国的故事是作为媒介文本被欧洲所认知的。这一文本是开放的，既有文化使者们对一手经验材料的整理和讲述，也有传阅者对这一东方国度的想象和解读，代表了中国在西方自身文明观的变迁中所发挥的"他者"作用。笔者将在下文中详细分析这一文化间性视角的重要性，及其对于理解人类命运共同体这一文化间性叙述的当代价值和世界意义。

当然，由于历史原因，上述文献并没有全面延伸到21世纪的当下，对于所谓的第四次工业革命中的大数据、人工智能和物联网，或者笼统地说，各类数字技术及其参与建构的新的文明交流互鉴形态，尚需要与时俱进的理论梳理。因此，我们可以这样假设，按照传播技术与文明秩序或世界格局的比对关系，与数字传播技术相匹配的是人类命运共同体，是以相互依存的国际权力观、共同利益观、可持续发展观和全球治理观为价值基础的21世纪文明秩序，简而言之，就是以多元、共存、共享、对话和可持续为特征的全球传播秩序。

二、当下：人类命运共同体是文明交流互鉴的新理念和新行动，需要借助全媒体时代的新平台和新技术

人类命运共同体不仅是中国从自身发展需要提出的新全球治理理念，即寻求一个更加公平和包容的新全球化的需要，更代表了几千年来中国对人类文明交流互鉴的持之以恒的贡献的新阶段。一个"世界结构"②中的中国和"世界文明中的中国文化"③已经成为研究中国与世界关系、中华文明与其他文

---

① 周宁.探寻世界文明的中华文化资源［J］.东南学术，2003（3）：84.
② 邓正来."世界结构"与中国法学的时代使命：《中国法学向何处去》第二版序［J］.开放时代，2011（1）：146-152.
③ 喻希来.世界文明中的中国文化［J］.战略与管理，2001（1）：61.

明形态交流互鉴的基本视角。

当然，这里的"中国"概念不单纯是西方现代民族国家政治框架中的单一而封闭的政治实体，而是一个持久、开放和包容的文化传统和文化群体——在过去的三千年，中国不仅在公元的第一个一千年主动参与建构了东亚为主的华夏文化圈，而且在接下来的一千年启发了西方的现代文明，并完成了自身从相对比较中的衰落到由边缘而中心的复兴。①

中国这个"超稳定"②的文化结构，虽然因为内外原因时有中断，但却拥有着改变或者调解世界文明的持续动力，而这一动力主要表现在中国由内形成向外输出的思想或文化特征。张岱年、王东提出，"中国古代形态的主体性思想，带有明显的早熟性：偏重内在超越性的道德自律主体性，在人对自然关系上的外在主体性略显不足；强调人与人之间的互主体性，早早地超越了个人本位、自我中心的单主体性"③。因此，"从世界思想、世界文化发展的宏观视角来看，中国文化思想主流中贯穿的这种超越个人本位、自我中心的互主体性观念，代表了一种迥然不同于西方近现代思想的新型的主体性观念和价值观念。这就充分说明，中华文明的现代复兴，必将给21世纪新型文明带来福音，而绝不是对人类文明的威胁"④。从两位学者的论述中，我们再次回到上文提到的，超越了单一主体性和自我中心主义的文化间性思想，这是中国这个庞大帝国从自身的天下观中生发出来的对于自我和他者的认识论。

除此之外，中华文明中的人文主义色彩和制度主义优势也被西方文明所借鉴，成为西方文明现代化的重要构成性力量，而不是主导现代世界史的中西或东西二元对立，乃至文明优劣论。比如，周宁提出："启蒙哲学家对中国形象的信念，来自于两个基本观念：一是性善论，二是道德理想通过政治权威达成社会公正与幸福。这两个基本观念，恰好又体现在他们构筑的开明的中国

---

① 周宁.探寻世界文明的中华文化资源[J].东南学术，2003（3）：83.
② 金观涛，刘青峰.兴盛与危机：论中国社会超稳定结构[M].北京：法律出版社，2011.
③ 张岱年，王东.中华文明的现代复兴和综合创新[J].教学与研究，1997（5）：13.
④ 张岱年，王东.中华文明的现代复兴和综合创新[J].教学与研究，1997（5）：14.

形象中。"① 换句话说，中外文明或文明间的互构性是一个理解人类文明交流互鉴，以及中国提出的构建人类命运共同体这一伟大倡议的重要历史视角。

那么，在认识到这一文化间性的历史逻辑和伦理逻辑之后，核心的问题就是如何保证这一交流是可能的，这一互鉴是可行的。人类命运共同体如果要落脚到具体的传播、共享和共建，什么样的媒介技术和传播手段需要得到提倡和应用？中国除了提出理念和规范，还会对数字化的文明交流作出哪些特殊的贡献？

随着中国成为世界上第二大经济体，其对数字经济的贡献日益增加。中国社会的数字化、网络化、移动化、智能化和互联程度在很大程度上领先全球，并以质优价廉的产品和服务，客观、中立、包容和实用的合作态度，赢得了全球大部分地区的尊重和市场的青睐，在完成自身数字化转型之后也向全世界提供了完成数字革命的中国方案。这一数字化进程在媒介领域的延展，就是近五年来中国媒体融合进程的大力推进，形成了新的中国与世界进行对话和交流的技术基础和传播生态。2019年1月25日，习近平总书记带领中共中央政治局在人民日报社就全媒体时代和媒体融合发展举行第十二次集体学习，并就推动媒体融合发展、建设全媒体作了重要讲话：一方面要通过继续推动媒体融合向纵深发展，打造一批具有强大影响力、竞争力的新型主流媒体；另一方面要统筹处理好传统媒体和新兴媒体、中央媒体和地方媒体、主流媒体和商业平台、大众化媒体和专业性媒体的关系，形成资源集约、结构合理、差异发展、协同高效的全媒体传播体系。② 正如上文所述，在新时代，与人类命运共同体的文明观相匹配的是数字传播技术，而数字传播技术的具身化或组织化就是一个全媒体传播体系。这一体系从技术与产业逻辑出发，后来成为国家战略，以打破传播边界和体制自我革命的勇气，为中外文明间对话提供最清晰的顶层设计、最广泛的连接性、最丰富的数据储备、最优化的流程设计、最智能的实时分析和最便捷的对话空间。基于此，中国的国际传播能力将以提炼内功的方式得到最大提升，也能与世界不同文明进行多层

---

① 周宁.探寻世界文明的中华文化资源[J].东南学术，2003（3）：85.
② 习近平：推动媒体融合向纵深发展巩固全党全国人民共同思想基础[EB/OL].（2019-01-25）[2019-05-24].https：//www.gov.cn/xinwen/2019-01/25/content_5361196.htm.

次、多渠道、多主体的灵活交流。

当然，需要注意的是，文明对话不完全是没有边界的传播和没有秩序的对话。在多极世界格局和多元文明力量缓慢付诸实践的同时，单极主义、霸权主义和政治极化在世界各地蔓延，即便是在一个全球互联的数字化生存的时代，也会成为阻碍文明间有效交流的屏障，乃至文明冲突的导火索，因此，作为世界上最大的发展中国家和全球信息与传播技术创新最具活力的国家，中国始终在推动国际格局和文明秩序不断朝着多元主义、多边主义迈进的同时，坚守文化主权，捍卫文化传统。对广大发展中和后殖民国家而言，这一点尤其值得注意。在数字技术和网络技术所建构的"世界是平的"迷思——或者说文化全球化这一全球主义霸权叙事——的面前，如何在开放的同时保持自主，在发展的同时不忘来路，在全球同化或者说西方同化面前找寻符合自身利益和文化秩序的发展道路，依然是这些国家和文明在面向未来时需要时刻切记的历史教训。

这一辩证的发展思路在由信息技术驱动的新一轮全球化伊始，就被中国学者提出，并将中华文明为这一数字革命和数字全球化所能够提供的伦理规范也呈现在世人面前。早在1997年，金吾伦就写道，"在信息高速公路建设中，为了保护民族文化的生存与发展，应创造一个有利于世界各民族文化平等竞争、相互促进、共同发展的环境"。他认为，"在信息高速公路建设中，中华传统文化可以发挥重要的作用。首先是其整体观念和群体意识，对所在群体或社区的义务和责任感、归属感乃是中华传统文化的重要特色。第二是中华传统文化所强调的修身养性、道德自律"[①]。二十多年过去了，面对假新闻、仇恨言论、小报化、信息茧房、政治极化等移动互联网上层出不穷的各种伦理失范现象乃至违法行为，我们不得不重新思考数字时代的文明交往是否已经走向了另外一个极端，一个只有在口号中喊出而并不可能在技术过程和政策实践中实现的新文明秩序。在这个历史时刻，反观20世纪90年代的精辟论述，以人类命运共同体为旨归的中华文明对世界的贡献远没有被写入

---

① 金吾伦.信息高速公路与文化发展[J].中国社会科学，1997（1）：4.

每一个影响我们思维和行为的计算机代码。

三、未来：数字时代的人类命运共同体，以多样、平等、开放和包容为原则，通过全媒体传播实现文明间对话与互联

在数字时代，人类命运共同体理念指导下的文明交流互鉴，包括以下两方面：首先，需要明确的伦理规范，那就是长久以来世界各文明体通过互动（如对抗）、对话和融合所形成的，也包括中华文明所贡献的一系列伦理准则，可以简要概括为多样、平等、开放和包容，而不是以自由主义为包装的单向度霸权式全球主义；其次，需要充分利用新技术和新平台所赋予的各种传播能力，在史无前例的全面而丰富的"连接性"和具有革命性的"智能化"基础上，挖掘多种文明构成要素，广泛使用多种移动终端，充分发挥个体、群体、企业、政府和其他社会组织等多个主体的交往能动性，从而达成全媒体传播基础上的文明间对话和共荣。正如我们在分析"一带一路"的数字化故事中所展现的，新兴媒体平台在拓展多层面的连接性和创新内容形式与讲述方式上拥有着不可比拟的优势，也将赋能所有跨文化的传播参与者。[1]

（一）连接性

根据 Hootsuite（国外社交媒体体管理平台）披露的最新数据，全球互联网用户数已经突破 40 亿；在全球 76 亿人中，约三分之二已经拥有手机，且其中超过半数拥有"智能型"设备，因此人们可以随时随地、更加轻松地获取丰富的互联网体验。[2] 数字鸿沟虽然继续存在，但数字贫困地区和数字贫困人群的数量在逐渐减少，非洲、南亚等地的移动互联网用户和社交媒体用户数量都保持了快速的增长。在这个基础上，以互联网平台公司为基础设施的

---

[1] Dialogue of civilizations research institute［EB/OL］.（2019-04-10）［2019-05-24］.https://icsf.cuc.edu.cn/en/DialogueofCivilizationsResearchInstitutewGermanyw/list.htm.

[2] 2018 全球数字报告：互联网用户数突破 40 亿大关［EB/OL］.（2019-03-20）［2019-05-24］. https://vr.sina.com.cn/news/cp/2018-01-30/doc-ifyqyuhy7674270.shtml.

数字传播网络将全世界数十亿用户连接在一起，空间的界限正在消弭，实时互联不再是障碍，不同文明间的数据流正在以几何级数增加。不管是个体还是群体，都有着超越传统组织和人际关系从而将连接空间拓展至其他文明的可能。与此同时，丰富的连接性也使得数字网络本身被文明逻辑所渗透，尤其表现在社交媒体方面。全球社交媒体应用的分布在很大程度上遵循了文化的全球化和本地化逻辑，表现着明显的文化或传播地理学色彩。

（二）对话性

广泛的连接促使文明间对话在各个平台和各个主体间展开，除了传统的建制化的对话渠道，各类数字平台使得跨越组织、群体和个人的复线对话成为可能，最典型的就是社交媒体和网络游戏。从BBS（网络论坛）到如今的各类应用，社交媒体使得全球平面互联成为可能，个体、组织和群体在这个新的虚拟生态中可以随意进行连接和组合：一方面促进了跨文明的对话，如每一个个体都可以通过这一平台与其他文明圈的个体产生直接和有意义的交换与价值互动；另一方面也促成了文明的重新部落化，使得单一文明内部的群集性和组织性达到新的高度。游戏平台更具有全球性，它通过把不同文明体的玩家集合在一个虚拟空间之内，形成了无疆域的协作或对抗，淡化了文明间的差异。基于这些数字或者网络平台，跨文明对话已经不是一个固定的机制，而是一种流动的常态，必将为人类命运共同体的构建带来新的动能。

（三）共享性

基于连接与对话，不同文明体之间的信息共享将变得更加便捷和频繁，更重要的是，随着时间的流逝和累积的共享信息的增加，文明间的对话、互动乃至协作将生成比传统媒体时代更多的集体记忆，[①] 而这些记忆形构了文明体自身和彼此之间的身份认知，也将决定未来文明交流互鉴的方向。比如，对从儿童时代就接触各种外来的或基于内外合作生产的移动语

---

① 姬德强.不能让中非传统友谊和历史"被失忆"[J].世界社会主义研究，2017，2（9）：85.

言学习终端和互动动漫作品的数字原住民一代而言,国家认同和文化身份认同也许依然是比较清晰的,但对不同文明的感觉距离必将缩小,体验差异也将减少,因为这已经成为这一代人个人文明进程或者说跨文化社会化进程中的有机组成部分,而这一现象在前数字和前网络时代基本上是被物理空间隔绝的,被各种建制化媒体和文化传播渠道所遮蔽或过滤的。更广泛、更长久的共享性将有可能决定人类命运共同体是否能快速被感知、被体验和被认同,恰如20世纪中叶电视的出现使得所谓的"地球村"成为感官现实。

(四)智能性

当下,一款基于大量语料、机器学习和云服务的智能翻译机就可以在跨语言交际中扮演重要的工具性作用,甚至使得"学外语是否还有用"成为一个被热议的话题。大数据和人工智能赋予了人类超越自身认知和信息处理的新能力,使人类慢慢突破了传统意义上文明间交流的众多障碍和困难。虽然其无法从本源上解决互相理解和"他者"视角的问题,但提供了更多解决实践问题的可能,而且越来越符合人们的期望和想象。在这个产业的发展中,中国在全世界有着一席之地,除了自身优秀的创新机制和创新能力,也在很大程度上取决于中华文明的包容胸襟,近代以来的实用主义传统,以及以他者为重、以人为本的人文主义精神。这些文明因素以各种方式渗透科技的创新和应用,必将为智能传播设定伦理和道德的边界。

(五)安全性

按照习近平总书记提出的总体国家安全观,我们也许可以延伸出数字时代的文明安全观,它既包含传统的安全因素,也涉及非传统安全因素,如网络安全。以互联网、大数据、人工智能为代表的数字技术拓展了文明交流互鉴的范围,提升了文明交流互鉴的水平,但技术内在的不确定性、网络平台的私有和垄断性质,以及各个权力机构的利益诉求和干预手段,使得网络空间既充满了连接、对话和共享,也受到不安全因素的影响,如日益加剧的信息战,针对不同文明体的流言、谎言与刻板偏见(如一些单一指向的恐怖主义话语),以及斯诺登事件以来的跨国信息监控等,极大地挑战了文明间平等和公正的交流秩序,遑论互鉴。因此,在数字与网络技术带来的自由和繁荣的神话之下,我们仍然需要保持谨慎乐观的态度,负责任地、有的放矢地利用传播工具,实现文明互鉴的价值,为构建人类命运共同体添砖加瓦。

国际传播的三个关键：全媒体·一国一策·精准化*

2017年1月18日，习近平总书记在联合国日内瓦总部演讲时，提出了世界和平与发展的中国方案：构建人类命运共同体，实现共赢共享。这给中国的国际传播能力建设指明了新的方向，也提出了新的要求。

近年来，西方社会风云变幻，"黑天鹅"事件频发，使得启蒙时代以来的资本主义主流价值观不断受到冲击和反思。与此同时，中国的综合国力不断提升，经济发展与民族复兴广获国际关注，中国理念、中国道路和中国方案的全球吸引力也日益增强。经过多年的建设，我国已经初步建立了现代国际传播新体系，下一步更应"胸怀大局、把握大势、着眼大事"，注重内涵发展，善用新兴媒体，制订"一国一策"，增强传播实效。

以下笔者主要分享三个思考：第一，应建设以全媒体为基础的国际传播体系；第二，应采取以"一国一策"为原则的国际传播方案；第三，应强调以精准化为特征的国际传播效果。

一、以全媒体为基础的国际传播体系

互联网已经成为当代社会的重要基础设施，手机等移动终端成为当代人重要的工作和生活工具，社交媒体成为社会交往和舆论流通的重要场域，同

---

* 本文原载于《对外传播》2017年第8期，收入本书时，略有删改。

时，智能技术的广泛渗透再次改造了媒体图景。目前，我国的国际传播在一定程度上倚重报刊、广播、电视等传统媒体，而对新兴媒体的调动则有力不从心之感，然而媒体潮流难以逆转，新兴媒体不容忽视。以美国为例，美国第 44 任总统奥巴马善用脸谱网赢得支持；第 45 任总统特朗普则被称为"推特总统"（twitter president）。我国的国际传播主力军应当更加注重新兴媒体、新兴技术、新兴终端的运用，构建立体化、智能化、多层次、多领域、全方位、全流程的新型国际传播体系。

这一新型国际传播体系，必然与媒体融合的大趋势相适应。互联网发展已经走过了门户网站时代（以流量为核心）、社交媒体时代（以用户为核心），正走向智能媒体时代（以数据和场景为核心）。传统媒体与互联网经由深度媒体融合而共同走向智能媒体，未来的国际传播也将充分利用新的媒介体系。这里需要注重四个关键：第一，适用多终端；第二，善用大数据；第三，立足多场景；第四，追求高智能。国际传播者应该能够利用新的信息采集技术和手段获得海量素材，以贴近性思维创作易于接受的跨文化内容产品，并利用感知智能去判断特定场景下人的状态和需求，利用运算智能和大数据将适当的内容推送给另一个文化背景下的使用者。换言之，追求国际传播内容与用户场景在跨文化环境下的精准匹配，才能防止"对空讲话"（speak into the air），走向真正的实效性。

二、以"一国一策"为原则的国际传播方案

覆盖全球的中国国际传播网络已经初步形成，遍布全球主要地区、国家和节点城市。新华社、中国国际电视台、中国国际广播电台、人民日报社等建立了覆盖全球的分支机构，不仅在新闻采集和编写上做到了贴近前线、追求一手、保证原创，而且逐步推动员工、网络和内容产品的本地化。截至 2015 年 2 月，我国在海外建立了 27 个中国文化中心；截至 2016 年 12 月 31 日，我国在全球 140 个国家（地区）建立了 512 所孔子学院和 1073 个孔子课堂。互联网国际传播在跨越地理疆域的同时，通过语言的多样化、文化的用

化、社会的分众化走向全球各个角落。目前，国际传播网络兼顾发达国家与发展中国家，形成了北美、拉美、西欧、东欧和俄罗斯、中东、非洲、中亚和南亚、东南亚、亚太等十大战略板块，在具有战略意义的重点国家、地区和城市都有所布局，形成了良好的局面。

我国国际传播的平台基本建成，网络覆盖全球，这对传播能力和传播水平提出了更高要求。具体而言，要针对每个对象国，开展深入的调查研究，实施"一国一策"，制订具有适用性的国际传播方案。以东南亚国家联盟（Association of Southeast Asian Nations，简称东盟）为例，虽然东盟十国地域接近、贸易互通、政治互助，但内部仍有较大差异，与我国之间的关系也有较大区别，其中有的国家是我国的长期友好邻邦，有的国家与我国在文化上有接近之处，有的国家与我国在政治上联系紧密，但也有的国家与中国在领土问题、历史问题和意识形态问题上有较大矛盾，只有实施"一国一策"，才能开展有针对性的国际传播。这也对我国的驻外机构提出了要求，需要对驻在国进行深入调研。总之，我国的国际传播既要讲求区域协同又要讲求国别差异；既要讲求长期谋划，又要讲求因时而动；既要讲求立场稳定，又要讲求策略灵活，努力做到因国而异、因时而异、因事而异，注重国际传播的分众化和适用性。

三、以精准化为特征的国际传播效果

凡是带有意图的传播活动，一定会聚焦传播效果，中国国际传播能力建设开展多年：一方面致力于不断提升传播实效；另一方面也力图发展出适用的国际传播能力评估体系。但由于国际传播活动规模大、范围广、目标偏向宏观、参与主体偏向泛化，使得其效果的达成并不理想，即使对其传播效果进行评估和掌握，也还没有特别成熟的指标、技术和方法。

随着媒介技术的发展，这一状况有望得到改善。互联网社交媒体是舆论的主阵地，也是国际传播效果的集中体现场域，从而为理解传播效果带来了丰富的素材。舆情采集、监测和分析技术的发展，大数据理论与实践的日渐

成熟,智能媒体的逐渐普及,使得国际传播效果有望得到深入的掌握和剖析。

这也就要求中国的国际传播要一改过往偏重"粗放式"的路线,而要以"精准化"作为新的目标。精准化,意味着国际传播的效果要因人而异、因时而异、因事而异。具体来说:首先,每一个国家、每一个民族、每种文化,乃至每一个阶层、性别和宗教群体,都有自己的价值观念体系和传播接触习惯,要想改变其认知、态度和行为,就必须深刻把握其特征,开展针对性的传播。这就是因人而异。其次,国际传播面临着时代的变化趋势,观念、行为和习惯乃至传受双方的关系都在发生变动,要求国际传播的具体实践与时俱进、因时而异。因时而异,还要求将长期效果、中期效果和短期效果结合起来,进行辩证思考和综合设计。最后,国际传播中的每一项具体内容都有特殊的传播要求,无论是不同类别的形象(国家形象、政党形象、民族形象、群体形象),还是不同类型的舆论事件(政治性、经济性、军事性、社会性、文化性),抑或是效果的具体体现(改变态度还是强化态度、诉诸情感还是诉诸理性、针对认知还是针对态度),都必须因事而异,具体问题具体分析,并采取具体的传播设计。同样的传播策略,可能针对某个国家、某个时间、某个事件是有效的,但因素变化了,可能就会失效。

要做到精准化,必须注重两个层面:一是传播主体与传播内容的精准化;二是传播对象与传播目标的精准化。不同的传播主体,擅长不同的传播领域,因此应当鼓励专业的人做专业的事,或以新闻为核心,或以电影为抓手,或以宗教议题为核心,或以足球文化为突破,总之,要在内容垂直化基础上做精准化的内容产品。不同的传播对象,也有不同的需求与习惯,国际传播的精准化,应当厘定传播的目标群体,了解其所思所想,进行细致分层,并根据其不同状况,制订传播方案。为了将这两个层面结合,还需要善用新技术手段,开展精准传播,让精准化主体/内容与精准化对象及其场景高度匹配,从而达到精准化效果,完成精准化的传播目标。只有建立丰富灵活的传播体系,才能获得精细的效果。

当然,国际传播活动任重道远,涉及的因素纷繁复杂,需要决策者、实践者和研究者从多个方面出发,殚精竭虑、慎思笃行。2016 年 2 月 19 日,习近平总书记在党的新闻舆论工作座谈会上指出:"讲故事,是国际传播的最佳方式……要创新对外话语表达方式,研究国外不同受众的习惯和特点,采用融通中外的概念、范畴、表述把我们想讲的和外国受众想听的结合起来,把'陈情'和说理"结合起来,把'自己讲'和'别人讲'结合起来,使故事更多地为国际社会和海外受众所认同。"笔者提出的三个思考,以全媒体为基础建设国际传播体系、以"一国一策"为原则设计国际传播方案、以精准化为特征追求国际传播效果,希望能够为中国的国际传播战略提供具有启发性的策略方案。

机制与重构：跨文化背景下中华传统文化的国际化叙事*

伴随世界的驳杂与新变，经济全球化进程直驱向前，不断冲击世界各民族文化模式与地域文明格局。面对国际局势动荡的传播情境，亟待厘清以下基础性问题：其一、中华传统文化作为华夏文明的精髓积淀，是彰显中国形象的文化切面，中华传统文化的传承与发展不仅与其对自身内涵的扬弃相关，更与当下传播载体与媒介技术的迭代创新相联，媒介融合所促动的跨文化数字媒体，在丰富中华传统文化的国际传播形式、突破传播时空限制、打破文化传播体系壁垒等方面，仍有待深耕改善；其二、西方国家长期主导以信息流动为主要特性的国际传播格局，中国长期以他者身份被言说和被定义，世界听到的往往是西方版中国故事和中华传统文化，中华传统文化传播的失真问题有待探讨。由于文化传统与传播历史的差异，中西方对外传播的媒体话语体系、方式迥然不同：西方媒体注重新闻信息与观点意见的分离；中国媒体擅长以比喻和隐喻表达观点。这为中华传统文化国际传播中存在的叙事接受问题奠定了探讨契机。在全球化进程加快与媒介技术更新的双重背景下，中国故事的国际接受与传统文化建构问题亟待探讨。

基于此，跨文化背景下的中国文化国际化叙事传播机制探究为化解现实难题提供了有力借鉴。自远距离通信技术广泛应用以来，国际传播舆论场中媒介技术与时空融合日益加快，麦克卢汉的媒介信息论仍回荡于当前传媒界，

---

* 本文原载于《对外传播》2022年第9期，与李涵舒合作，收入本书时，略有删改。

并焕发出全新的媒介学意义:媒介对人类与社会发展起决定性作用,中华传统文化走向世界依凭于现时的资讯媒介。该观点对中华传统文化的国际传播路径有所启发,即中华民族共同情感历程与审美经验凝结的对外传播,有利于化解消费主义至上、霸权主义传播的现代性困境。从传统文化、国际传播以及媒介等传播元素着手,探析新时代的跨文化背景中的中国文化国际化叙事,有利于加强中华传统文化的国际传播能力建设,尤其是在媒介技术与时空融合急遽加快的当下,更能促进视听媒介与讲好中国故事之间的纵深联合。

一、跨文化视域中的中华传统文化传播

置身多文化、多语言的时代,[①] 中华传统文化的国际传播是当前传播学热议的话题。一直以来,国际主流的交际方式以两种或两种以上不同文化背景群体的跨文化交际、跨语言交际为主,而不同文化背景下的文化存在诸多差异。与传统传播相异的是,跨文化视域中的国际传播,"是来自不同文化背景的群体通过合作和协商构建共享意义的象征性过程"[②],其间蕴含种族、族群、群体传播等侧重点,彰显着文化传播所面临的时空距离、观念不一以及文化区隔等难题。简言之,跨文化视域中的中华传统文化的传播主体与传播受众、国际传播中的中华传统文化会演变为何种新文化等问题有待深入探究。

(一)"西方的中国故事":定型化中国文化叙事

世界以文化—精神作为"社会发展之起源"。[③] 随着现代西方工业文明的扩张,世界渐趋成为霸权国家与民族的话语场域,这套庞杂的话语体系与霸权逻辑,揭示了西方所建立的"东方主义"的凌驾之势,即视西方文明为衡量、重构和控制"东方"诸文明的标准。

---

① 贾玉新.跨文化交际学[M].上海:上海外语教育出版社,1997:472.
② 孙英春.跨文化传播学[M].北京:北京大学出版社,2015:179.
③ 乐黛云,李比雄.跨文化对话:中法文化年专号第17辑[M].上海:华东师范大学出版社,2005:190-195+258-263.

近代以来，中华传统文化伴随封建社会的分崩离析渐趋向现代转型。传统文化所赖以存在的社会条件消逝或瓦解，致使彼时国际传播失去本土话语的土壤，而沦为国际传播场域中被凝视的"异质文化"。这一动态的文化过程包含两个侧面：一是传统文化的解体；二是现代传统文化的生成，而西方传播镜像中的中国传统文化，俨然已被打上"弱国"的标签。纵览西方现代文艺传播中涉及中国的影视文艺作品，仍能发现诸多带有偏见的原型，这些看似西方现代化进程中的现实主义书写，实质上早已将强/弱、东/西这套二元对立的传播学范式厚植其间，并对西方社会的东方态度产生了重大影响，因为"这些传媒产品比严肃新闻更贴近普通人的生活，因此在形塑中国及中国媒体形象时同样拥有着巨大的影响力"①。因此，不论是西方工业文明发展以建构全球霸权的政治、军事霸权，还是隐蔽、精微的传播话语霸权，都内置了"西优东劣"的虚妄，企图将东方降格为西方文明的相反镜像，由西方传媒主导的国际舆论，更是将中国视为西方的相反镜像，并借此实现东西文明的分类区隔。

以美国为首的西方国家将中国视为其转移舆论矛盾的对象，开始对中国展开粗暴、强硬的遏制，以此保持其在全球舆论场域中的绝对话语权。由此，西方媒体不断依凭其话语霸权，使用"语言陷阱"舆论战术，利用语言的主导地位、西方媒体的强大传播力以及将词语或形象嵌入传播受众的观念，始终以"西优东劣"的地域、种族主义对其加以透视，形成了一种难以察觉的操纵性力量，始终将"中国故事"呈现为一种"有缺陷"或"奇观式"的定型化范式。

（二）"东方的中国故事"：国际化叙事与接受

作为对西方镜像传播的回应，讲好中国故事无疑是我国化解西方话语霸权的重要传播策略。中华传统文化一度遭到西方列强的"霸权凝视"，在现代化进程（与西方世界"接轨"）的历程中，东/西、传统/现代这两个维度成

---

① 吴飞，陈艳.中国国家形象研究述评［J］.当代传播，2013（1）：9.

为构筑"自我"国家形象的现实感，实质上是对东方主义的逻辑架构的复制和搬用，而就中华传统文化的传播与传承问题，国内流行民族主义的危机论、自由主义的普遍价值论和介于两者之间的中间论①三种观点，诸多争论都揭示着中华文化之国际传播"是传播，还是传承"这一有待深入探讨的悖论。

不同文化的交融，必将面临"改变"，是选择融入现代文明的其他因素，还是坚持传统文化中已有的其他要素？答案是"'全球本土化'的发展方向使得中国能够将自己的文化置于国际文化语境中重新定位"。②因此，现代社会中的视觉传播也凸显着主体的叙事与接受问题，也就是将视觉传播格局中的观看视为一个历史文化问题来加以思考，共同呈现中国故事在国际化叙事方面所做的改变，这种改变与历史进程中不断变化着的视觉传播体验相关，侧面印证了中国故事在视觉文化传播活动中所采取的"看与被看"的辩证逻辑。实质上，伴随这种逻辑而来的，是中国国际传播叙事的历史化转向，以古鉴今，为重新认识现代文化传播开启新的认知。

回顾西方镜像中的中国文化与传统文化的国际化叙事可以发现，分解、汰选、融入是优秀中华传统文化融入现代文化进程的一般性理论概述与总结。虽然真实的传播境况远比这一论述更为复杂和多变，但通过历时回顾与共时的阐述，能更全面地呈现中华传统文化发展、更新的现代化历程，实现社会学家费孝通所说的"文化自觉"，更为纵深地探察中国故事与西方历史元素的跨媒介建构，发挥新时代中国特色社会主义文化建设中中华传统文化的资源优势，并借此促动中华文化的复兴之旅。

二、中国故事与西方历史元素的跨媒介建构

不论是对西方镜像中他者的塑造，还是对本土传统文化的改写，都面临着重要的中介——媒介、话语与权力交织与建构——的问题，对各自所在体

---

① 世纪末的焦虑：全球化、文化认同、中国、民族主义[EB/OL]．(2006-04-26)[2022-09-22]．http://iel.cass.cn/ztpd/ddlt/yjsj/200610/t20061026_2763082.shtml．
② 刘瑛．地方文化国际传播的机制与创新[J]．中州学刊，2020(10)：168-172．

系的建构，并非简单的挪用或移植，而是依循其内在传播逻辑与跨媒介路径的融合，关涉传播主体与传播受众的接受等问题。

（一）传统文化故事话语与新媒介传播权力嬗变

传播或传承这一难题，在新媒介的传播中演变为一种传播权力的话语逻辑。纵览整个中华传统文化的传承与传播史，自口语时代的口口相传开始，民族史诗的传承与传播就成为最古老的传播方式，彼时的中国故事话语源于民间，附着于媒介——仪式场域的传播权力在整个传播链中产生影响的范围较小，呈现为一种单向度的、可移动复制的传播模式。随后印刷时代的图文传播，传播媒介形态的更新演变，有力促进了中华传统文化在印刷媒介传播中的现代性转化，拓展了其媒介化生存的创新路径。电子信息时代，多元传播方式兴起，传播主体去专业化，传播受众通过丰富的多媒体传播形式表达个体观点，展示关注重点，不断更新个体对传统文化的现实理解和自由选择。新媒体传播迅速席卷并改变了以往的传播方式，全面调动了人的全觉感知，重构了新型的双向多维的立体传播模式，处于这一媒介环境下的传播受众，不但成为传播的客体，更是作为文化传播链条中的一环参与信息的生产与传播。或可以说，媒介融合时代的中华传统文化传播，不仅是一种专业性的单向度的线性文化输出，而且是一种去专业化的、与受众深度互动的文化输出和一种新的个性化生产。处于该时期的传播应与高度发展的技术赋权相结合，从被动到自主参与，在极大发挥传播受众的感受和体验、认同和接纳的基础上深入理解中华传统文化。

（二）跨文化视域中的"自我与他者"叙事

厘清不同时期中华传统文化的传播形态转化以及权力演变，更能明晰地呈现跨文化视域中的"自我"与"他者"的媒介表达。相较于本土，国际传播视域中的中国故事建构，更侧重于对轻松的"历史元素"的书写，因为"大多数海外受众乐于接受轻松愉悦的东西，排斥刻板、教条、说教式的文化内容……大多数海外受众也是'寓教于乐'，或是乐于在轻松愉悦的环境下快乐受教"。①国际传播中的中国故事严肃的、说教的文化因素被改写或是被摒弃,反映着中华传统文化国际传播中国际化叙事的模式或机制尚待创新:

首先,随着中国经济的稳步发展,技术改变了传播媒介形态的变化。新媒体信息中的文化传播更契合当前人们的心理特征,而中西媒介的使用差异,致使传播者和传播受众的信息媒介素养与媒介形态呈现参差不齐的状况,这与20世纪后期西方国家消费主义盛行的社会思潮有关,也与政府的引导相联。西方社会看似实现了技术的升级,实质上依然陷入东/西的二元对立传播范式中,仍从镜像中理解东方、理解中国传统文化。

其次,现代化进程中的中国,对文化传播、国家形象、文化软实力的纵深建设等举措是出自近来的考量,经济与文化的耦合作用不言而喻,西方经济学家马克斯·韦伯(Max Weber)就曾对西方资本主义国家迅速发展的原因展开论述,认为是这些资本主义国家拥有被他称为资本主义精神层面的东西,如敬业、诚信、勤劳以及百折不挠的进取精神所起的重要作用。②

最后,全球化在吸收其他民族的文化时,总会根据自身情况进行选择与转化。这种全球本土化(indigenization)的国际化叙事模式,既保留了自身文化的独特性,又对超越自身文化的本土语境展现了更为深广的传播内在诉求。

三、中华传统文化国际化叙事传播机制重构

新时期以来,中华传统文化的国际传播模式与传播格局呈现新特点。这不仅与当前的传播文化语境相关,更与中华文化的国际叙事模式变化相联。电子数字媒介更新影响下的社会心理思潮变迁,致使个体用户社会交往的重要方式发生了改变,昔日的"媒介的延伸"转至"沉浸的媒介",个体与媒介已深度捆绑,而视觉传播机制所代表的文化符号系统已成为传播生存环境的重要组成部分。当前传播范式从"以文字为中心向以图像为中心"(世界媒体

---

① 陈清华.关于海外受众接受心理的外宣策略[J].江苏社会科学,2010(4):223–226.
② 韦伯.新教伦理与资本主义精神[M].于晓,陈维刚,译.北京:三联书店,1987:152.

文化研究者和批评家尼尔·波兹曼语）转化，视觉与听觉以及文字传播的融合，重构了视听一体化的国际化叙事传播机制。

（一）国际精准传播：打破文化群像的刻板认知

亨廷顿提出未来世界格局中的主要冲突是"文明的冲突"，身处"社会全面视觉化"的时代，人的视觉、听觉等感官被调动起来，营造了一个跨文化传播视域下的语境，影响了意义的传播与接收过程。[①] 中华传统文化走向国际场域时，依循以下四个策略展开中华传统文化的国际叙事重构：一是赋予新意，即对中华传统文化要素赋予新含义，创造新载体或新形式以符合当前社会的传播接受。二是揭示隐含意义，即充分挖掘传统文化要素中与现代文化相容但此前并未被凸显的意义，加以现代意义的阐释，使之成为具有主要地位的含义。三是二次阐释，即通过对旧的文化要素的内容引申、变义等方式展开新的阐释，获得新的意义。四是意义重构，即基于旧的文化要素建立新的文化要素联结，通过改变所处结构使之发生性质的变化，如中华传统文化中的精髓"仁""礼"在现代文化语境中的功能延续。总之，我们应立于跨文化视域，以客观的传播态度，尽力打破自西方工业文明以来对东方文化群像的刻板认知，赋予新时代传播策略以鲜活的时代内涵与历史承续，以精准的视觉国际传播，实现本土文化世界化的继承转型与创新性转化，探寻世界范围内各民族文化的共性，实现文化之间的"和"与"同"，为传统文化的国际传播与接受提供助力。

（二）表征与实践：化解国际传播技术单向度难题

化解国际传播中的"偏见"尤为重要，"'偏见'有其存在的现实合理性，在国际传播中，偏见一直扮演着抑制传播效果发挥的角色"。[②] 与传统单向度传播方式不同，当下的网络视听媒体矩阵，是一个极其多元、丰富的生产体

---

① 程曼丽.什么是"新媒体语境"？[J].新闻与写作，2013（8）：90-91.
② 喻国明，易艳.对冲偏见：关于国际传播的策略研究[J].山西大学学报（哲学社会科学版），2014，37（2）：119-123.

系，它由 PGC、UGC、PUGC 等诸多网络视听产品生产构成。若能使当前个人在视觉文化传播背景下，更大程度地发挥其个体的"传播权力"，基于媒介融合的互联网移动与在线数字文化传播，可缓解当前各国之间文化交流锐减、人际隔离等中华传统文化国际传播之间的空间壁垒。正如英国文化研究学者戴维·莫利（David Morley）曾指出的：我们越来越需要根据传播和运输网络及语言文化这样的象征性边界——由卫星轨道或无线电信号决定的"传播空间"[1] 来划定互联网传播场域中的文化共性范畴，共同化解国际传播技术单向度难题，以当前主流的媒介形式为重点，多元突出传播创作主体的丰富表现形式，创新文化国际传播创作的运营机制，以文化精品共享带动寻求全球传播共同体"媒介矩阵"的"共振效应"。

在新媒体语境下，中华传统文化传播模式的路径创新应基于流动的、变化中的媒介，不仅吸收传统文化遗留下来的丰厚历史元素，也注重凸显文化中的个性和特色，增强中华民族的文化自信和文化自觉，在多元媒介发展的情境下，充分发挥新媒体技术，激发传播受众自主创作的热情与动力，增强国家文化软实力，将中华传统文化的传承与传播融入现代传播体系，化解当前国际传播局势中的困境和难题，从而实现中华优秀传统文化的创新性转化和创造性发展。

结　语

综上所述，立身全媒介时代，中国特色话语体系应回归中国传统思维方式，依托"加强国际传播，讲好中国故事"，借助地方文化，实现世界文化的联动，以及由本土到国际的辩证、双向的创新互动，促动中国故事在全球传播中的"双向传播"和"双向互鉴"。从综合思维和整体思维出发，以历史元素、本土化特色和娱乐化元素的中国故事，促动中华传统文化的特色话语体

---

[1] 莫利，罗宾斯.认同的空间：全球媒介、电子世界景观与文化边界［M］.司艳，译.南京：南京大学出版社，2001：56.

系建构,实现中国式的价值观阐释。持续深入地挖掘、研究、实践中华传统文化传播,对中国故事进行国际化书写,是实现跨文化国际传播创新机制的可行之道,可以为中华文化"走出去"提供有待拓展与深耕的媒介理论借鉴。

新时代中国国际传播话语体系的构建：分层、分类与分群[*]

我们党历来高度重视对外传播工作。从起初的中央媒体海外机构硬件建设，到后来报纸版面、广播频率、电视频道等渠道的拓展；从联合采制、合办报纸、合作拍片等合作传播，到在脸书、推特、优兔等海外社交媒体开设账号以及建立自己的客户端；从开始时只有重点外宣媒体对外发声，到现在形成政府部门、中央和地方媒体、央企和民企、高校和科研院所以及民间团体等多主体共同参与的国际传播矩阵，我国的国际传播能力不断加强。可以说，我们软实力中的"硬条件"已形成一定规模、有一定效应。

但同时要看到，我们的话语体系还没有完全建立。2021 年 5 月 31 日，习近平总书记在主持中共中央政治局第三十次集体学习时强调，要加快构建中国话语和中国叙事体系，用中国理论阐释中国实践，用中国实践升华中国理论，打造融通中外的新概念、新范畴、新表述，更加充分、更加鲜明地展现中国故事及其背后的思想力量和精神力量。[①] 习近平总书记在 2016 年召开的党的新闻舆论工作座谈会上也指出，要创新对外话语表达方式，研究国外不同受众的习惯和特点，采用融通中外的概念、范畴、表述，把我们想讲的和国外受众想听的结合起来、把"陈情"和"说理"结合起来、把"自己讲"

---

[*] 本文原载于《中国出版》2021 年第 16 期，与田晓合作，收入本书时，略有删改。

[①] 习近平在中共中央政治局第三十次集体学习时强调加强和改进国际传播工作 展示真实立体全面的中国[EB/OL].（2021-06-01）[2021-08-16]. https://baijiahao.baidu.com/s?id=1701351690005252206&wfr=spider&for=pc.

和"别人讲"结合起来，使故事更多地为国际社会和海外受众所认同。① 在当今多极化趋势越发显现的世界中，相较于一直占据国际舆论场主导地位的发达国家，目前我们最缺少的就是以合适的方式、合理的手段，选择适合的内容对不同传播对象进行议题设置，开展原创话语表达，构建符合我国需要、满足世界需求的传播话语体系，以实现"广泛宣介中国主张、中国智慧、中国方案"。

一、构建国际传播话语体系的基本原则：分层传播

想摆脱自说自话这种自我结构主义的叙事，就需要提高传播的精准性和针对性，充分考虑受众的需求和特点。习近平总书记也强调，要采用贴近不同区域、不同国家、不同群体受众的精准传播方式，推进中国故事和中国声音的全球化表达、区域化表达、分众化表达，增强国际传播的亲和力和实效性。② 国际传播相较于对内传播，传播对象身份更加复杂、文化和价值观的差异更大，因此在构建话语体系的过程中，须注重用户思维。要做到这点，就要首先考虑社会分层因素，并以此为基础构建分层的话语体系。

社会分层起初是一个社会学概念，是指社会成员、社会群体因社会资源占有不同而产生的层化或差异现象，尤其指建立在法律规范基础上的制度化的社会差异体系。③ 在社会学研究中，研究者不断更新概括影响分层的资源内容，如戴维·格伦斯基（David Grusky）认为，经济资源、政治资源、文化资源、社会资源、声望资源、公民资源、人力资源是七种作为社会分层基础并被不平等分配的资源形式。④ 社会学家马克斯·韦伯认为，文化的分层是人类

---

① 中共中央文献研究室.习近平关于社会主义文化建设论述摘编［M］.北京：中央文献出版社，2017：273

② 习近平在中共中央政治局第三十次集体学习时强调加强和改进国际传播工作 展示真实立体全面的中国［EB/OL］.（2021-06-01）［2021-08-16］.https：//baijiahao.baidu.com/s?id=1701351690005252206&wfr=spider&for=pc.

③ 李强.社会分层与贫富差别［M］.厦门：鹭江出版社，2000：5

④ 格伦斯基.社会分层［M］.王俊，译.北京：华夏出版社，2005：4

社会分层的本质。① 因为文化分层是由政治分层和经济分层形成的,可以根据文化地位判断其经济地位和政治地位。经济分层和政治分层是社会分层的表象,随着社会的发展,经济和政治分层会逐渐表现为文化分层。林克勤概括韦伯的观点,认为在社会分级制度中,文化才是根本和目的,围绕着文化分层人类不仅构建了日常工作生活的言语行为框架,而且推动了历史社会的不断发展。② 由此可见,对文化资源占有的不同,既是社会分层的重要表现,也是社会分层的深层次原因。换个角度理解,不同阶层的用户对文化资源的需求也是不同的。

从传播需求来看,不同阶层对传播内容的关注点确实各有不同。占有政治、经济、文化资源较多的"精英层",其获取信息的渠道多、信息量大,教育程度和文化素养比较高,思考深度和辨析能力更强,但同时固有价值观和意识形态烙印也更深刻;③ 而占有各方面资源较少的"大众层",受教育程度、艺术素养等方面能力和资源所限,表层文化由于其流动性强的特点,更容易被其接受。从世界其他国家国际传播经验看,经济发达国家都重视把符合大众需求、市场承认度高的文化产品作为核心价值传播的重要平台,流行的影视、音乐节目,富于民族文化特色的故事、小说、服装、民俗,乃至饮食文化等都是文化渗透的强有力媒介。④

在目前的国际传播中,我们多数时候并没有考虑社会分层因素,大多数传播者因为追求规范正确、避免出错,或者本着"拿来就用"的原则,对外讲的话往往"一视同仁""一刀切",而不是使用分层化的话语。比如,围绕"人类命运共同体""脱贫攻坚""民族复兴"等主题进行阐述时,还是以"大国叙事"为主,引用官方已有的文件话语对外讲述,解释力度不够,缺少有感染力、可读性强的故事,缺少以小见大的叙事方式。这样的结果就是,有

---

① 刘群,孟永.马克斯·韦伯的社会分层与文化[J].巢湖学院学报,2005,7(1):29-32.
② 林克勤.自我觉醒与形象重构:中国文化域外分层传播的向度解析[J].现代传播(中国传媒大学学报),2017,39(7):10-15.
③ 李佩英.中国传统文化的和合精神及现实价值[J].湖湘论坛,2009,22(3):107-108.
④ 陈少峰.国际化时代的中国文化表达[J].人民论坛,2008(5):52-53.

些别人听不懂，有些别人不感兴趣，甚至有一些被人认为是中国的"对外宣传"，国际传播效果大打折扣。

要做到有效的国际传播，话语体系的构建就需要充分考虑用户的分层，对议题设置、传播内容、叙述方式、表达形式等方面进行相应调整和优化。比如，对国外政治精英和政府部门官员这一政治类"精英层"传播时，可以打造政治话语体系，语言风格应该相对比较正式，内容上多讲协商民主、民主集中制原则、中国梦等政治性议题、政策性话题，在不断挖掘有中国特色的政治文化内涵的基础上，注重中国优秀传统价值观与人类共有价值观的共同性、共融性，求同存异，更多地将中国故事世界化、人类化，逐步强化中国社会主义核心价值体系的吸引力和感召力，不断增进世界各国政治精英对我国政治体制、发展模式、执政政策的认识和了解。

对国外学界专家、文化学者这一文化类"精英层"传播时，可以用"学术话语"，语言风格要更有逻辑、更讲究有理有据，在传播内容方面要更具思想性、思辨性，从理论上、道理上、事实上讲清楚中国为什么行、中国共产党为什么能、中国特色社会主义为什么好，解析中国的供给侧结构性改革、经济发展新常态、"绿水青山就是金山银山"生态理念等，探讨中国价值观、制度体系与世界其他价值观、其他治理模式的异同。

对国外网民、新媒体用户这类新时代"大众层"传播时，应该用"网言网语"，使词语、句式贴近新时代，表达方式更符合新媒体、新技术发展诉求，形式要更加多样、灵活，内容上突出观点、突出个性，以"小而美"的中国故事为主，用具有科技感、创新性、国际化的方式传播中国文化和中国形象。再比如，对传统意义上的普通民众"大众层"传播时，需要使用更通俗易懂的话语、更直观的表达形式，内容上多传播大众性和普适性强的中华文化，提供符合民众现实诉求的文化产品，如剪纸、书法、中餐等表层文化元素，在短期内吸引更多受众，先在其心中形成友善、正面的中国形象，再通过娱乐化、大众化的表达潜移默化地展现中国的价值观。

二、构建国际传播话语体系的重要策略：分类传播

在遵循分层传播原则的基础上，还要考虑分类传播。这里的分类一方面是指话语构建主体的分类；另一方面是指话语构建对象的分类。

首先，需要考虑话语构建主体的分类。党的十八大以来，我国越来越重视国际传播，国际传播队伍的范围也越来越大，从开始只有重点外宣媒体，到"1+6+N"的国际传播工作格局，再到后来的多维度多层次力量，对外传播的主体越来越多。但每个传播主体的性质、地位、作用都是不同的，如果在对外传播中都说一样的话、讲一样的事，不仅会浪费资源，而且无法达到预期的传播效果。试想，如果政府部门总说网络俗语，势必会影响其公信力；相反，如果自媒体出来发布政策，也不会有多少人相信。要想达到传播目的、最大化传播效果，就需要对传播主体进行分类，有针对性、有指向性地建立各自的话语体系。习近平总书记指出的各地区各部门要发挥各自特色和优势开展工作，展示丰富多彩、生动立体的中国形象，[1]就体现了传播主体要分类的要求。

作为政府部门，应该重点发挥其权威性、公信力，担负起传播国家意志和社会主义核心价值观的责任：一方面，无论是国家正式外交、企业经济贸易还是民间人文交流，都要以国家政策导向作为指南针，这就需要政府部门及时公布国家政策导向，让国际社会明确了解一个国家要走的道路。另一方面，积极回应国际关切，重点对国际社会的疑惑给予解答、对外界的污蔑予以回击。作为中央和地方媒体，应该发挥对外传播主力军的作用，公正客观地对外报道中国发展建设进程，对外讲好中国经济建设、民生保障、乡村振兴、生态文明等方面的精彩故事，反映中国人民的美好生活，体现中国核心价值理念。作为央企和民企，特别是跨国企业，应该主动对外讲好能够体现企业价值观和发展理念的事迹和故事，包括企业标准化经营、重视企业信誉、

---

[1] 习近平在中共中央政治局第三十次集体学习时强调加强和改进国际传播工作 展示真实立体全面的中国[EB/OL].（2021-06-01）[2024-04-17]. https://baijiahao.baidu.com/s?id=1701351690005252206&wfr=spider&for=pc.

积极承担社会责任等,通过能够看到、可以感受的真实故事争取国外受众的认同。作为智库机构,应该加强对国家政策和国家制度的解读研究,加强对国际关系和国际社会的了解探析,推出更多学术研究成果,让更多外国受众了解中国制度、中国方案的原点和内在逻辑,理解社会主义核心价值观的内涵。这样,各类传播主体各司其职、各有侧重,运用适合自身的话语体系对外传播,可以达到事半功倍的效果。同时,各类主体之间也需加强沟通、相互配合、共享资源、对接诉求,做到分工不分家,形成集团式对外传播态势。

其次,需要考虑话语构建对象的分类。在构建对外传播话语体系的过程中,需要根据不同的话语对象进行精准施策。关于这一点,学界提出过多种分类传播的思想和理念。刘笑盈提出,在建立国际传播话语体系时应考虑国际关系格局,以及中国对当代国际关系格局的看法和作用。① 李希光认为,在"一带一路"上讲中国故事要基于不同国家、不同受众,进行精细化传播、复杂化传播、一国一策传播。② 向志强、何文君认为,中国对外传播分类目标国选择是以国家利益为基础、国家距离为核心、国际影响力为补充的。③ 通过总结梳理上述观点可以看出,多数学者从传播目的出发,认为在国际传播过程中,以国家为标准进行分类传播是必要的。

目前,我国国际传播的一大制约是信息的不对称。美国长期占领国际舆论场高地,仰仗其建立起的国际传播规则和秩序,强势输出其希望传播的大量信息内容而不接收或者无法接收我们传播的内容,导致信息衰减甚至屏蔽,致使很多西方国家的民众对中国知之甚少,有的连一些基本常识都完全不了解。比如,在美国一个社交问答网络服务网站"美版知乎"Quora 平台上,经常会有德国人、法国人等外国人提出"中国真的是个落后的国家吗?""中国有互联网吗?"等问题,这也说明在面对西方一些国家时我们信息不对称程

---

① 刘笑盈.国际关系转型中的中国外宣:目标和途径[J].对外传播,2015(9):45—47.
② 李希光:如何在"一带一路"上讲中国故事[EB/OL].(2015-04-23)[2021-08-16].http://m.haiwainet.cn/middle/345416/2015/0423/content_28667401_1.html.
③ 向志强,何文君.中国对外分层传播目标国选择的理论与方法[J].湖南大学学报(社会科学版),2018,32(3):149—153.

度之高，而这种情况是由于东西方意识形态、文化文明的差异，并不会自行消失。但信息不对称程度也不是一概而论的，如对日本、韩国以及东南亚、南亚一些国家而言，由于处在相近的国际传播地位，加之地理位置相对比较邻近、文化渊源比较深，信息不对称程度明显较小。对于这些国家的传播就与上文提到的美国和西方国家大有不同，如果一概而论，势必不会达到好的效果。

理想的国际传播应针对每个对象国开展深入的调查研究，研判全面事实，分析权威数据，实施"一国一策"，制定具有适用性的国际传播方案，以"精准化"为目标。但通过近些年的国际传播实践可以看出，由于人力资源、资金经费、渠道手段等各方面限制，短期内要做到"一国一策"非常困难，完全实现贴近不同国家采用不同的传播方式也不现实，这就需要我们在构建话语体系的时候综合考虑科学性和可行性。在现阶段，在资源有限的前提下，可以结合国际传播目的和已有传播基础，分类建构话语体系，先达到"区域化表达"的目的。例如，对于存在明显信息不对称优势的国家，应先了解清楚对方真正关切的话题并予以积极回应，通过主流渠道有礼有节地应对疑问和忧虑，多通过图文真相、事例数据叙事讲述，再逐步设置于我有利的话题，变被动为主动。对于愿意增加了解、寻求合作的国家，可以以软性传播为主，通过体育、娱乐、艺术、美食、时尚等为突破，吸引受众的兴趣，同时寻找东西方价值观的普适性，避免因意识形态的政治化差异而引发抵触，防止因经济等方面发展产生"中国威胁论"的担忧。对于"一带一路"合作伙伴和其他对中国较为友好的发展中国家，可以尝试主动设置话题，将社会主义核心价值观具象化、故事化，介绍中国在经济、脱贫、生态等方面的发展成就和经验。同时，多寻找情感共鸣点，拉近心理距离，争取更大范围、更深程度的认同。

三、构建国际传播话语体系的有效方法：分群传播

随着互联网技术的不断进步，世界逐步走进万物皆媒的 5G 时代。5G 带来了万物互联、大数据、人工智能等新技术，也给人类社会架构带来了改变。

在以"全球化4.0：打造第四次工业革命时代的全球架构"为主题的2019年世界经济论坛年会上，与会者普遍认识到第四次工业革命的特征是信息的聚合、传播、使用和分享，出发点是人脑的解放与深入了解人类的自身行为，终极目标是人类思维方式的改变并重塑人作为社会存在的基本价值。人类共同的思维方式和行为方式可能都要改变，其中一个重要改变就是族群化将日益凸显。大数据、物联网、人工智能将取代工业时代的资本，连接驱动人类社会每个个体与族群深度互联、高频互动，他们之间深度学习、广度参与、持久交互影响，逐步成长为社会发展的驱动力，这与传统治理体系中利益集团、区域乃至国家主义为中心的治理模式恰成反差，这也正是复杂社会、风险社会日益凸显的特征。国家和社会社群化的新模式，对话语体系的架构提出了新的要求，需要根据不同的用户群进行"一群一策"、有针对性地传播。这也是除了以分层为原则、以分类为策略以外，提高传播效果的有效方法。

其实，菲利普·科特勒（Philip Kotler）在其市场营销理论中就提出了用户分群的概念。随着传播内容逐渐产品化、传播行为逐渐市场化，这一观点在传播学中也同样适用。国外很多知名媒体很早就开始根据用户需求进行分群，英国《卫报》早在2011年就推出了数据分析工具；美国国家公共广播电台（NPR）也于2014年推出内部数据分析工具；美国有线电视新闻网（CNN）也依靠数据发展用户。[1] 在国内，今日头条、抖音等移动互联网平台更是利用数据将用户需求分析透彻，对用户进行分群化、标签化，并据此有针对性地推送传播内容，形成主要竞争力，迅速在互联网市场做大做强。这说明，无论是对内传播还是国际传播，分群传播理念都在以前有所实施，而且取得了较好的效果。

随着新技术的快速发展，圈层化、社群化日益显现，分群传播必将更加重要、也更加可行：一方面，可以通过5G、大数据、人工智能等技术手段对用户进行定位，通过各种媒介聚合分析用户数据，得到精准的用户画像，并

---

[1] 陈昌凤，马越然.重视用户思维：数据时代讲好中国故事的关键［J］.对外传播，2018（1）：38-40+1.

进一步根据爱好、兴趣等将用户分群分组,同时对传播内容进行分类,将合适的内容通过适合的渠道推送给有同样需求的人,努力实现准确匹配,这样就能达到提高传播效率的目的,实现精准传播。另一方面,还可以反向指导对外话语的表达。相较于以前的传统广播电视或者报纸杂志,现在的文图、音视频新媒体内容产品更能够做到定向投放、分群推送。有了这个前提,在对外话语表达和故事的选择讲述时,可以根据不同的性别、宗教、年龄以及兴趣爱好等进行用户分群,更加精准、更具个性化地生产内容。比如,媒体打造推出的"网红",由于其是由短视频式呈现、新媒体端推发的,因此灵活性很高,可以随时调整人设定位、内容主题和表达方式,能够做到根据前期产品投放效果和目标人群的反馈进行随时调整,不断明晰对象群体,进而多制作目标群体感兴趣的话题和内容,匹配同一圈层受众喜欢的场景。

结 语

在"两个一百年"奋斗目标的历史交汇点,习近平总书记关于加强和改进国际传播工作的重要讲话,充分体现了新时代加强国际传播能力建设的重要性,全国各界对于国际传播也有了新的认识。构建新时代中国国际传播话语体系可以作为下一阶段我们加强国际传播能力建设、争夺国际话语权的重要举措。

面对日益多元化的国际社会和发展迅速的传媒环境,我们可以根据我国的实际情况,结合不同发展阶段的具体要求,按照分层传播的原则、分类传播的策略以及分群传播的方法,分阶段、分步骤地构建国际传播话语体系。其中,无论是分层传播、分类传播还是分群传播,核心就是以精准化的思路,在研究清楚传播受众需求的基础上,由合适的传播主体选择适合的传播内容,以恰当的讲述方式和传播形式,有针对性地进行传播。这样才能真正提升国际传播效能,切实增强国际传播的亲和力和实效性,达到提高国际传播影响力、中华文化感召力、中国形象亲和力、中国话语说服力、国际舆论引导力的最终目的。

效能与趋势

当代性与世界性：国际传播效能提升的重要路径*

在全球化日益深化的今天，国际传播已然成为新闻传播领域研究与实践的重要课题，而如何使我们的国际传播或者全球传播发挥更大的作用、产生更实际的效果，即如何提升传播效能，则是这一课题面临的挑战和问题。实际上，我们对国际传播的投入已相当充分，但实际取得的效能仍与理想之间存在差距，必须找到症结所在才能有所改进。当下及未来一段时间内，我国国际传播效能能否提升的关键路径在于能否挖掘出中国故事的当代性和世界性。

一、中国故事的国际传播效能：挑战与提升

2022年3月15日，全球品牌评估咨询公司Brand Finance发布了2022年全球软实力指数排名（Global Soft Power Index 2022）。[①] 全球有120个国家参与调查，受访者超过10万名，排名前三的分别是美国、英国和德国，中国总得分64.2分，位列第四，名次较2021年的第八名有所提升，这表

---

* 本文原载于《国际传播》2022年第3期，收入本书时，略有删改。
① Brand Finance: "Global Soft Power Index 2022: USA Bounces back Better to Top of Nation Brand Ranking" [EB/OL]. (2023-12-13) [2022-06-15]. https://brandfinance.com/press-releases/global-soft-power-index-2022-usa-bounces-back-better-to-top-of-nation-brand-ranking.

明中国在国际传播领域通过不懈努力取得了一定成绩,在硬实力不断获得提升的同时,软实力也有所增强。软实力指数排名评估的具体指标包括知晓度(familiarity)、名誉度(reputation)、影响力(influence)、商业与贸易(business & trade)、治理(governance)、国际关系(international relations)、文化与遗产(culture & heritage)、媒体与传播(media & communication)、教育与科学(education & science)、人民与价值观(people & values)和成就奖章(medals)等12个维度。中国在部分维度上排名很高,如影响力、商业与贸易、教育与科学等,均位列前茅,这体现了中国近些年在多个领域中都拔得头筹,尤其是硬件方面的发展成绩斐然,获得了相当大的国际影响力。但同时,中国在某些维度上评分不高,其中"人民与价值观"只得到3.1分,全球排名仅38位,尽管较2021年(2.7分,全球排名第56位)已经有相当大的提升,但在付出相当多努力的情况下只取得这样的评价,依然值得反思。当然,任何指数排名结果都存在一定的偏见或者偏差,但横向对比中国的各项指标排名后,需要反思的是,为什么"人民与价值观"等维度没有得到充分认可?国际社会所感知的状况存在什么问题?

来自西方世界的评价不可尽信,但也不必全然否决,用"他山之石可以攻玉"的心态面对,才有可能推动反思与促进,做到"有则改之,无则加勉"。在这项指数排名的结果中,中国还有一个维度仅得到4.4分,全球排名第12位——正是"媒体与传播"维度。实际上,以上两项之间存在着直接相关性,并且两者各自存在的改进空间之间也密切相连。中国拥有相当丰富的故事资源,无论是五千年的悠久历史文化,还是改革开放四十多年来的建设成绩和经验等,都是讲好中国"人民与价值观"故事的素材库和富矿,如何通过"媒体与传播"的建设,调用好这些素材和资源,是破局的关键。

2021年5月31日,习近平总书记在中共中央政治局第三十次集体学习中围绕国际传播能力建设的问题进行了一次全面而深刻的讲话,为我国国际传播的全局工作指明了方向,提出了详尽而具体的要求。其实早在2018年,习近平总书记在全国宣传思想工作会议上就曾提出:"要把优秀传统文化的精神标识提炼出来、展示出来,把优秀传统文化中具有当代价值、世界意义的文化精髓提炼出来、展示出来。"①更早之前,2016年5月17日,习近平总书记在哲学社会科学工作座谈会上的重要讲话中曾强调,要加快构建中国特色哲学社会科学,按照立足中国、借鉴国外、挖掘历史、把握当代、关怀人类、面向未来的思路,着力构建中国特色哲学社会科学,在指导思想、学科体系、学术体系、话语体系等方面充分体现中国特色、中国风格、中国气派。②构建中国特色哲学社会科学的思路是如此,构建更广阔的中国价值观的思路,也是如此。只有以此作为研究与实践的路径,才有可能将中国丰富的故事资源有效转化为更具效能的传播内容。唯有创造性转化和创新性发展,才能讲好中国故事,而挖掘当代价值和提炼世界意义是创造与创新的关键。通俗地说,我们国际传播实践中所讲述的中国故事是否具备当代性?是否具备世界意义?这是特别值得我们去关心的话题。

我国的国际传播实践者在这方面做了许多工作,也取得了优秀的成绩。不过,毋庸讳言,部分传播内容存在低效甚至无效传播的状况,如在有些传播内容中,一讲到中国文化就把京剧脸谱、红绸舞、舞龙舞狮、大红灯笼、包饺子摆出来,这些固然是中国传统文化中的经典组成部分,但它们只是典型的符号而非故事,一旦脱离了叙事语境,将会遗失大量文化价值含义。在一些案例中,我国的国际传播内容的讲述,与希望触达的国际对象和目标之间未能产生吻合,达到的效果也不能令人满意。究其原因,是其所讲述的中国故事与当代世界最关注的议题与价值之间存在偏差。因此,不仅要让国际传播的对象看到中国形象、听到中国故事,更要让国际媒体受众和国际传播用户体会到中国故事中蕴含的当代性和世界性,即在时代语境中建立一个共同、共通、共情的意义空间,使其不仅能从中国故事中看到中国这一"他者",更能从中看到"自我"的影子,包括"自我"的文化影子和"自我"的

---

① 习近平在全国宣传思想工作会议上强调 举旗帜聚民心育新人兴文化展形象 更好完成新形势下宣传思想工作使命任务[EB/OL].(2018-08-22)[2022-06-15].http://m.cnr.cn/news/20180822/t20180822_524339333.shtml.
② 习近平.论党的宣传思想工作[M].北京:中央文献出版社,2020:226.

国家影子，这样才能彼此共情，达到共通。

二、挖掘中国故事的当代价值

当代性，指的是中国故事中承载的意涵具备当代价值和当下关怀。无论我们所使用的故事素材和文化符号来自古代还是现代，都应当努力与当代现实议题对接，发挥出当代作用，才有可能提高国际传播的效能。

在2008年北京奥运会的开幕式中，中华传统元素十分丰富，包括水墨画卷、《论语》吟诵、京剧木偶、丝绸之路和诗意太极等，展现了中华五千年的历史画卷，那种迫切期望世界了解中国的心情展露无遗。从外在的场面、技术和创意上来看，2008年北京奥运会开幕式做到了前所未有的、震惊世界的视觉效果，的确给人留下了深刻的印象。但从内在价值的层面上来看，它并未讲述一个完整的故事，而是堆砌了大量的文化符号，这些符号偏重历史，过度饱和，对不熟悉中华文化的外国观众来说，能够形成文化冲击，但其内心对中国是否建立了深度的接受，却有待考量。加法过多，容易形成拼贴；浓而不化，难以深入人心。

2022年北京冬奥会开幕式，国内国际都给予了较高的评价。从某种意义上来讲，它的成功甚至高于2008年夏季奥运会开幕式。一个原因就在于文化自信增强之后，敢于做"减法"。北京冬奥会开幕式整体设计大道至简，每个节目所讲述的故事清晰鲜明，无论是外在形式还是内在元素都凸显了当代价值和世界意义。例如，来自河北阜平县的"马兰花儿童合唱团"的孩子们用希腊语唱响奥林匹克会歌，那一刻的声画影像传递着中国同世界相拥的强烈意涵；另外，"雪花""鸽子"等元素都是具有世界共通意义的符号，在《闪亮的雪花》中一边是中英文的双语歌声，一边是数百名小朋友手持和平鸽模型灯笼自由地舞蹈，最后"小鸽子"们"一鸽也不能少"，团聚一起会合而成一个完整的心形，心形的中间是由代表各个国家的小雪花片片相连渐渐聚合而成的一片大雪花，人类命运共同体的世界价值体现得淋漓尽致。这些具有现代感甚至未来感的元素虽然不能让外国受众在短时间内深刻了解中国文化的内涵，却能清晰地传达同世界"一起向未来"的愿望。国际奥委会之所以对奥林匹克格言进行调整，主要是近年来"逆全球化"潮流愈演愈烈，造成了世界范围内的撕裂。此时我们通过符号的运用和故事的讲述，将中国的理念与价值同全球共识连接在一起，正是"当代性"的鲜明体现。

2008年，我们迫切地期待世界了解中国，于是在开幕式中大量使用纯粹的中国元素，向世界传递的更多是壮观的、宏伟的东方奇观，它震撼人心，也是异于西方世界的；而2022年，北京冬奥会开幕式凸显主客互动互融，讲的不再是"我"的故事，而是"我们"的故事。两次奥运会开幕式相隔14年，心态变了，需求变了，国情变了，世界变了，故事的讲述方式也变了，叙事方式从宏大叙事变成了细节表达。几十个孩子和一片雪花组成的景观代替了上千人的大场面，突出人、突出细节、突出互动，可以说，在与世界融通的层次上取得了进步。张艺谋自己也坦言，2022年北京冬奥会的开幕式不仅关注中国五千年的历史文化，"2022年的开幕式更温暖、更从容、更简约，也更好地阐释了全世界在一起的奥运理念"①。

另外一个案例是李子柒的短视频。她的视频作品通过互联网传播到世界各地，以一己之力在国际社会上为中国"刷了一波好感"。李子柒在短视频作品中使用了大量的中国传统文化元素，讲述的却不是中国传统故事，而是中国当下的乡村生活。传统饮食、服饰、乐器和亲情伦理被融入一个个活生生的故事之中。这实际上满足了相当数量的西方受众在经历了工业社会、后工业社会乃至信息社会之后，价值观激荡之下对于田园牧歌式的传统乡村生活的乌托邦式想象。引发世界用户产生共鸣的不仅是李子柒故事中的中国元素，更是短视频内容中的当代价值。

还有一个案例来自手机游戏领域。乘着移动互联网发展之势，中国手游在近些年不断产业升级，有些作品在海外产生了巨大的影响力。例如，来自上海的经营策略手游《万国觉醒》，2019年的海外收入已高达4.58亿美元，

---

① 两次奥运会开幕式，张艺谋说2022更温暖、更从容、更简约[EB/OL].（2022-02-05）[2022-06-15].https://baijiahao.baidu.com/s?id=1723908875305930573&wfr=spider&for=pc.

2020年9月底国服上线后已经拥有超过8000万名的全球玩家,其原因就是游戏设定的内容具有当下性。从某种意义上来说,对海外的"Z世代"群体来说,中国移动游戏的影响力比传统媒体产品的影响力大得多。类似的例子还有源于中国的短视频软件TikTok,在2021年7月,无论在iOS系统还是在安卓系统的应用商店中,它都是全球下载量最高、最热门的移动应用,可谓风靡全球。由此可见,唯有从叙事内容和技术载体上捕捉住当下全球最关注的点,才能将中国传播产品成功地推向世界。

通过以上案例我们可以看到,只有将视野从中国转向世界,将主体从"我"转向"我们",用历史元素服务现在和未来,从宏大场面的叙事转向对微观细节的凸显,在中国故事中挖掘当下关怀和当今价值,才能让中国传统故事发挥当代作用,才有机会向世界展现中华文化的精髓。

三、凸显中国故事的世界意义

2021年,习近平总书记在"5·31讲话"中强调:"掌握国际传播的规律,构建对外话语体系,提高传播艺术。要采用贴近不同区域、不同国家、不同群体受众的精准传播方式。"[1] 国际传播具有内在规律,不能自说自话、自娱自乐,而避免自说自话、自娱自乐,就要在所讲述的中国故事中融入世界意义,这要求国际传播人才具有全球观,突破国际传播叙事的结构单一、架构封闭的特征,用全球话语开展全球叙事。2012年12月5日,习近平总书记同在华外国专家代表座谈时指出:"国际社会日益成为一个你中有我、我中有你的命运共同体。"[2] 传播内容的世界意义,或曰世界性,强调的是共通性,无论东方还是西方,都是生活在地球上的人类,存在共通性是必然的状况。因

---

[1] 习近平在中共中央政治局第三十次集体学习时强调加强和改进国际传播工作 展示真实立体全面的中国[EB/OL].(2021-06-01)[2022-06-15].https://baijiahao.baidu.com/s?id=1701351690005252206&wfr=spider&for=pc.

[2] 习近平同外国专家代表座谈时强调 中国是合作共赢倡导者践行者[EB/OL].(2012-12-06)[2022-06-15].https://news.12371.cn/2012/12/06/ARTI1354738322434268.shtml?from=groupmessage.

此，2015年9月28日，习近平总书记在出席第七十届联合国大会一般性辩论时指出："和平、发展、公平、正义、民主、自由，是全人类的共同价值，也是联合国的崇高目标。"① 在任何国家、文化、民族以及政治体制之下，和平、发展、公平、正义、民主、自由等都是放之四海而皆准的话题，这就是具有共同价值和共通性的内容，我们可不可以围绕这些多做一些文章呢？

2022年5月27日，习近平总书记在中共中央政治局第三十九次集体学习时再次提到："要坚持弘扬平等、互鉴、对话、包容的文明观，以宽广胸怀理解不同文明对价值内涵的认识，尊重不同国家人民对自身发展道路的探索，以文明交流超越文明隔阂，以文明互鉴超越文明冲突，以文明共存超越文明优越，弘扬中华文明蕴含的全人类共同价值，推动构建人类命运共同体。"② 这番话既是说给世界听的，也是说给我们自己听的，只有用平等、互鉴、对话、包容的方式去践行国际传播，全球人民才有可能携手向前、共同推进人类社会的文明进步。

早在2012年，中国电视剧《媳妇的美好时代》被翻译成斯瓦希里语后出口至非洲国家坦桑尼亚，一经播出万人空巷，收视率很高，口碑也特别好。究其根本，是切合了坦桑尼亚观众的心理诉求。最初，国际传播研究者普遍认为是坦桑尼亚比起中国整体相对落后，老百姓在电视剧中看到国际大都市上海的美好生活和繁华景象而心生羡慕，出于崇拜心理进行观看。从原来的思维惯性上说，这个结论似乎是成立的；但实际上，这部剧万人空巷的原因，是坦桑尼亚百姓对剧情内容产生了共鸣。坦桑尼亚国家电视台副台长乔·卢加拉巴姆（Joe Lujarabam）说："虽然中坦两国有文化上的差异，但婆媳之间、家庭之间的关系、矛盾有很大的共通性，因此《媳妇的美好时代》引起了观众们的强烈共鸣。"③ 中国故事的世界意义在这个案例中被诠释得淋漓尽致。东

---

① 习近平. 习近平谈治国理政：第2卷[M]. 北京：外文出版社，2017：522.
② 中共中央政治局第三十九次集体学习[EB/OL].（2022-05-28）[2022-06-15]. https://www.gov.cn/xinwen/2022-05/28/content_5692807.htm.
③ 中国"媳妇"在坦桑尼亚受欢迎 中国电视剧引共鸣[EB/OL].（2011-12-28）[2022-06-15]. htps://www.chinanews.com/hwjy/2011/12-28/3564604.shtml.

部非洲国家的斯瓦希里语人口达到一个亿，一部具有共通性内涵的电视剧所能产生的影响力超出想象。从这个角度反思自己，我们也能够理解为何美国电视情景剧《老友记》能在全球产生如此持久的影响力，就是因为其中的友情、亲情、爱情和幽默的生活态度引发了全球共鸣，所讲的故事具有人类的共通性。

再举一个例子，国内自媒体所拍摄的一个短视频作品。其中的人物是两位河北农民，一位是视障人士，另一位失去了双臂，两人为了生存而相互帮助，结伴生活。这个故事虽然发生在中国，但是表现的却是全人类共有的一种友爱之情。这个短视频经过互联网传播之后，被美国有线电视网（CNN）发现，在CNN电视频道和短视频平台GBS（Great Big Story）进行播放，之后该短视频在Facebook和YouTube等平台上得到大量转发，不仅在全球范围获得了千万级的播放量，而且收获了海外用户关于友情的普遍共鸣。这个短视频并没有高调的宏大叙事，甚至拍摄之初也没有预料到会收获如此好的效果。在今天的平台社会中，这个短视频鲜明地展现了具有共通性价值的作品可能拥有的传播力和影响力。

结　语

总之，"价值"应当能感动人，应当能吸引人。价值才是国际传播有效性的保证，价值才是一个国家软实力中的核心竞争力。再回看2022年全球软实力指数排名中中国得分不高的那些维度，的确给我们带来了启示和反思的方向。中国的国际传播从业者需要对国际传播内容中的价值和意义及时进行反思，要讲好中国故事，就要避免落入自说自话的框架，应当以全球视野和全球思维为起点，用全球话语进行全球叙事，将中国故事进行创造性转化和创新性发展，在中国故事资源的富矿中开掘出当代价值和世界意义，用历史服务现在与未来。

给算法以文明：算法治理赋能国际传播效能测定*

由 OpenAI 公司推出的 ChatGPT 于 2022 年年底一夜走红，内容生成式人工智能的出现，代表着人机共生时代即将来临。算法是人工智能的底层逻辑，算法的过人之处，在于能够把复杂问题简化，通过数据复刻现实世界并解释三维存在。如今，智能技术已经嵌入新闻传播的各个环节，如智能采集、写作、分发、事实核查以及社交机器人与用户的互动等。而算法自身没有感情、立场和价值观，是人类的交往实践赋予了算法社会意义，让它不仅是数据排列，而是规则、权力、价值的承载物。因此，在智能技术被全程运用于新闻传播的背后，人类仍是实际的主导者。[①]

当前，世界政治经济格局正在发生剧烈震荡，各方权利主体在多平台、多维度上进行博弈，全球化浪潮从中心化到去中心化，极化政治与民粹主义抬头，贫富差距与数字鸿沟不断扩大等现象逐渐出现。同时，随着中国式现代化的推进，中国故事、中国声音与中国经验亟须被世界听见。党的二十大报告中指出："加快构建中国话语和中国叙事体系，讲好中国故事、传播好中国声音，展现可信、可爱、可敬的中国形象。加强国际传播能力建设，全面

---

* 本文原载于《对外传播》2023 年第 10 期，与孟丁炜合作，收入本书时，略有删改。
① 陈昌凤，石泽. 价值嵌入与算法思维：智能时代如何做新闻[J]. 新闻与写作，2021（1）：54–59.

提升国际传播效能，形成同我国综合国力和国际地位相匹配的国际话语权。"①而中国的国际传播不仅借鉴西方经典的传播学体系，还植根于中华优秀传统文化的深厚土壤，历练于新时代中国特色社会主义的生动实践中，受到中外理论源流与时代烙印的双重滋养。②由此，如何测算与评定以中国实践为基石、以中华文明为底色的国际传播效能便成为一大课题，而算法恰恰能够凭借其强大的运算和分析能力，赋能中华文明传播效能测算。我们应为算法注入中华文明之魂，建构全面客观立体的效能评价体系，将接受到的评价、反馈与预测重新投入新一轮传播过程，如此循环往复，不断提升中华文明的传播力和影响力。

一、从效果到效能，智能传播与国际传播不断融合

（一）效能的延伸

党的二十大报告着重强调国际传播"效能"的概念。"效果"一词偏重劳动成果，而"效能"则侧重支出与成果的比较，关注的是以更少的代价获得更多有益的结果，其关键在于资源优化配置和制度优化设计。传播是一个系统，必须用系统的观点才能全面地、准确地把握传播效果，才能真正发挥传播的作用。③互联网与人工智能的发展，打破了传播者与受众之间的屏障，话语平台在网络空间极大展开并与现实交织，传播者的主体性也不再局限于大众传媒，甚至不再局限于人类，因此，单向度的传播效果研究已不能解释现实中纷繁复杂的传播关系。因此，全面提升国际传播效能的要求是形成一种与当前国家发展需求相匹配的国际传播效能测定机制，通过宏观战略与微观

---

① 习近平.高举中国特色社会主义伟大旗帜为全面建设社会主义现代化国家而团结奋斗——在中国共产党第二十次全国代表大会上的报告［EB/OL］.（2022-10-25）[2023-10-22].https://www.gov.cn/xinwen/2022-10/25/content_5721685.htm?eqid=9f3862e80000e30000000002649156fa.

② 胡正荣，景嘉伊.以问题为锚，与实践共进：2022年中国国际传播研究考评［J］.全球传媒学刊，2023，10（1）：33-55.

③ 周鸿铎.传播效果研究的两种基本方法及其相互关系（上）［J］.现代传播，2004（3）：12-18.

效果相结合，形成以多元主体参与、智能算力算法为支撑的评估体系，进而推动国际传播能力建设，最终服务于我国综合国力建设与国际话语权提升。

（二）国际格局的演变与智能技术的变革相互作用

全面提升国际传播效能，固然依靠自身能力的增强，但更应立足于中国实践，以中国叙事的当代性与世界性为观照，依国际局势的变化而动，随时调整战略对策。社交媒体的去中心化和平台化冲击着现存地缘政治经济秩序，保守主义与民粹主义抬头，使地区冲突矛盾不断，而更深层次的矛盾是观念冲突导致的群体分化与极化，分裂的民意与社会侵蚀着多元价值观的存在领域。美国政治学家萨缪尔·P. 亨廷顿（Samuel P. Huntington）将冷战后的国际冲突根源归结为"文明冲突"，将世界上其他文明视为与西方文明的"异己"存在，并认为这反映了不同民族、国家之间文化平等交流对话的困境。[1] 而我国在国际舆论场仍处于被动地位，由此可见，作为提升我国国际地位和话语权的抓手，国际传播面临着"卡脖子"问题的挑战。

但是我们应该看到，危机中也蕴含着转机。实际上，国家间对立、世界战争或区域战争对国际传播研究的诞生和不断进化起到了重要推动作用。[2] 两次世界大战不仅催化了技术革命，同时出于跨国信息传递与观念说服的需求，促进了新闻学与传播学的知识体系构建与国际传播的起步。当代，以人工智能为代表的新技术打破了西方独占国际传播霸权的格局，智能传播技术无须受限于资源集中配置，且其信息分发逻辑不同于真人逻辑，这两者打破了传统媒体时代以政治、经济、文化为依托的传播中心生态，促成国际传播高地扁平化的态势。[3] 目前，智能分发技术、社交机器人等被广泛应用于俄乌冲突等重大国际事件的舆论战中。

---

[1] 张明新, 何沁苪. 作为国际传播新理念的文明互鉴：形成背景、主要内涵与实践启示[J]. 中国出版, 2023（13）：19-24.

[2] 张迪. 文明交流互鉴下的中国国际传播研究：范式创新与路径重构[J]. 新闻与写作, 2022（12）：29-36.

[3] 张洪忠, 任吴炯, 斗维红. 人工智能技术视角下的国际传播新特征分析[J]. 江西师范大学学报（哲学社会科学版）, 2022, 55（2）：111-118.

因此,国际舆论场上的比拼正在转化为智能技术的博弈。机器正在以数百千倍于人的计算能力、效率和精力发挥着巨大的作用,国际传播若不凭借技术之翼,将寸步难行。所以,运用算法、大数据等智能技术来提升国际传播效能测定是大势所趋。

(三)给算法以文明

一直以来,我们认为科技水平越高,文明程度就越高。但是,如果把科技等同于文明,就会掉入社会达尔文主义的陷阱,科技也会沦为霸凌和掠夺的工具。技术本身没有对错之分,但当其被滥用,越先进的技术带来的危害就越大。因此,要给算法以文明,而不是给文明以算法,避免技术被滥用的风险。

"中华文明探源工程"中丰富的考古材料证实,中华文明传承五千载①,是世界上迄今为止唯一没有中断的文明。习近平总书记在文化传承发展座谈会上深刻阐述和概括了中华文明所具有的五个突出特性,即连续性、创新性、统一性、包容性与和平性。② 推动中华优秀传统文化创造性转化、创新性发展,增强中华文明影响力,讲好中国故事,建设文化强国,是时代赋予我们的新的文化使命。

文明因多样而交流,因交流而互鉴,因互鉴而发展。中华文明正是在数千年间与世界各文明的不断交流互鉴中得以发展壮大。因此,提升国际传播效能是中华文明传播的需要。我们应打开格局、放开眼界,让国际传播以中华文明传播为圆心,回归以中华文明为主体、以中华文明的价值观引领技术手段的道路,以术载道,以文化人,从中华优秀传统文化中汲取养分,从人类命运共同体的宏大视角出发,不断提升中华文明在全球的影响力和传播力。

---

① 温小娟.中国考古学会理事长王巍:考古实证中华文明五千年[N].河南日报,2022-09-04(2).
② 习近平出席文化传承发展座谈会并发表重要讲话[EB/OL].(2023-06-02)[2023-10-22]. https://www.gov.cn/yaowen/liebiao/202306/content_6884316.htm.

二、中华文明传播效能的智能测定前瞻

（一）泛在、聚合、预测与算法赋能

智能技术实现了"人与人""人与物""物与物"的泛在连接，身体和感官依靠媒介得到更多延展的空间，而在无限无界连接的底层，是对物与生命的数据映射。普遍的档案化与数据化，是数字政治和算法治理的基石。因此，数据无疑是智能时代国际传播最重要的资源。数据本是散落的石子，是算法赋予其运算和建造逻辑，构建起人类认知与决策的大厦。算无遗策，我们的任何行为，都不会真正摆脱算法预计的结果。算法治理将可能的因素变成了算法上可以控制的元素，并将各种可预知的风险降到了最低。①

传统的国际传播效果测量受制于技术条件，用实验测量等简单方法关注某个对象，偏重即时传播反馈，单一、线性、静止的测量已不能够适应现实需求。当前，智能技术颠覆了国际传播格局，传播主体多元化，媒介渠道扁平化，信息量爆炸式增长，传受关系瞬息万变，现实与虚拟的界限逐渐模糊，数字孪生与万物皆媒的时代已拉开帷幕。因此，符合当前需要的是一个能够在巨量信息动态交互中，精准追踪多元化传播主体、全面覆盖各媒介渠道的国际传播效能测定体系。

基于目前的算法技术，算法可以为国际传播效能测定中的效果预测、舆论与谣言分析预测等方面的评估与决策提供较为综合与精确的测量、分析、避险的工具。具体包括以下三方面内容：

首先，依托算法，建立更全面、更精准的国际传播效能评估体系。国际传播效能评估不仅要注重客观指标的高低，更要构建主观评价综合标准。在新闻实践中，国际传播效能在对采用量、落地率、收视率、浏览量、粉丝量等量化指标评测的基础上，引入其他评估标准，如内容对受众认知与情感转向的影响、受众对中国议题的偏见与改观、意见领袖的转发情况、高质量反

---

① 蓝江.生命档案化、算法治理和流众：数字时代的生命政治[J].探索与争鸣，2020（9）：105-114+159.

馈与评论、粉丝群画像与分析、国外主流媒体的转载情况、内容采用的语境和情感态度等。此外，智能传播可以测评非传统的传播内容。例如，非虚构写作与新闻故事化是新媒介环境下的新闻写作趋势之一，算法能够分析新闻的叙事弧线，深度解析文本叙事规律与传播效果。

其次，算法可以实现国际传播效能预测、洞悉传播规律的功能。其具体包括两个方面：一方面，根据平台报告、用户行为和用户反馈等数据，使用文本挖掘、情感计算和社会网络分析等方法，可以度量受众对传播内容的认知状况、情感倾向、点赞转发评论情况等，从而总结影响国际传播效能的关键因素；另一方面，在精确测量当下的基础上，搭载深度学习算法，AI大模型可以通过学习数据中的特征和规律，不断进行训练和优化，然后将新数据输入已经训练完成的模型中，对新数据进行分类或者回归，从而得到预测结果。大模型预测将极大提升国际传播效能，避免无效或式微的传播模式、渠道和内容，把现有资源更合理地分发至更具影响力的主体、话语、叙事、平台、研究中。此外，受到跨文化传播的桎梏，不同地区与国家对中国故事的解读因文化差异的影响而得到截然不同的传播效果。为了掌握传播规律、解析背后的文化交流互鉴机制，算法可以通过大模型来揭晓藏于无序中的法则，进而预测跨文化传播效果。

最后，算法可被用于舆情与谣言的分析和预测，辅助决策。算法不仅可以监测国际舆情的重点关注与热点话题，还可以依据用户洞察，通过分析社交媒体平台上各圈层群体对中国议题的态度和情感，梳理、监测、预警国际传播公共事件中的潜在风险，从而不断修改、完善国际传播效能评估体系。对于西方国家妖魔化中国的言论和重大公共事件的谣言，算法能够提取谣言来源、谣言文本特征、谣言传播链等要素，形成谣言预测模型，这有助于相关媒体及时研判国际舆论场上的情势，拉开时间差做好应对预案，为在重大事件上争取话语权创造有利时机。对国际传播舆情和谣言的整体把控，是提升国际传播效能的必经之路，算法为国际传播顶层设计与战略规划提供了有力支持。

（二）共同体的发现与建构

传播活动背后的根基与主体是人，以及由人构成的群体。因此，国际传播效能研究不能跳过对人的范畴的研究。只有把握住对人的深层理解与分析，才能从根本上提升国际传播效能测定。

共同体是社会治理的基石。作为一种社会性生物，人类的生存、繁衍、发展都要在共同体中才能完成，从家庭、氏族、城邦，到王国、帝国和民族国家，共同体在历史的长河中历经演化与变革。① 算法改造着个体间的交往方式，重新联结个体间、社会资源间的关系网络，对社会关系进行重置和构建。② 算法对共同体的重构，从社区、圈层等子共同体逐级扩张到更宽广的共同体，最终波及整个社会，形成算法治理的新模式。算法对共同体的作用力，主要体现在对共同体的发现与建构两方面。

在智能治理时代，卷入网络与大数据的个体行为与数据被评估、被分类、被标签化。通过标签归类、情感与认知状况分析等手段，算法能够探测到分享着共同的血缘、地缘、志趣、目标、情感、道德、价值和认同的群体，并且能够不断维护增强共同体的连接。此外，网络社区共同体是由内部紧密、外部疏松式结构搭建的节点集合，通过算法研究网络社区的构成、边界及其结构，对发现包含于显性大集合下面的隐性子社区有较大作用，而隐性社区往往能够反映社会网络中隐含的真实关系。③

算法在建构个体的数字虚拟映射的同时，也在建构着网络共同体。算法追踪、分析和反馈用户的行为模式、兴趣、消费习惯、交友关系等有价值的数据，对用户行为进行预测和控制，然后动用所有类型资源，把用户可能分配注意力在上面的内容推送给用户，通过测试的垂类内容源源不断地到达用户并最终影响用户认知、观念、情感与行动，从而形成新的共识与新的用户圈层。内容与用户类型不断细分，话题与标签越来越多，各类"同温层"间的关系将变得错综复杂，算法将重新定义共同体的场域、准入与核心原则。

对目标受众共同体深刻而透彻的理解对于提升国际传播效能是至关重要

---

① 王湘穗. 三居其一：未来世界的中国定位 [J]. 军事文摘, 2017 (21)：80.
② 喻国明, 耿晓梦. 算法即媒介：算法范式对媒介逻辑的重构 [J]. 编辑之友, 2020 (7)：45-51.
③ 彭兰. 生存、认知、关系：算法将如何改变我们 [J]. 新闻界, 2021 (3)：45-53.

的。在算法助力下,国际传播不再是"盲人摸象",而是能够在尊重不同地域和文化背景差异的基础上,利用网络关键节点分析、跨国社区舆情分析、影响力分析等,深度研判国际传播效能水平,因地制宜,精准推送,以全人类共同价值观为锚,与海外受众产生共鸣,结合当地传播场域的具体情况与受众的特点,讲好中国叙事,传播好中国声音。

(三)结构性体系建设

国际传播效能测定不应只注重片面的指标高低或用户认知转向,而应把传播语境与宏观环境的影响纳入考量;不应孤立地看待国际传播单独个案的效能,而应把国际传播放入国际政治、经济、文化的整体环境并进行综合化结构化分析,从宏观视野出发,客观真实地衡量国际传播效能水平,从而完善国际传播效能体系的构建。

"数字化意味着我们将用新的方式测量自己以及我们的社会。我们的身体、我们的社会关系、自然界,以及政治和经济——一切都将以比之前更加精细、精确、透彻的方式被获取、分析和评价。我们正在经历的,是一场新型的'解析—解体'。"[①] 算法带来了权力结构变迁和政治赋权,推动了更精准的智能传播,因此相应的,也需要建立更全面、系统的国际传播效能测算和评价体系。

测定国际传播效能的根本目的在于资源高效配置和制度体系优化。因此,需要加强国际传播效能测算和评价体系的顶层设计和底层逻辑创新,不仅要观照到微观个体层面,也要兼顾国家与文化圈层面、外界政治与经济层面、时间与空间层面,更要精准地透视主体、用户、渠道与资源,重建具有前瞻性的效能测定的价值观与方法论,通过制度和体系,结构性推进国际传播效能测定手段的优化与升级,进而提出国际传播效能提升的长远策略与破局诀窍,最终形成数据与信息智能采集、处理、分析、成果、反馈、预测、调整与再投入的"数字神经系统",打造智慧治理的国际传播体系。

---

① 库克里克.微粒社会:数字化时代的社会模式[M].黄昆,夏柯,译.北京:中信出版社,2017:6—7.

第三部分
中国自主新闻传播学知识体系建构

知识体系

新闻传播学历史使命与自主知识体系特征*

中国式现代化是全方位的现代化，作为哲学社会科学支撑学科之一的新闻传播学在中国式现代化的进程中诞生了新的历史使命，在自主知识体系建构的过程中也被赋予了新的特征。习近平总书记在党的二十大报告中指出，全面建设社会主义现代化国家已经成为当前党和国家的中心任务。在新时代、新征程的道路上，日益在哲学社会科学学科体系中占据重要地位的新闻传播学科，应该牢牢把握住中国式现代化的精神内涵，厘清新闻传播学在中国式现代化发展中的历史使命，努力探索具有中国特色的新闻传播学自主知识体系，并服务于中国社会主义现代化国家建设的实践。

一、中国式现代化语境下中国新闻传播学的历史使命

新闻传播学的发展与宏观的时代背景密切相关，不同的时期、不同的主体、不同的问题、不同的科学技术等因素，都会使得新闻传播学的研究内容和实践应用呈现不同的状态和面向。在新时代、新征程中，中国的新闻传播学也将迎来新的发展机遇，中国式现代化的提出，不仅为新闻传播学的发展提供了"中国式"的理论道路，更为其在中国乃至全球范围内的应用提出了新的历史使命。

---

* 本文原载于《青年记者》2023 年第 8 期，与樊子塽合作，收入本书时，略有删改。

（一）中国式现代化的内涵与时代要求

中国式现代化这一发展理念首次出现是在庆祝中国共产党成立100周年大会上，习近平总书记在讲话中对党的百年历史作出总结："我们坚持和发展中国特色社会主义，推动物质文明、政治文明、精神文明、社会文明、生态文明协调发展，创造了中国式现代化新道路，创造了人类文明新形态。"初步解释了中国式现代化的基本内涵。四个月后的党的十九届六中全会总结了中国共产党百年奋斗的历史意义："党的百年奋斗深刻影响了世界历史进程，党领导人民成功走出中国式现代化道路，创造了人类文明新形态，拓展了发展中国家走向现代化的途径"，这是对中国式现代化这一道路的全面肯定。

在党的二十大报告中，中国式现代化得到了全面的阐释，明确了其基本内涵，是中国共产党领导下的、富有中国特色的、又兼具其他国家现代化特征的社会主义现代化发展模式。中国式现代化有着人口规模巨大、全体人民共同富裕、物质文明和精神文明相协调、人与自然和谐共生的现代化、走和平发展道路这五个基本特征，从中可以看出，中国式现代化与西方发达国家所鼓吹的以资本为中心、两极分化、物质主义膨胀、对外扩张掠夺的现代化老路有着鲜明的区别。中国式现代化并非照搬西方的现代化经验，而是根据中国基本国情、经济结构、政治体制、文化基因、历史语境[①]等因素因地制宜得来的，是符合中国特色社会主义道路的现代化。此外，党的二十大还明确了中国式现代化的本质要求，即坚持中国共产党领导、坚持中国特色社会主义、实现高质量发展、发展全过程人民民主、丰富人民精神世界、实现全体人民共同富裕、促进人与自然和谐共生、推动构建人类命运共同体、创造人类文明新形态。这九大要求不仅为中国式现代化"怎么做"指明了方向，同为新闻传播学如何服务中国式现代化规划了道路，明确了新闻传播学在全面建设社会主义现代化国家中的历史使命，即立足本土、放眼世界。

---

① 韩保江，李志斌.中国式现代化：特征、挑战与路径[J].管理世界，2022（11）：31.

（二）立足本土，上下求索：推进国家治理体系和治理能力现代化

哲学社会科学是对人类社会、人类思维、人类行为等方面进行研究和探索的学科，从真实的社会现象与人类交往中得来，为了满足人类认识世界、改造世界的需求而诞生，其中新闻传播学更是一门实践的学科，其发展与人类的新闻传播活动密不可分。从思想现代化的角度来看，文艺复兴、启蒙运动、工业革命等一系列促进社会思想觉醒和社会结构变革的运动的兴起，使得西方领先于全球其他地域开始了现代化的进程，也促使西方的现代思想成为主流，并一直引领着世界哲学社会科学的发展方向。发轫于大众媒介技术与大众传媒业蓬勃发展的新闻传播学亦是如此，正是美国当时独特的政治、经济、社会需求，才使得传播学诞生于美国、新闻学繁荣于美国，也使得基于大众传播行为的传播学在相当长的一段时间中占据了新闻传播学研究的主流，塑造了新闻传播学的基础知识体系。

然而，随着中国经济、科技、文化等国家实力的快速提升，在短短几十年间就逐渐赶上了西方发达国家的步伐，在现代思想层面也逐渐缩短了与西方的差距。2022年8月，中国进入了创新型国家的行列，成为与美国、日本、瑞典等发达国家一样以科技创新作为基本发展战略的国家，这代表着中国在这第四次科技浪潮中站在了世界的前端，已然跻身于世界科技创新的领跑者行列。同时，仍然处于社会主义初级阶段的中国国情以及人民日益增长的美好生活需要和不平衡不充分的发展之间的矛盾，与西方发达国家也有着较大的差异。正如西方的现代化经验无法被完全复制，传统的大众传播理论也无法完全解释如今的中国社会现实，中国新闻传播学研究的本土化转向与自主体系建构是未来学科发展的重中之重。而当下，在中国式现代化语境中，最需要新闻传播学发挥的所长之处，就是赋能国家治理体系和治理能力现代化的建设。

自进入新时代以来，国家治理体系和治理能力现代化已经成为继工业、农业、国防、科学技术现代化之后的第五个国家现代化战略能力，其目标是当下中国社会发展的重要任务和方向，党的二十大报告中更是明确提出要在2035年基本实现国家治理体系和治理能力的现代化。不同于"四化"更依赖

于物质和科学技术的发展，国家治理体系和治理能力现代化的建设更需要意识形态工作的进步。不同于西方发达国家较为平缓的现代化过渡，中国式现代化进程的高速发展，使得中国社会面临着复杂的转型期，各种社会矛盾和社会风险日益凸显，因此更需要先进的国家治理体系和治理能力作为强有力的后盾。国家治理现代化就是要掌握先进的治理理念、动员多元的治理主体、建设良好的治理制度、运用有效的治理手段去解决社会主义现代化进程中遇到的矛盾与问题，是一个国家制度理想和制度安排能力的集中体现和现实表现。① 从新闻传播学的角度来看，习近平总书记曾提出党的新闻舆论工作是关乎"治国理政、定国安邦"的大事，历年来对新闻工作者、媒体从业者、传播研究者，提出的工作、科研要求，如新型主流媒体建设、全媒体传播体系建设、主流舆论格局建设、网络良好生态建设、国际传播能力建设等，无一不是国家治理体系和治理能力的反映、再现与外化。

因此，中国式现代化语境下的新闻传播学，要立足于本土，正如习近平总书记在党的二十大报告中所提出的，要"一切从实际出发，着眼解决新时代改革开放和社会主义现代化建设的实际问题，不断回答中国之问、世界之问、人民之问、时代之问，作出符合中国实际和时代要求的正确回答"，为中国实现国家治理体系和治理能力现代化，继而建设成社会主义现代化国家的目标贡献一份力量。

（三）放眼世界，求同存异：提供中国智慧、中国方案、中国力量

从更加宏观的角度来看，中国式现代化并非仅仅是中国的现代化，而是从中国实际出发，探索出一条不同于西方发达国家建立的资本主义现代化的，更适用于发展中国家的现代化路径，其本身就有着帮助其余发展中国家摆脱对西方发达国家的依附，寻求独立发展道路的内涵。但这并不意味着是对西方现代化的全面抵制或抗拒，而是有选择地兼收并蓄，既有学习，亦有扬弃，

---

① 熊光清，蔡正道. 中国国家治理体系和治理能力现代化的内涵及目的：从现代化进程角度的考察［J］. 学习与探索，2022（8）：57.

是求同存异的现代化。

从新闻传播学的角度来看，学科的兴起本身就与全球化有着密不可分的联系，最主要的原因就是自由经济体制下的垄断资本的发展需要不断向国内、国际市场扩展所导致的。在政治与经济的双重语境下，新闻传播学成为以美国为主的西方发达国家向外扩散意识形态、掌控发展中国家现代化方向的工具之一，发展传播学便是由此而来。发展传播学理论认为，大众传播是世界经济和社会发展中的有力工具，媒介可以高效地传递现代性信息，有助于将民主政治、实践和市场经济传递到世界上落后和传统的国家，尤其是第三世界国家。这一理论范式明显带有浓烈的"西方中心主义"色彩，正如马克思所预见的那样，西方发达国家对外传播现代化理念的方式就是"迫使一切民族——如果它们不想灭亡的话——采用资产阶级的生产方式"[①]，从而使得全球都被纳入他们所创造的话语体系。

而中国式现代化语境下的新闻传播学，虽然也兼具着向外推介中国智慧、中国方案、中国力量的历史使命，但与美国主流传播学派不同，其并非尝试打造出一套"完整"的、"标准"的任何国家主体都可以拿来套用的中国式发展模式，而是一种根据社会现实实践得来的"与国家同命运、与时代同进步、与社会同发展"[②]的发展理念。在此基础上，有学者倡议从中国式现代化的具体实践出发，总结与反思发展传播学的经验和教训，进而发展出一种新的"媒介与发展传播类型"[③]，以指导中国社会主义现代化建设路径，同时供其他发展中国家参考借鉴，"为广大发展中国家走向现代化提供成功经验、展现光明前景"[④]。总的来说，中国式现代化的提出，为中国新闻传播学赋予了新的历史使命，也为新闻传播学的理论与实践指明了未来的发展路径。

---

① 马克思，恩格斯. 马克思恩格斯选集：第1卷[M].中共中央马克思恩格斯列宁斯大林著作编译局，译.北京：人民出版社，2012：404.
② 郑保卫.中国新闻学百年回望与思考[J].新闻与写作，2018（1）：5-15.
③ 涂凌波，王子薇.中国式现代化与媒介发展：建构新闻传播学自主知识体系的实践基础[J].新闻与写作，2023（3）：24-33.
④ 习近平.在庆祝改革开放40周年大会上的讲话[M].北京：人民出版社，2018：21.

二、中国式现代化语境下新闻传播学自主知识体系特征

现代化是一个持续的过程，每个时期都有着与该时期相对应的现代化理念。如果说人们普遍认为的现代化是人类社会从农业时代发展到工业时代，标志着人类生产力的解放，那么当前的人类社会已经基本实现了这一现代化的目标，而接下来的现代化则是向着知识时代迈进，① 目的则是人类创新力的开发。习近平总书记在 2022 年亚太经合组织工商领导人峰会上的书面演讲中再次提出，"当高楼大厦在我国大地上遍地林立时，中华民族精神的大厦也应该巍然耸立"，表明中国式现代化的发展不仅是物质文明的现代化，也应该是精神文明的现代化。

2016 年 5 月 17 日，习近平总书记在哲学社会科学工作座谈会上的讲话中谈到，要着力构建中国特色哲学社会科学，在指导思想、学科体系、学术体系、话语体系等方面充分体现中国特色、中国风格、中国气派。2022 年 4 月 25 日，习近平总书记在中国人民大学考察调研时指出，加快构建中国特色哲学社会科学，归根结底是建构中国自主的知识体系，并在党的二十大报告中将知识体系拓展为学科、学术、话语三大体系。作为中国特色哲学社会科学学科体系中不可或缺的一部分的新闻传播学，理应担当起人类"灵魂雕刻师"的任务，尤其是在通信技术、智能技术深刻影响人类社会结构以及运行方式的当下，更应该肩负起为人类解释现象、帮人类认知世界、助人类解决问题的重任。

科技创新带来的媒介技术快速迭代，使得以互联网、大数据等为主的新媒介、智能媒介逐渐取代了大众媒介在人类社会传播中的支配性地位，美国传统的传播研究范式已经无法满足当代研究者的需求，对社会现象的解释力愈发疲弱。而中国国际地位与科技实力的提升，使得中国在网络传播技术和智能媒介技术等领域均已位于世界前列，与西方发达国家站在了同一起跑线上，甚

---

① 何传启. 什么是现代化 [J]. 中外科技信息，2001（1）: 15.

至在某些因新媒介技术带来的政治、经济、社会、文化等方面的转变已然领先于欧美,以往"西学东渐"式的新闻传播学的知识体系也已经无法跟上整个学科的前进脚步,因此,中国新闻传播学的自主知识体系急需更新。

人类社会是一个复杂的巨系统,人类的传播活动则是支撑起这一复杂系统的神经元,承担着将社会不同个体与不同群体之间相互连接起来的责任。受错综复杂、波谲云诡的外部环境的影响,人类的传播活动也可谓形态万千,一直处于动态的变化当中,这种复杂性在信息网络高速发展的今天更是呈现着熵增状态。在这样的状态下,新闻传播学的研究内容也空前繁荣起来,学科知识体系得到前所未有的扩充,这无疑是有利于学科的发展的。但值得注意的是,在中国式现代化的语境下,中国新闻传播学的自主知识体系的构建不能呈现"无序"的状态,而应该在中国社会实际情况的基础上,有所侧重、有所选择。在此,笔者尝试从理论表层与意识里层两个层面归纳出六个特性,对中国式现代化语境下中国新闻传播学自主知识体系建构的内容和方向做出总结。

(一)理论表层:深挖学术性、把握思想性、坚持开放性[①]

(1)学术性。顾名思义,中国新闻传播学自主知识体系的学术性主要体现在对新闻传播学科的学术研究、学术水平、学术规范三个层面的要求上。

首先,学术研究关注的是新闻传播学者的学术意识,对新闻传播学在专业归属、问题意识和理论创新三个方面有着明确的要求。从专业归属的角度看,虽然新闻传播学是从多个学科的交叉领域诞生而来,但仍然有着鲜明的研究趋向,即人类的信息传播活动,无论面对什么样的课题,都应回到这一母题之上,明确新闻传播学的学科边界;从问题意识的角度看,由于新闻传播学是一门实践的科学,因此要求的研究内容必须是真实的社会问题,并要求在此基础上尽可能地发挥学术想象力;从理论创新的角度看,新闻传播学

[①] 胡正荣,王天瑞.学术性、思想性与开放性:中国新闻传播学自主知识体系建构中的三重关系[J].新闻与写作,2023(3):14-23.

的研究应当是在结合社会实际的情况下对已有理论的继承和延展,抑或是创造新的理论。在中国式现代化的语境下,学术研究强调的是以新闻传播学的学科视野,去发现社会主义现代化国家建设过程中所出现的一系列问题,并在研究后提炼抽象出符合中国实际的理论学说,而并非简单套用西方的新闻传播学理论。其次,学术水平关注的是新闻传播学者的学术能力,从学术科研、教育教学与媒介实践三个层面提出了要求,要不断地提升学术水平,以能够从容面对社会主义现代化强国建设中所可能出现的任何难题。最后,学术规范关注的是新闻传播学者的学术态度,明确的学术规范是学术创新成果科学性和合法性的保证,只有将学术规范做好、做扎实,才能产出高质量的成果,也更容易将之推介到全世界,为中国式现代化作出应有的贡献。

（2）思想性。中国新闻传播学自主知识体系的思想性体现在学科的问题意识与核心观念上。这种意识和观念强调的并不仅是研究什么以及研究出了什么,更重要的是为了什么而做研究。只有在做研究时保持正确的问题意识与核心观念导向,最终的结果才不会过度偏离,但这不意味着思想性在中国式现代化中与政治画上了等号,政治只是其外化的表征之一。思想性强调的是独立辩证思考的能力,即面对西方的新闻传播理论时,能否以全面的眼光看待它,而非全盘接收。此外,思想性还有着前沿性的表征,即以创新的眼光看待社会问题,对学科的发展方向时刻保持着高度的敏感性,并用"五位一体"的整合性思维探索学科的发展。

（3）开放性。中国新闻传播学自主知识体系的开放性包含两个层次。

首先,开放性强调的是中国新闻传播学学科体系的交叉性、协同性和融合性[1],主要表现在吸纳不同学科成果、鼓励不同学科协作、打通不同媒体边界三个方面,也表现在对西方新闻传播理论的"取其精华、去其糟粕"方面。中国式现代化并不等同于否定西方资本主义现代化,而是要兼收并蓄,将好的经验为我所用。

---

[1] 胡正荣,叶俊.中国特色新闻学"三大体系"创新路径与自主知识体系建构[J].中国出版,2022(20):5.

其次，开放性也表现为包容性，即允许有不同的思想、不同的观念、不同的理论的存在，新闻传播学"三大体系"需要在与世界的互动中创造出融通中外的学科新概念、新范畴、新表述。中国式现代化要坚持"文明平等、互鉴、对话、包容"的新时代文明观，只有文明互鉴、美美与共，才能在形成人类命运共同体的基础上将全人类带向更加美好的未来。

（二）意识里层：重思基础性、保持政治性、聚焦人民性

不同于学术性、思想性、开放性对建构中国新闻传播学自主知识体系所起到的直接指导作用，基础性、政治性与人民性是从意识形态的层面对中国新闻传播学提出的本质性要求。这些要求同样适用于所有哲学社会科学学科，这也是中国新闻传播学区别于其他国家新闻传播学的根本所在。

（1）基础性。基础性代表的是构建新闻传播自主知识体系的历史基础与理论基础。

首先，每个国家的发展都是处在其独特的历史语境中的，每一个历史节点的选择都会对未来产生影响，从而导致每个主体国家都有其独特性存在。同样，中国新闻传播学自主知识体系的建构也被中国的历史文化传统深刻影响着。中国有着一套独立于西方的东方古典思想体系，在历史中有过百家争鸣的盛况，其相对应的正是被视为西方文明发源的古希腊、古罗马时期，整个西方的哲学社会科学正是从那时的苏格拉底、柏拉图、亚里士多德等思想家的思想启蒙并延续的，而中国由于封建体制较为稳固，没有赶上全球现代思想启蒙运动与现代化工业革命的初次浪潮，才使得全球都长期遵循着西方的现代化发展模式。同时，在中国近代半殖民地半封建的特殊历史时期国门被强制"打开"，中国传统的小农思想被西方现代化思想强烈冲击，落后的局面使得中国迫切希望追赶上西方的步伐，因此对西方的思想理念趋之若鹜，使得西方哲学社会科学的话语体系在中国占据着主导地位。正是由于意识到了这一点，中国共产党才坚持走中国特色的社会主义道路，开展中国式现代化的建设，其重要的目的之一就是从中国的历史中寻求发展的道路。习近平总书记曾经指出，历史研究是一切社会科学的基础，"观今宜鉴古，无古不成今",当今的一切知识都是从历史中得来的,中国新闻传播学自主知识体系的建构也应当从历史中找寻答案。

其次,中国新闻传播学自主知识体系的基础性还体现在马克思主义思想对中国特色社会主义建设的理论指导之上。党的二十大报告中明确提出,"马克思主义是我们立党立国、兴党兴国的根本指导思想。实践告诉我们,中国共产党为什么能,中国特色社会主义为什么好,归根到底是马克思主义行,是中国化时代化的马克思主义行",因此,中国式现代化也是在马克思主义理论指导下的现代化,同时,中国式现代化也是坚持和发展马克思主义,开辟马克思主义中国化时代化新境界的时代选择。回望中国新闻传播学的发展历程,由马克思主义新闻观衍生而来的中国特色新闻学其实是早于美国主流传播学出现的,并在新民主主义革命时期占据了主要位置、发挥了显著的作用,是当代新闻学的灵魂,贯通当代中国新闻学知识体系的脉络,①形成了中国共产党新闻史观这一重大成果。但伴随着改革开放,美国主流传播学的大量引进,使得马克思主义新闻学不断被边缘化。②因此,中国式现代化要求新闻传播学重拾对马克思主义新闻学的研究,加强马克思主义新闻观与中国社会的全面融通,③与中华优秀传统文化相结合,不断夯实马克思主义中国化时代化的历史基础和群众基础,让马克思主义在中国牢牢扎根。

(2)政治性。政治性表现在中国新闻传播学自主知识体系应当秉持的党性原则。

中国式现代化是中国共产党领导的现代化,其本质要求与重大原则的第一项就是坚持和加强中国共产党的全面领导,在此语境之下的中国新闻传播学自主知识体系也应当是中国共产党领导下的知识体系。诞生于两次世界大战之间的主流传播学,最初的目的就是服务于政治宣传,在第二次世界大战

---

① 杨保军.全面认识当代中国新闻学的性质[J].国际新闻界,2022(7):16–17.
② 赵月枝.新时代呼唤中国传播学范式转型:兼谈斯迈思的开创性贡献[J].新闻记者,2022(5):20.
③ 周勇.从元问题出发:中国特色新闻传播学知识体系的建构逻辑与实践进路[J].新闻与传播研究,2022,29(10):12.

结束后的和平年代,更是被应用于美国总统大选的研究当中,而在西方自由经济体制主导下形成的传媒业,表面上看似在倡导新闻自由,其归根结底也是为某种政治目的服务。在中国,新闻传播学更是被赋予了鲜明的政治属性,尤其是主流媒体的主要功能之一就是服务于党的新闻舆论与思想宣传工作。习近平总书记自党的十八大以来就十分重视党的新闻舆论工作,在 2016 年党的新闻舆论工作座谈会上,他指出党的新闻舆论工作"必须把政治方向摆在第一位,牢牢坚持党性原则";在 2018 年全国宣传思想工作会议上,他再次指出,"要加强党对宣传思想工作的全面领导,旗帜鲜明坚持党管宣传、党管意识形态";在党的二十大报告中,他更是进一步强调了要"牢牢掌握党对意识形态工作领导权,全面落实意识形态工作责任制,巩固壮大奋进新时代的主流思想舆论"。在新时代新征程以及百年未有之大变局的背景之下,面对错综复杂的国际局势与处于历史转型期的国内现状,新闻传播学对于国家的发展与治理有着极为重要的意义。因此,只有在党的领导下,新闻传播学才能更好地服务于中国特色社会主义建设,为全面建设社会主义现代化国家作出应有的贡献。

(3)人民性。人民性在中国新闻传播学自主知识体系中体现为两个方面:一方面是对以人民为中心的发展思想理念的聚焦;一方面是对传播研究中人类主体地位的回归。

首先,人民性是中国式现代化的应有之义,坚持以人民为中心的发展理念,始终将推动人的自由全面发展置于现代化建设的首要位置,是中国式现代化的根本价值所在。"媒体要为人民讲话,要让人民讲话,要讲人民的话"[①],中国新闻传播学自主知识体系的建构,离不开对人民性的聚焦,具体表现为三个方面:第一是主流媒体新闻报道以及舆论导向中对人民立场的坚守,能够站在人民的立场,关心群众的疾苦,守护群众的健康,反映群众的

---

① 吴信训. 为人民讲话 让人民讲话 讲人民的话:习近平新闻思想的人民观[J]. 新闻与传播研究,2016,23(7):5-13+126.

呼声;① 第二是在具体的媒体实践中发挥人民的主体性作用,如在国家治理体系与治理能力现代化的实践中,群众路线依然是中国共产党的根本工作路线,党的二十大报告中着重提出的"枫桥经验",就是发动群众参与基层治理的典型案例,而互联网的普及进一步扩充了人民群众参与国家与社会治理的路径;第三是坚持党性和人民性的统一,这是一个双向互动的过程,人民性的实现离不开党性的领导,党性的实现也离不开人民性的支持。习近平总书记在党的新闻舆论工作座谈会中提出,"要坚持党性和人民性相统一,把党的理论和路线方针政策变成人民群众的自觉行动,及时把人民群众创造的经验和面临的实际情况反映出来,丰富人民精神世界,增强人民精神力量",这强调了党的意识形态工作的重要性,要使人民的思想觉悟与党保持高度一致。此外,习近平总书记在面对网络社交媒体所带来的主流媒体用户流失的现状时提出,要"加大力量投入""不能被边缘化了",要求主流媒体深入掌握人民,尤其是青年群体的所思所想②,从而能够更好地实现为人民服务的宗旨。

其次,对传播研究中人类主体性的回归,也是中国新闻传播学自主知识体系的范式转化。在美国主流传播学研究范式中,对于人的研究大多从传播者和受众两个方面进行,但由于西方的工业现代化一方面鼓吹自由市场,一方面又把人单向度化为一个工具、一种物品而存在,③从某种意义上是对人的主体性的消解,在此基础上诞生的美国主流传播学研究中的研究对象也有着标签化、扁平化的特征,传播者与受众之间难以形成双向的转化。因此,随着互联网尤其是更具有交互性的Web2.0的兴起,美国主流传播学的解释力日渐薄弱,对于用户的研究逐渐取代了受众研究。但由于媒介技术的快速迭代,智能技术的迅速崛起,新闻传播学的研究似乎又陷入了另一种技术主义的范

---

① 林绪武. 党性和人民性的统一:《红色中华》的新闻思想与实践[J]. 山西大学学报(哲学社会科学版),2022,45(6):27.
② 段鹏. 党性与人民性的再统一:习近平关于新闻与传播重要论述的研究[J]. 现代传播(中国传媒大学学报),2019,41(9):27.
③ 马尔库塞. 单向度的人:发达工业社会意识形态研究[M]. 刘继,译. 上海:上海译文出版社,2008:28.

式当中，对平台、大数据、算法、人工智能、智能影像、物联网等技术以及媒介物的研究层出不穷，而人工智能语言模块 ChatGPT 的出现，更是引爆了社会与学术界对能否形成自然人与人工智能体和谐共生的社会新秩序[①]的探讨，并在一定程度上引起了技术取代人类的"赛博式"隐忧。新闻传播学的本质是对人类信息传播活动进行研究的学科，当人与物、物与物的对话逐渐占据了更多学科研究视野的时候，人与人之间的传播又将何去何从？由于中国式现代化是人口规模巨大、全体人民共同富裕、物质文明和精神文明相协调、人与自然和谐共生、走和平发展道路的现代化，在实践中必然会出现诸多与人际沟通相关的问题，如基层治理效能提升缓慢，城乡发展不均衡、融合不充分，国际传播话语体系建构受阻，等等。因此，在中国式现代化的语境下，在中国新闻传播学自主知识体系的建构中，应当重视人类主体性的回归，将人与人之间的传播作为主要的研究内容之一。

结　语

在当前世界百年未有之大变局加速演进、新一轮科技革命和产业变革深入发展的宏观历史背景下，新闻传播学在面对人类社会诸多问题时的解释力、作用力、创造力与影响力愈发凸显，在哲学社会科学中的地位日益上升。在中国式现代化的语境下，加快中国新闻传播学自主学科知识体系的建构尤为重要，要在学术性、思想性、开放性、基础性、政治性、人民性这六个特征的基础之上，不断优化学科体系、强化学术体系、活化话语体系、深化社会贡献，[②]从而更好地回应中国之问、世界之问、人民之问、时代之问，形成与时俱进的理论成果，更好地指导中国实践。

[①] 胡正荣，李涵舒. 智媒时代舆论的特征、实质及对策［J］. 青年记者，2022（18）：12-13.
[②] 胡正荣，叶俊. 中国特色新闻学"三大体系"创新路径与自主知识体系建构［J］. 中国出版，2022（20）：5.

实践：中国自主新闻传播学知识体系的源头与出路*

一、引言

当下中国的新闻传播学学术研究框架、研究方法、研究对象以及整个新闻传播研究的各种范式大都是舶来品，在全球格局与传播生态加速重构的百年未有之大变局的当下，探讨中国自主新闻传播学知识体系的建构问题就显得尤为重要。2016年5月17日，习近平总书记主持召开哲学社会科学工作座谈会时强调，要加快构建中国特色哲学社会科学"要按照立足中国、借鉴国外、挖掘历史、把握当代、关怀人类、面向未来的思路，着力构建中国特色哲学社会科学，在指导思想、学科体系、学术体系、话语体系等方面充分体现中国特色、中国风格、中国气派"。重点强调构建中国特色社会科学就要在三大体系上下功夫。2022年4月25日，习近平总书记在中国人民大学考察调研时强调："加快构建中国特色哲学社会科学，归根结底是构建中国自主的知识体系……哲学社会科学工作者要做到方向明、主义真、学问高、德行正，自觉以回答中国之问、世界之问、人民之问、时代之问为学术己任，以彰显中国之路、中国之治、中国之理为理想追求，在研究解决事关党和国家全局性、根本性、关键性的重大问题上拿出真本事、取得好成果。"由此可以

---

* 本文原载于《国际新闻界》2022年第11期，与王天瑞合作，收入本书时，略有删改。

看出，建构中国自主的知识体系首先需要回答中国、世界、人民和时代的四个问题；其次要彰显中国的道路、治理与理念同世界他国间有异有同的追求；最后要拿出真本事，我们的研究要能解决事关党和国家全局性、根本性和关键性的重大问题。如果理论研究对实际的重大问题漠不关心，或者说对重大问题毫无作用，那哲学社会科学研究可能在很多时候就失去了真实的意义或者没有了在地意义。从习近平总书记的两次重要讲话看当下实际情况，现在建构中国自主新闻传播学知识体系正当其时。

二、马克思主义的实践观是知行合一的实践观

"全部社会生活在本质上是实践的。"[①]实践，是马克思主义理论的核心概念，也是整体理解马克思主义哲学的基础。马克思在《关于费尔巴哈的提纲》中说："从前的一切唯物主义（包括费尔巴哈的唯物主义）的主要缺点是：对对象、现实、感性，只是从客体的或者直观的形式去理解，而不是把它们当作感性的人的活动，当作实践去理解，不是从主体方面去理解。"[②]马克思主义哲学关注现实世界与真实生活。进而言之，实践是人类把握世界的一种基本方式，是人类所特有的对象性的物质活动或感性活动，是全部人与世界关系的基础，也是人类哲学思维应有的立足点[③]。马克思主义实践观认为人的社会生活的全部与整体在一切方面都是实践的，应将实践视作理解人、自然与社会生活间关系的全部与规律基础，而非人与客观世界之间片面的改造关系，因此马克思主义哲学也被认为是真正的"实践唯物主义"。

马克思、恩格斯在理解实践本质的基础上，继续阐释了其辩证唯物主义实践观的方法论："凡是把理论导致神秘主义的神秘东西，都能在人的实践中

---

① 马克思，恩格斯.马克思恩格斯选集：第1卷［M］.中共中央马克思恩格斯列宁斯大林著作编译局，译.北京：人民出版社，1995：56.
② 马克思，恩格斯.马克思恩格斯选集：第1卷［M］.中共中央马克思恩格斯列宁斯大林著作编译局，译.北京：人民出版社，1995：54.
③ 汪信砚.马克思主义实践观及其时代发展［J］.2007（8）：2-5.

以及对这个实践的理解中得到合理的解决。"① 即实践是理论意识活动应有的出发点，实践是理论的源头。在这样的实践观下，我们会发现哲学思维其实就是一种实践的结果，其根本目的就是改造人的全部生活，因此"人的思维是否具有客观的真理性，这不是一个理论的问题，而是一个实践的问题。人应该在实践中证明自己思维的真理性，即自己思维的现实性和力量，自己思维的此岸性"②。总之，实践是理论意识活动的落脚点与归宿，实践是理论的检验与出路。

由于对马克思主义实践观中理论与实践关系的理解存在偏差，在中国学术界出现了三种不同的解读：第一种，理论与实践之间关联外化，两者互不相嵌，把实践当作感性材料的获取和真理验证认识的手段；第二种，将实践理论化，把实践当成一种理论化的"实践"概念，尽管也将"实践"这个概念当作体系中的奠基性要素，但它已经脱离了真实生活；第三种，将理论实践化，把理论活动视为一种特殊的实践③。前两种思维范式分别对应的是实体哲学与主体性哲学，第三种实践观则将实践等同于生活，将理论活动置于生活之中，把实践视为理论活动的立足点，这才是马克思主义实践观之正解。我们从马克思、恩格斯的另外一段论述中也能得到同样的解读："理论的对立本身的解决，只有通过实践方式，只有借助于人的实践力量，才是可能的；因此，这种对立的解决绝不只是认识的任务，而是一个现实生活的任务，而哲学未能解决这个任务，正因为哲学把这仅仅看作理论的任务。"④

马克思主义实践观要求知行统一于实践，这是马克思主义者应当具备的基本常识。不得不承认，当下新闻传播学界存在这样一种学术风气：观念上

---

① 马克思，恩格斯.马克思恩格斯选集：第1卷[M].中共中央马克思恩格斯列宁斯大林著作编译局，译.北京：人民出版社，1995：60.
② 马克思，恩格斯.马克思恩格斯选集：第1卷[M].中共中央马克思恩格斯列宁斯大林著作编译局，译.北京：人民出版社，1995：60.
③ 王南.实践观的变迁与哲学的实践转向[J].吉林大学社会科学学报，2002（6）：43-48.
④ 马克思，恩格斯.马克思恩格斯全集：第42卷[M].中共中央马克思恩格斯列宁斯大林著作编译局，译.北京：人民出版社，1979：127.

坚信"实践是理论的基础"与"实践是检验真理的唯一标准",但实际研究过程却过度倚重CNKI(中国知网)"文献阅读法",学术研究成了从理论到理论、从概念到概念的"纯粹知识生产","实践"在这样的学术活动中被抽象成了意识中"不可或缺"的一个理论要素。脱离了生活的本真的研究,无论有多么崇高的"学术理想",造出的也只能是空中楼阁。这里笔者并没有否认学术实践是一种实践的基本事实,也尊重作为理论实践的知识生产的意义与重要性,但诚如马克思、恩格斯所强调的:"哲学家们只是用不同的方式解释世界,而问题在于改变世界。"[1] 马克思主义实践观中的实践是现实生活的"代用语",实践活动是人类生活的最大的现实,无视这样一个现实,一切只能陷于空幻[2]。理论要基于现实,且回应现实,理论需要通过实践来检验。

习近平总书记在《论党的宣传思想工作》中指出:"我们要在迅速变化的时代中赢得主动,要在新的伟大斗争中赢得胜利,就要在坚持马克思主义基本原理的基础上,以更宽广的视野、更长远的眼光来思考和把握国家未来发展面临的一系列重大战略问题,在理论上不断拓展新视野、作出新概括。"[3] 在构建中国自主知识体系已成为影响国家发展的重大战略问题的当下,如果以文献为中心的、脱离现实生活的学术风气不减,那么这样的学术活动构建出的知识体系也只能是狭隘地自说自话与自娱自乐的真"内卷"。教育是自树树人的事业,若学者传的道、授的业都是这样的认识与方法的话,既不利于学科健康发展,也有可能影响到国家整体发展的战略进程。百年伟业证明,中国共产党为什么能,中国特色社会主义为什么好,归根到底是因为马克思主义行,新闻传播学领域的学者与学子深入学习马克思主义理论哲学至关重要。马克思主义并非中国独享理论,近几十年来全球多区域多领域的学者都在持续反思马克思主义理论的解释力与"实践"的根本性。就此,马克思主义实

---

[1] 马克思,恩格斯.马克思恩格斯选集:第1卷[M].中共中央马克思恩格斯列宁斯大林著作编译局,译.北京:人民出版社,1995:57.
[2] 李文阁.实践其实是指人的现实生活:实践唯物主义研究之反思[J].哲学动态,2000(11):9-13.
[3] 习近平.论党的宣传思想工作[M].北京:中央文献出版社,2000:244

践观下的"实践范式"是中国百年实践的经验成果,理应成为中国自主知识体系创新建设的世界观与方法论。

三、全球新闻传播研究范式的实践转向

20世纪下半叶,人类科技发展高歌猛进,工业化、都市化、信息化、全球化环环相扣,社会结构的重构与全球格局的变化已成为新常态,并且重构与变化本身也极不稳定,其中来自数字信息技术发展的影响尤为突出。物质基础决定上层建筑,生产方式的不断变化要求观念思想必须持续更新,全球范围内一场范式的"实践转向"正在社会学、哲学、人类学等哲学社会科学领域中悄然兴起。对哲学的求助是范式转换的征兆[1]:首先,在哲学领域中,实践哲学并非马克思主义理论的原创,在亚里士多德、康德、费尔巴哈、黑格尔等的传统哲学家思想中,实践都是非常重要的话题与概念,继而在马克思、葛兰西、萨特、维特根斯坦等的现代哲学家那里被不断反思、继承而得以延续。以亚里士多德为起点,他将实践活动同理论哲学进行了区分,把实践等同于人类在伦理和政治中的理性与善的行为,但他对理论哲学的重视程度要高于实践[2]。康德将人类的理性分为"理论理性"和"实践理性",认为"理论理性"关涉自然世界,而"实践理性"关涉伦理道德[3]。尽管康德首次将实践这一概念提到了非常重要的位置,但依然将它置于精神范畴内进行考察,视其为一种观念活动,而非马克思主义实践观中的"生活本身",因此康德的实践观是一种唯心主义实践观。费尔巴哈进一步批判了宗教和唯心主义哲学,在1841年发表的《基督教的本质》一书中提出包括人在内的自然界是第一性的,意识是第二性的,物质决定意识,意识是物质的反映,而人和人的思想都是自然界长期发展的产物。尽管他宣称在哲学中唯物

---

[1] 库恩.科学革命的结构[M].金吾伦,胡新和,译.北京:北京大学出版社.1962:91
[2] 亚里士多德.尼各马科伦理学[M].王旭凤,陈晓旭,译.北京:中国社会科出版社,2007:125-130.
[3] 康德.纯粹理性批判[M].邓晓芒,译.北京:人民出版社,1781:80.

主义才是最终的胜者，但他把人的本质看作一种被抽象的、无声的"类"联系起来的共同性①。费尔巴哈把人完全归属于自然范畴，将实践看作利己主义活动和感性直观活动，看不到人的生产实践，也没看到人与自然的实践关系，因此被马克思批判为"半截子唯物主义"。就此，以实践（生活）与理论（观念）孰为根本为异，便形成了"实践哲学"与"理论哲学"两种思想范式②。

其次，在西方社会学领域中，一直存在两大范式：一个是强调结构的结构功能主义范式；另一个是强调个体行动的阐释主义范式。随着人类生产实践的发展：一方面社会中行动要素不断增多；另一方面社会结构不断朝着多维多重的更复杂的系统重构，传统的两个二元对立的社会学理论范式的解释均出现了不同程度的失灵现象，社会学家们为了让观念不被社会实践甩在身后，近几十年来都心照不宣地朝着"实践范式"转向。总的来说，实践转向"指的是当代思想中的一种一般趋势，它指通过、或借助于、或依据某些实践的概念来思考人类生活特别是社会生活的机构和运转"③。其中吉登斯的"结构化理论"和布尔迪厄的"场域理论"最具想象力与影响力，两者的目光都聚焦在主体间性的实践关系。

"范式是一个成熟的科学共同体在某段时间内所认可的研究方法、问题领域和解题标准的源头活水。"④作为交叉性和应用性十分突出的新闻传播学，其在"实践范式"转向下的学科、学术与话语体系的重构自然受到众多学者的关注，其中英国学者尼克·库尔德利（Nick Couldry）提出的"媒介实践"理论最为突出⑤。该理论将媒介理解成一种实践行为而非文本或生产结构，它研

---

① 费尔巴哈.费尔巴哈哲学著作选集：下卷[M].荣震华，王太庆，刘磊，译.北京：商务印书馆，1984：503.
② 王仕民.简论马克思的实践范畴[J].哲学研究，2008（7）：30-33.
③ 夏兹金，赛蒂娜，萨维尼.当代理论的实践转向[M].柯文，石诚，译.苏州：苏州大学出版社，2000：2.
④ 库恩.科学革命的结构[M].金吾伦，胡新和，译.北京：北京大学出版社，1962：103.
⑤ 齐爱军.库尔德利：媒介研究的"实践范式"转向[J].山东社会科学，2017（1）：151-155+192.

究的是以媒介为面向的或与媒介有关的所有开放的实践行为类别,以及媒介在组织其他社会实践行为中所发挥的作用[1]。媒介研究的实践范式对当下深度媒介化社会中所发生的新闻传播活动现象具有广泛的解释力,并在理论层面具有将实证主义、批判主义和阐释主义三大传统新闻传播理论范式进行统合的统摄力。尽管具体的"媒介实践"理论也是来自西方学者的思考,但在中国近一百年的马克思主义新闻理论的社会实践历史面前,如此强调"实践"的媒介与传播研究路径,同样能够为我们探究中国自主新闻传播学知识体系的建构予以"实践范式"的启发。与此同时,西方学界思想范式的"实践转向"也为中国同世界交流、向世界贡献具有当代价值与世界意义的中国方案提供了难得的历史机遇。

四、中国百年的新闻传播实践史

中国近现代的新闻传播实践和学科学术活动已分别走过两百年与一百年的时间:1815年第一份中文报刊诞生,这是作为传播活动的中国新闻事业的开端;1918年北京大学新闻学研究会成立,这是中国现代新闻学以学科的形式开展研究与教学的起点。毋庸置疑,在中华民族伟大复兴与中国走向富强的百年历程中,新闻传播活动发挥了不可替代的作用。历史是实践的经验,也是实践的检验,中国百年的新闻传播实践史正是我们构建中国自主新闻传播学知识体系的资源、基础与宝贵财富。

从19世纪中叶以来,近代中国的新闻传播实践活动与理论发展始终以"启蒙变革"与"救亡图存"两个中华民族紧要的问题与目标为实践的起点。以梁启超、瞿秋白、蔡和森、徐宝璜、邵飘萍等为代表的早期报人和新闻研究者,或以传播实践或以理论生产的方式,探寻着中华民族的启蒙与救亡的出口。中国近现代新闻人在时代之问与中国之问下自觉开启了中国化的新闻

---

[1] 库尔德利.媒介、社会与世界:社会理论与数字媒介实践[M].何道宽,译.上海:复旦大学出版社,2014.

事业活动与知识体系构建的历史进程。

在延安时期，无产阶级革命家继承并创新发展了马克思主义新闻观。毛泽东同志在《对晋绥日报编辑人员的谈话》中讲道："报纸的作用和力量，就在它能使党的纲领路线，方针政策，工作任务和工作方法，最迅速最广泛地同群众见面。"①关于新闻工作，以毛泽东同志为代表的中国共产党的新闻事业注重调查研究，崇尚实事求是，在遵循实践规律基础上，坚持新闻工作群众路线，强调坚持党性原则，提出了例如"政治家办报""群众路线"等适合中国国情的新闻思想理论。中国马克思主义者始终认为，新闻实践是无产阶级政党为无产阶级和社会主义服务、为实现斗争目标与革命理想开展工作的有力武器，而非专业主义的理想或纸上的空谈，这是马克思主义实践观与新闻观内生相容的必然结果。

中华人民共和国成立以来，中国共产党继续将马克思主义理论同中国国情进行创新结合，用实践带领中国人民走出了中国式复兴之路——中国特色社会主义道路。在党的领导下，中国的新闻事业坚持马克思主义实践观与新闻观，紧扣国家发展总目标，通过不断反思教训与总结经验，逐渐形成了适合中国国情的新闻工作规范、思想理论体系与新闻学学科体系。

20世纪80年代初传播学正式从西方舶来进入中国，在学科建制上最终同具有中国特色的新闻学接壤联姻。至此，在中国与西方在历史、文化与社会制度皆有差异的现实背景下，西方传播学与中国新闻学两个既有逻辑内嵌又有范式差异的学科，在中国特色的新闻传播实践中并肩走过了40多年。其间，两个学科在学科、学术和话语三大体系层面上的摩擦与融合从未停止，延续至今。"与国家同命运，与时代同进步，与社会同发展"②，这是中国百年新闻活动与研究的基本特征，理应成为传播学在中国脉络中发展的基本要义。中国新闻传播学界在1982年提出的"系统了解，分析研究，批判吸收，自主创造"16字方针下，不断从全球范围引入新范式与新理论，通

---

① 毛泽东. 毛泽东选集：第4卷［M］. 北京：人民出版社，1991：1318.
② 郑保卫. 中国新闻学百年回望与思考［J］. 新闻与写作，2018（1）：5-15.

过辩证唯物主义方法论在"神话西方与祛魅西方"间不断反思再反思、批判再批判。由于新实践与新问题的不断涌现,新闻传播学学科在2022年进入了"守正创新、融通中外、根植实践、引领时代"的发展新阶段。新的指导思想遵循了问题导向、实践为先、价值引领、回应现实的马克思主义实践观。

新世纪以降,历史来到"百年未有之大变局"的关键转折点,空间上发展了数字化、网络化、全球化的网络世界与平台社会。在这样的时空之内,人类的生产消费方式、社会结构形态、民族国家边界、政治民主形式、全球治理道路、经济运行模式以及各种文化思潮正一起加速变革,相关的知识体系随之在全球范围发生范式转化。随着媒介技术的加速革新,社会媒介化与媒介社会化同时发生,新闻学的研究对象早已不再局限于"新闻活动",传播学所关切的问题原本就宽深于新闻学,如今的"媒体与传播"也在各种意义上与工业时代迥然不同。新时代,新闻传播学的研究对象发生了社会化转向,从停留在事业、行业与职业的新闻传播领域这一单一的"中层"对象,开始进一步"上升"与"下沉"①。上升至更宏观的新闻传播活动与全球化、全球治理、人类命运共同体等人类社会整体发展的关系领域;下沉至更微观的新闻传播活动与人类日常生活的关系领域。在生活实践层面,新闻传播活动随着数字化、网络化、平台化技术的发展,正在逐渐成为政治、经济、文化、管理、艺术、外交、军事等人类社会各种活动与关系的基础逻辑。理论源于实践,也要改造实践。在学科学术层面,新闻传播学自然而然地与社会学、哲学、政治学、经济学、管理学、艺术学、外交学、军事学等发生交叉渗透,并且与计算科学、脑科学、人工智能等自然科学也产生重要关联。由此可见,新闻传播活动几乎泛化在真实与虚拟和宏观、中观和微观的人类一切社会活动及关系之中。可以说媒介逻辑几乎成了个人日常生活、社会结构关系和世界人类命运共同体紧密关联的"纽带逻辑"。新闻传播学科本就是多学科领域交叉的学科"十字路口",在今天更是以超强的渗透性成为多学科学术创新发

---

① 杨保军.当代中国新闻理论研究的"上升"与"下沉"[J].新闻大学,2021(1):1-10+117.

展的广袤田野与实践出口。从某种意义上说,理论与实践范式的转型升级与更迭意味着一种力量在转化,也代表着一种价值在转化①。今天,中国有引领全球数字化、网络化、平台化和媒介化新闻传播实践之势,这是构建中国自主新闻传播学知识体系的现实召唤,也是中国百年新闻传播实践经验发挥作用的重要时刻。

五、作为国家战略的知识体系建构

从系统论看,人类世界是一个巨大的复杂系统,任何一门社会科学的知识体系或学科体系都是国家、社会或人类世界大系统中的一个子系统。纵观世界,新闻传播学的知识从来都不是纯粹概念范畴的问题,学科知识内容与社会结构、国家制度和具体国情息息相关,绝非纯粹理论的"学术共同体"或个人化的追逐"职业学术理想"的"学术孤岛",它源于人类的传播实践也要被用于改造传播实践。回顾历史、关切当下、面向未来应当是任何知识体系的全部结构;问题导向、价值引领、回应现实、实践检验应当是任何一门学科被我们从整体生活中区隔出来的目的与意义。

在全球化与逆全球化同时发生的当下,"民族国家"这一概念丝毫没有退场的迹象,虽然"科学无国界",任何学科都应当关心关乎人类共同命运的话题领域,但无论从何种层面考虑,作为社会性动物的人类一定是有民族国家共同体的归属诉求和价值倾向的。"一个学科如果对所在国家和民族都没有作出重大的贡献,就不会获得本国政府及社会的高度评价,更不可能得到国际社会的广泛认可"②。作为国家发展战略体系的重要组成部分,加快构建中国自主哲学社会科学知识体系是坚持和发展中国特色社会主义的一项重要任务。在火热的传播活动与媒体实践现实召唤下,从中观层面的新闻职业、行业与

---

① 胡正荣.从"规范化"到"策划引领"再到"价值建构":新闻传播学学科发展与《新闻与传播研究》办刊追求[J].新闻与传播研究,2022,29(1):5-10.
② 刘国瑜.世界一流学科建设:学术性与实践性融合的视角[J].现代教育管理,2018(5):19-23.

事业向人类宏观与微观世界的实践渗透融合，新闻传播活动正持续引发学术层面的多学科交叉融合，并为各学科发展持续提供想象空间。新闻传播学逐步走入哲学社会科学大舞台的中央，以突出的实践性成为哲学社会科学发展创新的开路先锋。综上所述，丰沃的实践土壤、多学科的理论交融和党与国家的政策引领，这些外在条件共同为加快构建中国自主新闻传播学知识体系提供了天时、地利、人和的时代机遇。同时表明，中国新闻传播自主知识体系与其他学科共同肩负着坚持与发展中国特色社会主义的重大责任。从国家发展战略的视角看，新闻传播学在宏观层面可以为国家治理、建设中国式现代化、践行中国式全过程人民民主和构建人类命运共同体等提供来自媒体与传播的理论支撑；微观层面可以为社会生活中的个人与集体提供在面对各种需求与问题时应掌握的动态媒介素养、媒介实践指导与价值引领。关于学术活动和国家政策与口号的关系，这里我们必须澄清，我国国家政策与口号是在坚持唯物辩证法和历史唯物主义基础上，将中国经验提炼总结为马克思主义中国化系统的理论成果，是中国实践发展的科学支撑与价值引领，也是哲学社会科学学界的重大课题。自主知识体系的建设并非只是一门学科的问题，而是一个国家自主发展的问题，和保障国家粮食安全就"要把饭碗牢牢端在自己手中"一样，要保障与坚持我国国家道路、理论、制度、文化长期安全与长久自信，就必须把知识体系的建设牢牢掌握在自己手里。

当下中国新闻传播学学科体系建设的很多基础与来源，并非来自对中国现实问题和重大问题的研究。要夯实实践的根基，中国自主新闻传播学的学术研究与学科建设须做到"三个面向"：面向学科重大议题、面向国家重大战略、面向实践重大问题。实践重大问题是前两个问题的基础，因为国家重大战略是基于实践所提出的重大问题制定而成的；而真正学科当中有价值的重大议题往往也是基于实践和国家重大战略而被推进的，所以传播学中，如科学传播、发展传播和健康传播等研究议题的诞生与推进，都是基于国家的重大实践问题和国家的重大战略而生成的学科新的增长点。具备这样的学术感触，就需要学者拥有学界和传播业界的跨界经验。实现新闻传播研究朝着"三个面向"转型的关键在于研究者要扎根基础研究、了解国家政策、知晓实践动态和把握核心问题。

六、体系建构的内卷倾向与三种导向

经过多年的批判吸收，学界对新闻传播学的脉络已经达成共识，无论是从德国兴起的新闻学还是从美国与欧洲兴起的传播学，实际上都是为了研究西方世界的在地问题、在地政策、在地实践以及在具体时代语境中他们国家面临的一些重大挑战而慢慢兴起的学科。不难发现他们学科体系的完整性是跟当地实践紧密关联的。如此看来，结合中华人民共和国成立七十多年的历史实践，特别是改革开放四十多年来如火如荼且多元丰富的新闻传播实践，中国自主新闻传播学知识体系也需要从回应这样的现实问题而进行建构。但现阶段，我国新闻传播学研究存在一种日益"内卷"的倾向，有相当一部分新闻传播学的学术研究日益以文献为中心和以文献为导向，或者说得更严重一点，有些学者、学子写文章、做研究从论文选题到研究方向，甚至确定自己的学术兴趣，均以在 CNKI 上获取的数据为全部研究的基础。这样内卷式的研究，对于新闻传播学的发展是致命的，因为新闻传播学是一个应用性非常强的学科。

反观美国和欧洲一些国家，大多数高校的新闻传播学是被归类到 professional schools 而非 academic schools 的，新闻传播学基本上与法学、商学、医学等一样同属于应用型学科。这种应用型的学科，如果以文献为导向进行选题，必定无法解决现实的问题。在中国新闻传播学的学科建设上类似的问题也非常突出：要不就是内卷，要不就是对西方成型的新闻传播学的理论拿来就用，不分语境套用中国实践。这种内卷式的新闻传播学研究尽管在研究方法、研究流程和研究规范上可能没有问题，但是，在研究发现和结论上不会有所建树这就是为什么很多学术研究的学术性已经足够，但思想性和创建性却严重不足。

为避免学术内卷，我们有必要在建构中国自主新闻传播学知识体系的关键时期提出"三个导向"：第一个是实践导向。中国尤其在改革开放四十年来的新闻传播实践是异常丰富的，无论媒体还是与媒体相关的传播活动，其活跃度、丰富度、复杂度和多样性在全世界范围都难寻其二。第二个是问题导向。问题导向就意味着在关注新闻传播学研究对象时，不应过度从媒介或介质的角度去关注，而应更多从跨学科角度去关注实际问题。在学科交叉地带形成的问题意识对构建自主知识体系是非常有价值的，如健康传播就是一种问题导向研究。第三个是价值导向。价值导向决定了学术研究的思想性，没有思想性的学术研究只能停留在字面之上，是学者们孤芳自赏的一种学术推演或者某种意义上的"学术八股"，缺乏思想性和价值性。

七、转化：自主知识体系建构的关键

人类社会的知识体系可以分为两部分：一是不可转化的知识体系，这部分是完全内化的知识。二是可转化的知识体系，特别是哲学社会科学的知识体系大多数是可以转化并需要转化的知识。在英语世界中经常出现 transferable（可转化）一词，如果一种知识不是 transferable knowledge（可转化的知识），既不提供 answers，也不提供 solutions 的话，那它就不可能为人类解决问题提供可实践的方案。新闻学与传播学诞生之初就是一种可转化的知识，它的知识体系需要从实践到理论再到实践，让实践与理论提供相互的解决方案。实际上，实践、学科和专业三者之间是一个密不可分的 transferable 系统：首先，学科实际上就是由理论和方法共构而成的知识体系，而实践是理论和方法的来源。在传播学萌芽时期，从初期的拉斯韦尔、拉扎斯菲尔德、霍夫兰等到中期的勒纳、施拉姆、罗杰斯等，再到现当代学者如卡斯特提出的"网络社会"理论等，无一不是来自对实践问题的认真梳理。学科实际上就是基于实践而形成的一套对外部世界的认识体系。学科形成之后就会逐渐生成一个专业体系。所谓专业体系，就是把知识转化为一套培养专业人才能力的体系架构，主要是通过专业目标、专业课程和专业人才培养过程与模式来实现的，最终目的是培养出从本科到博士的专业学生。专业体系最终要转化为能力体系，专业培养出来的人是要通过所掌握的能力回归实践的，因此实践是对专业体系以及知识体系的检验。学科、专业和实践之间形成"转化关系",即实践系统向学科系统转化、学科系统向专业系统转化、专业系统再向实践系统转化,这就形成了中国自主新闻传播学知识创造、生产、应用与检验的闭环。这个闭环的运行需要具体落实到以下四个转化。

(一)中外理论间的转化

中国新闻学通过百年实践具有了较为鲜明的中国特色,尽管传播学被引入中国后一直处在"西学东渐"的状态中,但在多年的批判吸收后学界逐渐达成一个共识:社会科学理论兼具时空脉络的特殊性与普遍性。但苦于适配中国脉络与国情的自主传播学知识体系的缺失,传统传播学在解释中国特色的传播实践问题上一直"水土不服"。我们在明知传播学的基础理论发轫于西方资本主义意识形态与核心利益的时空脉络的情况下,依然无法对其割舍,就是因为它在大众传播时代的解释力具有普遍性。因此,西方社会脉络的特殊性与传播规律的普遍性同时内隐于传统传播学的基础理论,即使中国学者有"理论旅行"的自觉,但在使用理论解释在地经验时,也仍无法避免地会进入传播学理论"胎生"于的西方语境框架与范式之中,于是就出现了用"中国经验"当作西方理论的"注脚"、用西方理论生搬硬套中国实践甚至神话西方理论普遍性的学术风气。"只有改变游戏规则,才能得出另一个选择。"[①]今天的中国,是以"启蒙变革"与"救亡图存"为起点,在中国共产党领导下将马克思主义理论结合中国国情不断实践创新的中国;明天的中国,是通过建设中国式现代化和践行全过程人民民主,为全面推进中华民族伟大复兴而奋斗的中国,是在历史逻辑、理论逻辑和现实逻辑基础上,坚持和发展中国特色社会主义道路的中国。这是构建中国自主传播学知识体系最基本的历史脉络和时代语境。"在不同的从事科学的方式中必须做出选择,而在这种情况下这种选择必然是要取决于未来的前景。"[②]任何革命性的新技术、风靡全球的新文化思潮以及具有普遍性的外来理论都可能、可以、也应当成为拓

---

① 库恩.科学革命的结构[M].金吾伦,胡新和,译.北京:北京大学出版社,1962.
② 库恩.科学革命的结构[M].金吾伦,胡新和,译.北京:北京大学出版社,1962:157.

展中国新闻传播学学者与学子学术想象力的外因，但中国脉络与时代语境必须是构建中国自主传播学知识体系的根基。

"普遍性与特殊性间有辩证关系，社会科学是处理这种关系的一门艺术。"[①] 构建中国自主新闻传播学知识体系绝不是搞学术民族主义，"去西方化"也绝不是对西方理论的全盘否定，而是要承认包括新闻传播学在内的哲学社会科学是具有群体性、民族性与国家性的"价值""意义"与"意识形态"的。面对外来理论，首先用在地化本土实践去检验有效性，探究其中内隐的普遍性规律与意识形态或价值观，加以区分后再尝试将两者剥离，留下普遍性观念部分尝试解释与解决本地经验的问题，在这个逻辑下的"去西方化"首先是一个批判吸收的过程，然后以衍生的形式创新改造出新理论，再拿去在世界范围内进行检验，同外国学者交流。真正具有普遍性的理论一定是经历过世界范围反复实践、反复改造、反复验证的理论。例如，在《报刊的四种理论》一书的基础上衍生出适合不同国情与阶段的发展理论、新自由主义社会理论等，这其实就是理论对话过程，也是理论最大的意义：启发性。所谓"中国特色"知识体系，一方面指从中国国情出发回应中国之问与人民之问；另一方面指从中国的视角回应世界之问与时代之问。中外理论之间的转化要做到"一方面拒斥普适性的帝国主义，一方面排除特殊性的偏狭主义"[②]，否则可能一事无成。理论的特殊性与普遍性之间具有一种辩证关系，同时具有程度关系，在马克思主义实践观之下，理论之间存在层次、类别与维度的区别，对理论范畴化来说同样至关重要。

（二）实践与理论间的转化

当下中国新闻传播学处在转型迭代自主创新的关键机遇期，从全球发展与时代脉络看，人类社会正在进入后全球化时代，全球化、逆全球化与全球

---

① 李金铨.在地经验，全球视野：国际传播研究的文化性［J］.开放时代，2014（2）：133-150+8.

② 李金铨.在地经验，全球视野：国际传播研究的文化性［J］.开放时代，2014（2）：133-150+8.

主义、新全球主义，工业革命4.0、全球治理模式4.0，平台经济、平台社会与平台媒体等问题和议题均与传播实践活动息息相关；从中国发展的时空方位看，当代中国的综合国力通过百年实践取得了巨大提升，硬件实力跻身全球前列，媒体融合、平台社会与数字中国等新型传播实践与形态发展如火如荼。媒介实践活动在今天已"上升下沉"贯穿人类生活的多维领域，不断引发对哪些是新闻传播学的研究对象、研究问题、应用实践领域等理论根基的反思和讨论，这对全球新闻传播学固有的知识体系是前所未有的冲击。受"实践转向"与"媒介实践"理论的启发，面对不断社会化与全球化的新闻传播活动，中国新闻传播学亟须在马克思主义的实践范式下通过打造融通中外的新概念、新范畴与新表述构建自主的新闻传播学知识体系。在理论与实践的转化过程中，政治秩序、经济模式、社会建构与文化形态都需要进行重塑与重建。中国新闻传播学领域的专家学者必须对传播实践的流变做出理论的回应，自觉回答中国、世界、人民与时代之问，以问题为导向，以解决为目标，以转化为方法。中国新闻传播学研究范式的"实践转向"有马克思主义作为理论性的保证，有唯物主义辩证法作为方法论的保证，我们可以放心大胆地将"实践性与应用性"视作中国新闻传播学学科的主体性特征。以此为前提，中国自主的新闻传播学理论应当来自实践的转化，而具体的新概念、新范畴与新表述也应能够转化为相应的解决方案，"我们需要一整套中观的概念，才能把握媒介嵌入深层社会空间所产生的秩序和无序的理论问题"[1]。中国新闻传播学自主知识体系需要能够转化为适配时代语境与在地经验的、同时具有世界普遍意义的解决方案：既包括能够转化为各层面媒介实践的指导思想、核心观念和基本原则的宏观概念，也包括能够转化为具体策略、路径与步骤的中层理论和能够转化为指导个人日常生活媒介实践的微观理论。

---

[1] 库尔德利. 媒介、社会与世界：社会理论与数字媒介实践[M]. 何道宽，译. 上海：复旦大学出版社，2014：25.

（三）多学科知识间的转化

《易传》："易有太极，是生两仪，两仪生四象，四象生八卦。"世界本是浑然一体，是人类通过发明学科与专业才将世界抽象化、概念化和范畴化的，各种身份（identity）与特点是在整体基础上进行分别化而形成的。在媒介化社会中，人类的政治、经济、社会、文化、外交甚至哲学都无法完全脱离具有统摄性的媒介实践的影响，媒介逻辑本就是建设数字中国、平台社会与"元宇宙"的基础逻辑之一。从实践出发，面向未来，构建中国特色新闻传播学知识体系必然要考虑如何同关联学科进行交叉融合与知识转化的问题。关切当下，人类实践的轨迹似乎正是朝着生活原初的样子向前奔赴的。回到起点看问题，我们就能明白学科融合并非"特殊"现象，而是生活世界对"回归"整体的召唤。这种"回归"不是要重回混沌，而是一种面向未来大道至德的实践，是在承认世界同一与辩证统一的基础上顺应"天道"的融合式发展，而融合的关键在于学科间知识的转化。从认识论层面看，也可以理解为将对理论的态度从本质论转向为过程论；从工具理性看，区别各学科在哲学社会科学领域中不同的主体性是发现世界的效率保证；从价值理性看，这绝不是解释与启发人类社会发展的最重要的环节。未来新闻传播学的发展需要从寻主体、划边界、守城池的固化的学科学术观念转向多元对话、开放转化、价值关联的实践范式。在过往的学术融合实践过程中已经有不少案例表明，多元交叉之处最可能是发展创新的突破点，传播学在诞生之初就被施拉姆描述为一个具有多学科交叉特质的知识领域，而新闻学素来也有杂学之称，新闻传播学在媒介技术加速革新的时代自然成为哲学社会科学中最具创新引领性的研究领域。因此，中国新闻传播学自主知识体系的构建要从实践范式出发，重点关注交叉融合之地，将"媒介转化"或"媒介实践转化"作为自主知识体系创新发展的重要路径，通过发挥实践引领的学科特质同关联学科进行知识的创新融合与转化，从相对成熟的中国特色学科领域中汲取营养，中国特色社会学已经取得许多扎根中国实际的原创理论成果，如"乡土中国""差序格局""小城镇理论"等，都是能够直接或间接启发中国自主新闻传播学理论生成的肥沃土壤与实践田野。至于所谓的学科主体焦虑和学术身份认同问题只是学科建制的副产品，实践表明新闻传播学不是一门学科的自娱自乐。有志于构建中国自主新闻传播学知识体系的学者与学子，需要勇于、乐于和善于在交叉碰撞中创新、在开放包容中治学、在多元视角下求真，积极拥抱现实生活和整个哲学社会科学这一更大的共同体，锻炼出构建中国自主新闻传播学知识体系必备的多领域知识转化的能力。

（四）机制与评价的转化

实践是建构知识体系的源头与出路，新闻传播领域的人才培养要根基于实践、检验于实践。中外理论间的转化、实践与理论的转化、学科间知识的转化都需要落实在具体的科研活动与教育之中，最终落实在人的实践。在力量转移与价值转移的时代语境中，中国新闻传播学术与教育的观念、措施与评价需要在马克思主义的"媒介实践范式"之中进行重新设计：首先，随着全球化的深入，各种后现代思潮全球流动，尽管马克思主义理论地位不可动摇，但价值观多元化也势不可挡，来自世界的各种思想与观念在为中国自主知识体系的建构提供更多理论资源和想象空间的同时，时常会引发尤其是青年学者与学子在坚持社会主义核心价值观方面的失焦现象。发展中国自主知识体系，既不能崇洋媚外，也不要妄自菲薄，必须坚持中国特色社会主义道路自信、理论自信、制度自信、文化自信，否则就会迷失方向。这里绝非提倡"偏狭的民族主义"学术实践，而是提醒要谨防"普适性的帝国主义"，要自觉识别外来理论与概念背后的语境脉络与文化肌理，保持"在地"与"全球"的随时互动①，用辩证唯物主义方法论将西方理论融合转化进适配时代语境与中国国情的中国新闻传播学知识体系之内。其次，中国自主新闻传播学知识体系构建除了需要成熟的专家学者的当下的学术贡献，更需要关照对下一代的教育与脉络的传承。具体来说，应以对"政产学研用"之间系统协同

---

① 李金铨，於渊渊. 传播研究的"跨界""搭桥"与"交光互影"：与李金铨教授谈方法论［J］. 新闻记者，2018，（7）：42-52.

创新关系的重新思考与重新设计为落实改革的出发点,对新闻传播学学术规范与教育教学机制进行实践范式的革新。当下全球知识界正经历着向后科学知识社会学(Post-SSK)的转向,其中"文科实验室"受到广泛重视,这种尝试为多元维度与力量的行动者提供了一种合理协商对话与系统协同创新的有效机制[①],并逐渐成为未来学科"内生与外向"发展兼备的重要机制。我国教育部社会科学司提出:"重点支持建设一批文科实验室,促进研究方法创新和学科交叉融合,引领学术发展。"2019年,科技部批准建设成立了"媒体融合与传播国家重点实验室""传播内容认知国家重点实验室""媒体融合生产技术与系统国家重点实验室"和"超高清视音频制播呈现国家重点实验室"四家媒体融合国家重点实验室。这样同时面向"政产学研用"的具有平台特征的机制机构,使在实践中研究、在实践中教学、在实践中发展和在实践中检验的创新式项目化学科发展得以实现。"文科实验室"是一种回应实践趋势并专注于"交叉领域"的机制载体,对于构建中国自主新闻传播学知识体系来说,它为中外理论文化沟通、多元学科交叉融合、理论与实践转化等活动的发生提供了机会与平台,这种创新机制可以在全国范围进行分层分类建设推广,逐渐形成立体系统的项目化学科体系。最后,评价体系是学科发展的"指挥棒",只有实践范式的评价体系才能保证马克思主义的媒介实践成果。创新提升实践在学习学术评价体系中的重要性,用评价引领价值方向,引导学者与学子在科研学习过程中随时保持理论与实践的联动,通过扎根实践发现真问题,培养出更多具备发现价值和判断价值能力的"探究者"。只有重视重回历史现场、立足全球实践和面向共同价值[②],不忘本来,吸收外来,面向未来,才有可能不断培养出具有正确价值观、认识论与方法论的中国新闻传播学人才队伍,才有可能构建出具有时代意义和当代价值的中国自主新闻传播学知识体系。

---

① 解志韬.后科学知识社会学视角下的文科实验室:转向、定位与进路[J].探索与争鸣,2022(6):170–176+180.
② 胡正荣,王天瑞.能力与价值:新时代国际传播人才队伍培养的关键[J].中国编辑,2022(8):45–51.

八、自主知识体系建构的取法于上

中国新闻传播学的学术研究若脱离实践远离行业，只会成为象牙塔中一套封闭的、内卷的学术游戏，这种现象给我们敲响了警钟。在今天现实世界的政治、经济、社会、文化、媒体等领域和层面的实践中正发生着价值转移与力量转移，各种关系重塑、秩序重构、格局重组和底层逻辑变化，而这些转移、重构与变化都是知识体系形成过程中概念化（conceptualize）、范畴化（paradigmization）、框架化（framing）和普遍化（generalize）的真正缘起和基础。一个合理的知识体系和理论方法的形成，首先需要概念化，概念是对现实实践问题的一种抽象。当实践概念化为理论后便具有了复制的可能性，随着研究的不断深入与拓宽，理论的外延覆盖面也随之拓展，逐渐范畴化，在已有的范畴基础上会衍生更多的范畴，当理论不断框架化后，其中的普遍意义也会在讨论中显现，逐渐兼具在地意义与普遍意义。

要让新闻传播学的理论具有解释力和生命力，让新闻传播学学科在哲学社会科学之林中具有合法性和重大影响力，就需要在以下四个层次上下功夫：第一个层次，是研究成果要在信息层面具有影响力，也就是学科的论文或者研究课题至少在学界被人转引，这是最低要求；第二个层次，是研究成果要在认识问题、发现问题和解决问题上对学界和实践界都能产生认知上的影响；第三个层次，是在对认知产生影响之后，还能够对整个行业与整个学科未来的走势与走向形成研判意义上的影响；第四个层次，就是能在国家决策层面产生影响，如美国的健康传播、科学传播以及其他众多分支学科的研究实际上不仅是学术圈内的你引我引他引的内卷，而是最终都逐层影响到学界、业界与国家层面的认识、研判与决策。

引用唐太宗李世民《帝范》中的话："汝当更求古之哲王以为师，如吾，不足法也。夫取法于上，仅得其中；取法于中，不免为下。"应用性是新闻传

播学的底色，其学科的合法性本就是建构在学者业者共同努力的基础之上的。中国的新闻传播学研究只有基于实践，致力于从影响学界认知，到影响业界研判，再到影响国家决策的高度，才有可能迎来新闻传播学在整个学科领域中的重大影响力和可持续发展的价值与意义。

中国特色新闻学"三大体系"创新路径与自主知识体系建构*

党的二十大报告指出,要加快构建中国特色哲学社会科学学科体系、学术体系、话语体系。2016 年,习近平总书记在哲学社会科学工作座谈会上的重要讲话中明确指出,要按照立足中国、借鉴国外,挖掘历史、把握当代,关怀人类、面向未来的思路,着力构建中国特色哲学社会科学,在指导思想、学科体系、学术体系、话语体系等方面充分体现中国特色、中国风格、中国气派。[①]2022 年,习近平总书记到中国人民大学考察调研时强调,加快构建中国特色哲学社会科学,归根结底是建构中国自主的知识体系。[②]这些给构建中国特色新闻学学科体系、学术体系、话语体系等"三大体系"指明了方向。面对国内外环境和媒介生态的大变局,我们需要进一步明确构建中国特色新闻学"三大体系"的创新面向和改革方向,从普遍性与特殊性结合的视角入手,着力构建中国特色新闻学自主性知识体系。

---

* 本文原载于《中国出版》2022 年第 20 期,与叶俊合作,收入本书时,略有删改。
① 习近平在哲学社会科学工作座谈会上的讲话[EB/OL].(2016-05-19)[2022-10-16].http://news.cnr.cn/native/gd/20160519/t20160519_522183164.shtml.
② 习近平在中国人民大学考察时强调 坚持党的领导传承红色基因扎根中国大地 走出一条建设中国特色世界一流大学新路[EB/OL].(2022-04-25)[2022-10-16].https://www.gov.cn/xinwen/2022-04/25/content_5687105.htm.

一、中国特色新闻学"三大体系"的创新面向

在世界格局的大变局时代,中国正向第二个一百年和中华民族伟大复兴目标迈进,互联网、大数据、人工智能等新技术促使媒体格局、舆论生态和传播方式发生巨变。无论是担负时代之责,还是回应实践之需,都需要业界加快建构中国特色新闻学"三大体系"。从时代赋予的使命来看,中国特色新闻学"三大体系"的创新发展必须坚持"三个面向"。

(一)面向学科重要基础与重大前沿

自新闻学进入中国以来,本土化一直是新闻学的重要议题。在经历100多年的发展之后,中国新闻学基于中国历史文化和新闻实践,不断吸收各个学科的理论,初步建构起一个较为系统的新闻学理论体系,并在本土化中探索中国特色新闻学的建构。而建构中国特色新闻学的核心是"三大体系",这需要把学科重要基础理论和重大理论前沿作为抓手,扎牢学科发展的学术根基。

学科重要基础理论是学科发展的基础。在"三大体系"的建构中,马克思主义新闻学是中国特色新闻学研究的基础、核心和应然政治身份。目前学界的马克思主义新闻学研究需要加强原创性,增强主体性身份,从哲学、历史学等多学科角度,深化和提高马克思主义新闻学研究的深度和广度,生产有较大学术知识增量的精品,尤其是要总结区别于一般新闻学、西方新闻学的"马克思主义新闻学"的身份特质,对该领域争议的基本问题加以澄清,推动形成逻辑自洽的、具有原创性和主体性的学术体系。同时,需要创新中国特色传播学体系,在普遍性和共通性的基础上,基于中国本土建立中国特色传播学,强化概念和范畴、范式和理论的原创性以及知识生产的体系化、全球贡献和认同。要面向中华优秀传统文化,对中国特色的传播思想、传播现象、传播媒介进行挖掘、阐释或知识考古,从中国经验出发探索新的阐释框架,探索具有中国特色的传播学概念、范畴、话语,从而构建具有原创性

理论框架的中国本土传播学研究。①

重大前沿理论议题是构建中国特色新闻学"三大体系"的时代要求和现实路径。随着数字化、网络化、智能化的发展，新闻传播学面临新的理论逻辑，其核心概念与范畴、基础理论与研究范式、学科与专业体系等亟须反思和创新。尤其是新一代信息技术打造了网络社会，驱动了传播格局与媒体形态及其与外部环境关系的巨变，这种新格局、新形态、新关系要求新闻传播学要有系统性、本质性的重大革新。回应这样重大的革新，需要新闻传播学学术共同体基于数字社会逻辑展开广泛、深入、系统的研究，重视能够构建基本概念、基础理论的本土化、原创性、创新性基础研究。

（二）面向国家重大战略

面对世界形势的新变化和国家发展的新目标，中国特色新闻学不能囿于自身理论圈子，而要面向国家重大战略，在国家发展中承担起新闻传播学的职责使命。在复杂的国内外环境中，国家治理能力与治理体系现代化成为时代议题，国家软实力和国际话语权则成为国际传播能力建设的战略目标。中国特色新闻学的"三大体系"建构要面向这些国家重大战略，在发挥新闻传播学社会功能的同时，筑牢新闻学作为对哲学社会科学具有支撑性作用学科的学科地位。

随着媒体融合的深度推进，媒体融合和国家治理能力与治理体系现代化成为一个重要议题。在此进程中，信息既是重要基础，也是核心要素之一。作为信息的主要载体，强大的传媒业可以助推国家治理能力与治理体系现代化。在互联网新技术的倒逼之下，主流媒体把推进媒体深度融合、构建全媒体传播体系作为转型发展的重要任务，打破了工业社会时期的媒体概念，塑造出的新型主流媒体成为社会治理的基本抓手，融入政治、经济、社会、文

---

① 胡正荣.从"规范化"到"策划引领"再到"价值建构"：新闻传播学学科发展与《新闻与传播研究》办刊追求[J].新闻与传播研究，2022，29（1）：5-10.

化的系统中。正因如此,媒体融合已成为一种强大的国家意志行为,嵌入第二个百年奋斗目标实现的进程中,成为国家治理能力与治理体系现代化的基础设施,在构建中国特色新闻学"三大体系"的进程中,需要主动回应这一战略议题,提升学科建设的认识层级和研究维度。

国际传播能力建设是新时代中国综合国力提升的重要战略要素。在高度全球化的时代,作为世界第二大经济体,中国正走向世界舞台中央,面临的国际舆论态势日益复杂。然而,中国的国际话语权还较为薄弱,国家形象塑造以"他塑"为主,如何塑造出"可信、可爱、可敬"的国际形象,成为新闻传播学助力国家迈向世界强国所面临的重大课题。这就需要加强国家传播能力建设:在理念上,以人类命运共同体作为国际传播观念的基础。作为一种"开放、包容、多样、平等"的文明观念,人类命运共同体冲破了20世纪文明冲突论和历史终结论所构建的世界文明秩序,这种基于尊重和对话的文明间性将是打破西方国家历经数百年打造的主导性话语体系的突破口,在国际话语权的博弈中起到根本性作用。在方式方法上,要丰富国际传播主体,打造国际传播平台,把握国际传播对象,讲好中国故事,提升国际传播效果。在学术研究上,要突破新闻学与传播学之间狭隘的关系之争,把中国特色国际传播理论体系作为中国特色新闻学"三大体系"的重要内容。尤其是面对西方主导的国际传播格局和国际传播理论体系,更需要加速构建融通中外的学术新概念、新范畴、新话语,赋予中国特色新闻学更广阔的国际视角。

(三)面向实践重大问题

新闻学是一门实践性很强的学科,必须面向新闻实践、指导新闻实践。与医学、法学等学科相比,目前新闻学在新闻业界中的指导性不强,新闻业界与新闻学界存在一定的隔阂。特别是在互联网新媒体发展中,实践走在理论前面,理论未能及时跟进,导致互联网新媒体发展一度处于失序状态。这就要求中国特色新闻学"三大体系"建设,要面向实践重大问题,回应新闻业界的困惑,并把新闻的社会功能纳入"三大体系"范畴,拓展中国特色新闻学的实践性。

互联网治理是当前实践面临的重要议题。无论是对党的治国理政还是新闻业的融合发展，互联网都至关重要。在构建中国特色新闻学"三大体系"时，要把互联网传播规律与善治作为重要研究议题：研究互联网传播规律，提出有助于互联网善治的理论依据与具体举措；研究重大突发事件的舆情传播、公众心理和应对模式；研究互联网空间的平台垄断、价值导向、网络谣言、隐私保护等新问题；研究智能传播、人机传播、元宇宙等新应用新趋势；研究国内互联网综合治理体系和全球互联网空间命运共同体建构等宏大命题。

中国是世界互联网应用大国，互联网对社会发展和日常生活产生了深刻影响，因此在构建中国特色新闻学"三大体系"时，要把数字技术与社会发展作为重要议题。从 5G、大数据、人工智能等技术对社会生活的影响，到各类突发事件的积极响应，再到弱势群体保护、公平正义维护等，都是互联网带来的新议题，需要我们结合数字技术与社会系统进行深入思考。面向这些重大社会问题，中国特色新闻学才能做到面向中国国情，面向社会发展需要，面向人民群众切身福祉，拓宽中国特色新闻学的研究视野。

二、中国特色新闻学"三大体系"的改革方向

在构建中国特色新闻学"三大体系"的进程中，已有学科范式、研究方法、理论框架等既是基础也是制约因素。为此，我们必须在传承的基础上，推进学科建构的思维改革。笔者认为，优化学科体系、强化学术体系、活化话语体系、深化社会贡献这"四个化"是当前推进新闻学深化改革的重要抓手。

（一）优化学科体系：交叉、协同、融合

中国特色新闻学现有学科体系中，总体学科设置思维较为落后。1997年颁布的《授予博士、硕士学位和培养研究生的学科、专业目录》中，文

学大类下设新闻传播学一级学科，二级学科设有新闻学与传播学两个学科。《研究生教育学科专业目录（2022年）》中，新闻传播学在大类上仍属于文学。而2009年更新的《中华人民共和国学科分类与代码简表》（国家标准GBT_13745-2009）中，新闻学与传播学作为一级学科存在，下设新闻理论、新闻史、新闻业务、新闻事业经营管理、广播电视、传播学、新闻学与传播学其他学科等专业（见表1）。

表1 《中华人民共和国学科分类与代码简表》中的新闻学与传播学专业设置

860		新闻学与传播学
86010	新闻理论	新闻学；马克思主义新闻理论；西方新闻理论；新闻法；舆论学；新闻伦理学；新闻社会学；新闻心理学；比较新闻学；新闻理论其他学科
86020	新闻史	中国新闻事业史；世界新闻事业史；新闻思想史；传播技术史；新闻史其他学科
86030	新闻业务	新闻采访；新闻写作；新闻编辑；新闻评论；新闻摄影；新闻业务其他学科
86040	新闻事业经营管理	传媒经济；传媒管理；新闻事业经营管理其他学科
86050	广播与电视	广播电视史；广播电视理论；广播电视业务（如广播电视采访、写作、编辑等）；广播电视播音；广播与电视其他学科
86060	传播学	传播史；传播理论；传播技术；组织传播学；传播与社会发展；人际传播；国际传播；跨文化传播；网络传播；新媒介传播；传播学其他学科
86099	新闻学与传播学其他学科	

这种把新闻学与传播学截然分开，突出广播电视学，忽视互联网新闻学的学科设置，显然是传统媒体时代的产物，带有工业化时代的烙印，不符合数字化时代的媒体生态，难以适应数字化、信息化环境中的新闻实践需求。尽管目前一些新闻院校已经开始增设网络与新媒体、数字新闻理论与实践等课程，但这种基于原有学科体系基础的修补，并未起到重构作用，优化中国特色新闻学学科体系任务仍然艰巨。在学科体系的优化中，要认识到新闻学的实践性较强、新闻实践嵌入社会系统、新闻业态已然发生巨变等现实问题，为此，应把交叉、协同与融合作为优化中国特色新闻学学科体系的关键。

交叉性，即中国特色新闻学学科体系要吸纳不同学科理论成果，在学科交叉中寻求学科体系的突破。新闻学与政治、文学、哲学、艺术、历史等学科关系密切，新闻理论是多学科交叉的结果。尽管重构新闻学和构建中国特色新闻学学科体系的研究成果较多，但其在教学体系、教材体系中并未得到很好体现，其原因主要在于学科布局较多采用新闻传播学的单一学科维度，运用传统报刊新闻学的框架设计学科体系。因此，构建中国特色新闻学，要在学科布局、理论框架和知识体系上体现交叉性和系统性，探索交叉学科和边缘学科的知识体系和教学体系。

协同性，即中国特色新闻学学科体系要鼓励不同学科之间的协作，在跨学科合作研究中寻求学科体系的融合。新闻学作为一门科学，是哲学社会科学的重要组成部分，新闻舆论工作深入社会系统的各方面，这是新闻学对哲学社会科学具有支撑性作用的重要原因。同时，新闻学的研究理论很多借鉴了其他学科，研究方法以其他学科的研究方法为主，研究对象也和其他学科有诸多交叉之处，需要跨学科的协同研究。为此，应鼓励新闻学与计算机科学、社会学、政治学、经济学、法学等多学科的学者合作，从而使相关研究结论形成学界共识，为中国特色哲学社会科学作出知识贡献。

融合性，即中国特色新闻学学科体系要打通不同媒体之间的边界，在数字化思维中寻求学科体系的重构。新闻学学科体系内部的二级学科、三级学科之间的关系模糊不清，且未能体现数字时代的新闻学范式变化。同时，融合媒体面临着各种新的问题，急需运用融合思维、融合文化，对学科体系再造予以回答。这既是加快构建中国特色新闻传播学"三大体系"的内在需要，也是丰富数字时代新闻传播实践的理论基础，充分体现了新闻学研究中的中国主张、中国智慧、中国方案。

教材体系是构建中国特色新闻学学科体系的重要动力。当前，新闻学的教材主体部分依然是新闻史论＋新闻业务，而新闻业务教学仍以传统的采写编评为主，数字媒体、融合新闻、数据新闻、视听传播、国际传播等重要议题处于边缘化地位，未能进入学科体系设计之中。对中国特色新闻学学科体系建设来说，教材体系不及时革新，学科体系就会失去后劲。为此，在构建中国特色新闻学学科体系时，要把教材体系建设作为突破口，形成适应中国新闻实践要求、立足国际学术前沿、二级学科与三级学科布局合理的教材体系。

（二）强化学术体系：基础、前沿、问题

中国特色新闻学学术体系是整个学科创新发展的核心部分，没有学术体系的支撑，学科体系和话语体系就会失去创新动力。目前，中国特色新闻学学术体系基础部分不够厚重，前沿部分不够深入，问题意识不够强烈，导致学术研究出现炒冷饭、追时髦的现象。为此，需要强化中国特色新闻学学术体系建设，围绕基础、前沿和问题对已有学术体系进行重组。①

基础性研究是学术体系建设的根本所在。具体而言，中国特色新闻学学术体系建设应加大马克思主义新闻观研究、中国共产党新闻传播历史研究、中国特色新闻学理论建设、新时代中国特色新闻传播实践研究以及中华优秀传播思想与历史研究等，加强习近平新时代中国特色社会主义思想在新闻学中的指导与运用。同时，要加强新闻学基础理论研究，深入系统地研究新闻学的基本概念，深挖基础理论的规律性，夯实新闻理论研究方法，提升新闻理论的逻辑性和学理性，提高基础理论的适用性，为构建中国特色新闻学理论大厦打下扎实基础。

前沿性研究是学术体系建设的发展空间。随着媒介生态和新闻业态的数字化、网络化、智能化发展，中国特色新闻学学术体系的研究对象和底层逻辑已发生改变，新闻学面临着理论体系再造的现实挑战。为此，必须加强对新闻传播的新现象新问题研究，探索学科的前沿理论，构建有别于工业时代的新时代新闻传播学学术逻辑和学术范式。具体来说，有必要加强对数字新闻理论、传播与国家治理、国际传播、媒体融合与全媒体建设、互联网治理等前沿议题的研究，并从中探寻中国特色新闻学学术体系的发展空间。

问题意识是学术体系建设的创新之源。新闻业正处于社会环境与媒介环境大变化的时代，且新闻业已嵌入社会系统的各方面，因此新闻学研究对象十分广泛。无论是自身理论演进还是在与社会联系时所引发的各类社会问题，

---

① 胡正荣.加快构建中国特色新闻学"三大体系"[J].青年记者，2022（4）：4.

都需要新闻学的介入，从新闻、传播、舆论、宣传等视角进行深度解读或提出对策建议。因此，构建中国特色新闻学学术体系，要以问题为导向，着重聚焦基础问题、现实问题、重大问题，为新闻业以及整个社会的发展作出新闻学的学术贡献。

（三）活化话语体系：范畴、概念、普遍化

话语体系是思想、理论、知识的外在形式，是一个学科是否具有深度和影响力的集中体现。话语体系是，"由交往主体通过语言符号建立起来的表达与接受、解释与理解、评价与认同等多重认知关系"，[①] 受政治、经济、社会、文化等各方面因素制约，而中国特色新闻学话语体系是集中反映基于中国国情的新闻实践所形成的范畴、概念，及其构成的新闻思想体系、新闻理论体系和新闻知识体系。目前，中国特色新闻学话语体系囿于传统报刊新闻学思维，核心概念不足且相对陈旧，创新概念缺乏认同度，导致整个话语体系竞争力较弱。为此，有必要从范畴、概念以及话语的普遍性入手，重塑中国特色新闻学话语体系。

在范畴上，要重建新闻学研究范畴。传统新闻学以研究新闻传播活动和新闻传播规律为主，但对新闻活动与其他社会活动的关系缺乏足够的关注，研究范畴和研究视野有限，束缚话语体系创新，难以融入整个哲学社会科学的学科阵营中。为此，在构建中国特色新闻学话语体系过程中，要重建研究范畴，把新闻传播活动、新闻传播规律等作为基础部分，把新闻与政治、经济、社会、文化的互动纳入新闻学研究范畴，使中国特色新闻学话语体系更加立体化，更好地发挥新闻学对哲学社会科学的支撑性作用。

在概念上，要打造新闻学的术语群。新闻学发展至今已有一百余年，但学术术语非常有限，尚未形成一个系统而完整的术语群；一方面，新闻学的核心术语仍停留在新闻事实、新闻真实、新闻价值等基本概念上，具有本学

---

① 中国话语体系构建的基本维度［EB/OL］.（2017-09-25）［2022-10-16］.http：//theory.people.com.cn/n1/2017/0925/c40531-29556611.html.

科特色的概念较少；另一方面，一些创新性的概念缺乏方法、理论和逻辑支撑，过于随意，难以得到学术界的公认。因此，在构建中国特色新闻学话语体系时，要提高学术界的概念化水平，按照严密的逻辑和科学的方法就新闻活动的新现象新问题提出具有普遍性且能受到认可的学术概念，打造新闻学自身的术语群。

在普遍性上，要推动新闻学思想、理论、知识的普遍化。要构建中国特色新闻学话语体系，普遍性和特殊性是无法逾越的一对关系。毫无疑问，"中国特色"是中国特色新闻学的底色，离开特殊性谈普遍性就是忘本，失去话语的自主性，被外来学术话语所主导，就会产生"南橘北枳"的理论移植误区；而如果只有特殊性没有普遍性，在与其他学科交流或与国外新闻学界交流时，新闻学话语体系的影响力就会受限。因此，构建中国特色新闻学话语体系，要不断推动新闻学思想、理论、知识的普遍化，并以此提升话语体系的学术公认度和影响力。

（四）深化社会贡献：实践、行业、治理

新闻舆论工作是治国理政、定国安邦的大事，事关国家和社会发展的各方面。作为研究新闻舆论规律、指导新闻舆论工作和培养新闻舆论工作人才的新闻学，必须承担起更多的社会责任。因此，在构建中国特色新闻学"三大体系"建设中，要立足于时代需要和社会需要，深化社会贡献，这也是构建中国特色新闻学"三大体系"的使命所在。

要提高对新闻实践的指导性，深化新闻学对新闻实践的贡献。新闻学基于新闻实践指导新闻实践，其社会贡献首先体现在对新闻实践的指导性上：一方面，要更新新闻学中新闻业务的内容。互联网融媒体时代的新闻业务不断产生各种新的业务形态，再也不是采写编评这么简单，新闻业务如果不及时跟进，就很难培养出新闻实践需要的人才，也很难回应新闻实践提出的问题。另一方面，要面向新闻实践研究新闻与社会的关系，为新闻实践提供丰富的理论指导和伦理约束。新闻实践与社会系统产生关系，会遇到各种问题，这需要新闻学在理论上的探索。

要提升新闻学研究的前瞻性，深化新闻学对新闻行业的贡献。新闻业正面临着社会环境和媒介生态的巨变，互联网新媒体对新闻业带来了巨大冲击。为此，新闻业积极推进媒体融合发展，全力构建全媒体传播体系。但是，媒体融合是一个起点，不是终点；是阶段性的，不是一劳永逸的。媒体融合怎么融？最终实现什么？媒体融合的中国特色是什么？全媒体传播体系什么样？全媒体传播体系如何融入中国特色社会主义事业？新媒体的未来图景是什么？都将随着媒介技术的变化而发生变化，这些命题将一直是中国特色新闻学作出行业贡献的重要命题。

要建构新闻与社会的连接体系，深化新闻学对国家治理和社会治理的贡献。推进国家治理现代化，构建社会综合治理体系是当前国家发展的重要目标。作为一门应用性和人文性很强的社会科学，新闻学不能停留在自己的一亩三分地，而要扩大视野，建构起新闻与社会的连接体系，把社会系统中的新闻、舆论、宣传、传播作为研究对象。为此，中国特色新闻学研究，必须把国家治理和社会治理作为重要研究对象，如此才能把握全局、大局、大势，更好地作出社会贡献。

三、中国特色新闻学自主知识体系的建构范式

中国特色新闻学的创新发展是一项系统性工程。当前，构建中国特色新闻学的一项重要任务是建构起自主知识体系，这是核心与根本所在。为此，我们要在马克思主义基本原理和马克思主义中国化成果的基础上，从历史、实践与理论等维度深入分析和把握，从不同的研究范式入手，探索构建中国特色新闻学自主知识体系的有效路径。

（一）建构中国特色新闻学自主知识体系的历史范式

每一个国家都有自己的历史文化传统，世界历史发展也有其规律可循。一个学科的自主性知识体系建构，要基于本国历史文化传统和世界历史发展规律。因此，构建中国特色新闻学自主性知识体系，需要"按照立足中国、

借鉴国外，挖掘历史，把握当代，关怀人类、面向未来的思路"，创新知识体系，提高知识增量，体现中国特色、中国风格、中国气派。这种基于历史文化传统的知识体系建构范式，即历史范式，可以突出知识体系的自主性。

一方面，要基于中国历史，创新中国特色新闻学知识体系。中国特色新闻学的"中国特色"在于理论知识的主体性和原创性。当前新闻学的理论较多是从国外引进的，而且国外流行什么我们引进什么，很难解决我国的实际问题。我们要回到中国历史和中国实际，以此作为研究起点，提出具有主体性和原创性的理论观点，真正形成中国特色新闻学的特色和优势，构建起中国特色新闻学自主性知识体系。这就需要从中国历史文化中寻找知识逻辑和文化支撑，体现继承性、民族性。中华优秀传统文化的资源是构建中国特色新闻学的宝贵资源，无论是中国古代的舆论观念、传播观念，还是近现代史上的报刊观念、宣传观念以及中国革命历史和社会主义建设进程中的新闻实践，都蕴含着丰富的新闻知识，需要系统性地总结、开发和运用。这些是中国独有的知识，既可以为中国特色新闻学自主性知识体系建构提供思想文化支撑，也可以对当下中国新闻实践起到有力的阐释。

另一方面，要遵循世界历史规律，面向百年未有之大变局。坚持自主性并非排斥国外理论，国外的新闻学、传播学乃至政治学、社会学等哲学社会科学中有丰富的理论资源，可以作为构建中国特色新闻学自主性知识体系的重要补充。当今世界历史发展已进入新的时代，迎来百年未有之大变局。新闻传播学"三大体系"需要融通中外新闻传播理论资源，推进新闻学的知识创新、理论创新、方法创新，在与世界的互动中创造出融通中外的新概念、新范畴、新表述，向世界的新闻传播学贡献中国主张、中国智慧、中国方案。我们要通过国际性的学术交流与学术合作，在学术互动和文明互鉴中丰富我们的知识体系，努力为构建人类命运共同体贡献新闻传播学学科力量。

（二）建构中国特色新闻学自主知识体系的实践范式

面对全球化、逆全球化与全球主义、新全球主义，民粹主义、民族主义与国家主义，代议制、协商制与参与制，工业革命4.0、全球治理模式4.0，平台经济、平台社会与平台媒体等现实变化,"三大体系"建设需要摆脱起源于工业时代的新闻传播理论框架束缚,建构符合国际新闻传播变局与中国新闻传播实践逻辑的自主性知识体系。

首先,要符合全球新闻传播的实践趋势。在全球化与逆全球化思潮下,国际传播舆论日益复杂,国际新闻业受新技术影响凸显,全球传播生态正在转型之中。可以看到,世界各国普遍开始重视信息传播基础结构,5G商用在全球铺开,卫星互联网竞争白热化,云计算、人工智能与大数据技术广泛运用,在线视听快速发展,新闻业愈发深入地融入社会系统,传播议题、新闻生产、平台治理、元宇宙等成为全球热点议题。当前,面对百年未有之大变局,全球新闻业呈现不确定性、复杂性趋势,新闻业已深深嵌入人类社会和国际关系的变局。构建中国特色新闻学"三大体系"要有全球视野和积极融入这种变动中的全球新闻传播实践,只有这样才能更好地推动我国新闻传播实践,使"三大体系"兼有普遍性和特殊性。

其次,要符合中国新闻传播的实践需要。中国新闻传播实践既有与全球新闻传播实践的一致性,也有因自身历史文化和实践传统而来的独特性,中国独特的新闻传播历史与实践经验以及新技术革命下的新闻传播实践,是构建中国特色新闻学"三大体系"的基础所在,也是构建自主性知识体系最主要的范式。为此,要将"以中国为方法"作为新闻理论范式转换的一种方法论,"倡导中国的新闻学研究共同体在基本的信念、价值与范例上建立共识,主张扎根中国经验、寻求中国新闻理论研究的主体性"。[①] 任何离开中国实践的理论架构都难以满足当下新闻业的现实需求,也无法构建起中国特色新闻学自主性的知识体系。

最后,要符合互联网新闻传播的实践要求。飞速发展与变化的数字技术从根本上改变了新闻业的基本生态,倒逼新闻学开始探索改革或重构。数字技术已渗入新闻生产、新闻分发、新闻消费等新闻业"链条",新闻学

---

① 涂凌波."以中国为方法":新闻学理论范式转换的逻辑、知识与方法论[J].新闻与写作,2021(11):38–47.

的研究对象、研究理念、研究范式、研究方法等也随之而变,涌现了互联网新闻学、数字新闻学、融合新闻学、算法新闻学等新概念新领域。学界或"偏向坚守传统新闻理论研究基本内核、不断扩展新闻理论研究领域",或"根据新闻活动实际变化,积极探索转换新闻理论研究范式",或"侧重新兴媒介环境根本特征,试图彻底改变传统新闻理论研究方向",都是有益尝试。对构建中国特色新闻学"三大体系"来说,一个根本遵循是要"从传统新闻理论研究范式向新兴媒介环境中的新闻理论研究范式转换",[1] 要在互联网思维下构建"三大体系",概括互联网新闻传播规律,阐释互联网新闻传播现象,指导互联网新闻传播实践,指明互联网新闻传播方向。

(三)建构中国特色新闻学自主知识体系的理论范式

当前,新闻传播生态整体面临着价值转移与力量转移、关系重塑、秩序重构、格局重组、底层逻辑等新变化、新现象,要求新闻学必须重整逻辑,并基于上述逻辑基础,加强中国特色新闻学的概念化、范畴化、框架化与普遍化,夯实中国特色新闻学"三大体系"的学术根基。

基于价值转移和力量转移,从数字化中打造中国特色新闻学"三大体系"的理论基础。数字化推动新闻生产与新闻传播的全面转型,受众因主动性、参与性的增强而演变为用户,个性化、情感化成为新闻业的新课题,公共性与非公共性同时存在于新闻业。数字技术对新闻生产和新闻业转型的驱动,被视为一种"复杂的循环、交叠和新旧机制的协商",[2] 而不再是单向的报道和传播。其中既有世界互联网传播的普遍性,也有基于中国互联网实践的特殊性。这些变化和特征,要求我们在构建中国特色新闻学自主性知识体系时,要充分把握这种趋势以及趋势下的中国数字化实践特点,用数字逻辑贯穿新的新闻学知识生产,构建系统性的自主性知识体系。

---

[1] 杨保军.论新闻理论研究的宏观走向[J].国际新闻界,2021,43(8):6-21.
[2] 常江,何仁亿.数字新闻生产简史:媒介逻辑与生态变革[J].新闻大学,2021(11):1-14+121.

基于格局重组和秩序重构，从融合文化中寻求中国特色新闻学"三大体系"的理论突破。当今世界格局和媒体格局都处于大变局时代，传统的世界秩序和媒介秩序正在重构。对新闻业来说，新格局、新秩序要求新方法、新手段，只有融入并适应变化中的媒介生态，才能更好地实现新闻业的转型发展。在此背景下，媒体融合成为时代命题，融合文化因此而生。新闻学和新闻教育不能像以往那样局限于单一媒介形态，甚至把报刊、广播、电视分开，而是要基于融合平台、融合产品打造新型融合媒体。新闻学的学科体系建设要有融合思维，学术体系要加强融合理论研究，话语体系要增强融合内容，基于中国的媒体融合实践创造出自主性的融合理论和知识。

基于关系重塑和底层逻辑，从传受关系中重构中国特色新闻学"三大体系"的理论。在互联网新媒体环境下，大众传播模式正向公共传播模式转型，传受关系出现去中心化和扁平化现象，公众以普通网民身份参与新闻生产、信息传播和意见表达，话语权得到前所未有的释放。互联网为公众提供了前所未有的参与窗口，由此带来的政治、经济、社会、文化意义深远。为此，要基于中国新媒体实践，重视关系与连接、底层与参与，在"中心化"与"去中心化"中探索中国特色新闻学自主性知识体系的建构。

结　语

构建中国特色新闻学自主性知识体系，要在理论上重视思维逻辑之外，还要注重方法路径。要在坚守正确的政治和意识形态方向的基础上，善于对新闻业发展中的新现象以及新媒介与社会、新媒介与人的关系理论化，遵循中国的历史文化传统、新闻实践经验，结合新闻业的新变化，在新闻学"三大体系"内进行范畴化、框架化、概念化和普遍化，构建中国特色新闻学自主性知识体系，推动中国特色新闻传播学"三大体系"建构。

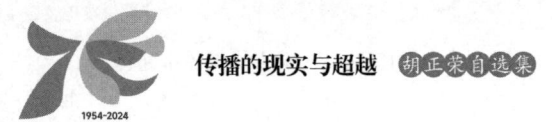

面向未来　转型升级：中国传播学再出发[*]

对于中国的传播学来说，2022年是具有重要意义的一年，这不仅体现在历时性意义上，也体现在共时性意义上。我们在不忘本来，吸收外来，面向未来，特别是迎来后全球化时代的同时，也需要开启中国传播学再出发的新时代。

一、中国传播学出发的历史意义

我国新闻学界第一次跟西方传播学者进行正式的交流，并且进行直接的对话是在1982年4月至5月。在这期间，美国传播学代表人物之一施拉姆在他的学生余也鲁的陪同下访华，并在人民日报社主楼顶层的大礼堂，做了一个传播学的学术报告，参加报告会的主要是中国社会科学院新闻与传播研究所（当时称新闻研究所）的研究人员、部分高校教师，还有媒体从业人员等数百人，报告后还回答了现场听众的提问。虽然，早在20世纪五六十年代，就有学者译介海外新闻学与传播学新思潮、新研究，复旦大学、中国人民大学等高校的学者也陆续在一些内部刊物上发表译介文章或者以内部出版物的形式出版译著，但是多是自发的、零星的介绍。因此，这次西方传播学者的正式报告和交流被认为是中国新闻学界第一次正式而直接地与西方传播学者进行的学术对话。

---

[*] 本文原载于《新闻记者》2022年第5期，收入本书时，略有删改。

20世纪80年代初，也是改革开放之初，大家对海外各种学术或者新闻传播实践都非常好奇，也非常感兴趣。因此，此次交流激发了中国新闻学界的学术热情。随后，1982年11月，中国社会科学院新闻研究所在北京召开了第一次西方传播学座谈会。这次会议后来被学界称为"第一次全国传播学研讨会"。也正是在此次会议上，与会者讨论并确立了中国传播学发展的"十六字方针"，即"系统了解，分析研究，批判吸收，自主创造"，既表达了改革开放，兼容并包的胸怀，也表达了希望推进传播学本土化的强烈的学术自觉和学术自主。1983年9月，中国社会科学院新闻研究所世界新闻研究室将这次会议上发表的十三篇介绍性文章以论文集的形式编辑成书，名为《传播学简介》，由人民日报出版社出版。这是第一本在中国大陆出版的关于传播学的著作。1984年，我国第一部正式出版的传播学译著由新华出版社出版，即施拉姆与波特合著的《传播学概论》。随后，我国学者撰写的传播学著作相继出现，运用传播学范式进行的学术研究也大量出现，产出了不少有影响的研究与成果。

当然，我们也要看到，我们早期的传播学引介得更多的还是西方，特别是以美国为主的传播学的研究，而且基本上都是美国经验研究的流派。我们也不能忽视，20世纪80年代之前，已经有国内学者介绍西方传播学批判学派的研究与成果；20世纪70年代，批判学派代表性人物之一达拉斯·斯迈思（Dallas Smyfhe）来华访问，并广泛实地调研，写出了基于中国调研的学术作品。

传播学作为一门学科，在中国大陆确立合法性地位是在1997年。这一年，国务院学位委员会在《授予博士、硕士学位和培养研究生的学科、专业目录》（1997年颁布）中将新闻传播学列为一级学科，将新闻学、传播学列为下设的二级学科。之后，传播学硕士、博士，乃至本科专业都开始设立并招生，新闻传播学博士后流动站、科研站等也陆续建立。

过去四十年中，中国传播学界做了大量的工作，卓有成效。一个方面是不忘本来。在系统介绍海外传播学的同时，中国学者就已经开始对本国悠久而优秀的文化传统中的传播现象与问题开展了大量的研究。对华夏传播、中华优秀传统文化等的研究，这些年来也蔚然成风。另外一个方面是吸收外来。四十年来，学界没有间断对海外优秀研究成果的系统而批判性的吸收，系统译介、海外学者交流合作、中国学者海外传播等各方面都做得扎实而有效。现在，国际舞台上主要的几个传播学学术组织及每年的学术交流活动中，都能够看到中国学者的身影，他们越来越成为参与传播学国际学术平台交流的主力军之一。在 ICA、IAMCR 以及区域性的国际大会上，来自中国大陆的学者在讨论议题的基础性和前沿性，研究的广度、深度方面不断提高，在学界的影响力与日俱增，已经成为讲好中国故事的一股重要的学术力量。还有一个方面是面向未来。改革开放四十年多年来，我国新闻传播业取得了巨大的成绩，如此丰富而具有开拓性的实践，为中国新闻传播学的创新提供了丰富的滋养。特别是在互联网及其应用方面，中国快速发展的庞大市场提供了众多的实践话题与问题，都促使中国新闻传播学者立足本土，对前沿性、基础性的问题展开深入研究。面向未来的研究无论在紧迫性和必要性，还是在适用性和创新性方面都是当务之急。简要来说，过去四十年，我们走的这条道路还是非常有中国特色的，而且形成了高质量的研究和实践。

二、中国传播学再出发的时代意义

近些年世界格局的变化，让人们深切体会到，人类社会正在进入一个后全球化时代。我们面临的政治、经济、社会发展的模式处在一个非常重要的转型期，或者说是力量叠加、力量转换的时代。所以，我们如何面向未来，找到自己的发展道路是非常关键的。这不仅是一般意义上的再选择和再出发，而且是对中国传播学界提出的一个命题——中国的传播学面向未来需要做哪些转型和升级，成为摆在学界业界面前共同的话题。

面向下一个四十年，中国传播学处在一个非常关键的转型升级迭代时期。之所以这样认识，主要有以下两个考量：

一个是历史考量，即历史范式在转型。就全球格局看，我们习以为常的工业化带来的全球化体系，及其被人们普遍接受的工业社会全球化框架之内的理论、法则、定律都正在被改变。基于竞争和自我利益驱动的贸易与交流的全球化模式日益难以适应正在变为一个整体的复杂世界和复杂社会。一百多年来的工业社会全球化产生的众多需要全球共同面临的问题日益凸显，协作、协同、合作、共治才能创新全球化新模式，这恰恰与基于互联网的、网络社会的后全球化或称新全球化的底层逻辑相符，它向包括我们在内的人类社会提出了需要回答的新问题和需要面对的新挑战。特殊时期终将过去，人类一定要重启社会，进入后全球化时代，那么，众多问题都有哪些，解决问题的答案或者方案都有哪些，这些问题导向的解决方案所导向的后全球化，需要包括传播学在内的各学科学者给予全新的发现、认识、解释、驱动和引导。就国内格局来看，我们已进入发展的新时代，踏上了新的征程，我们实现了第一个百年奋斗目标，正在朝着第二个百年奋斗目标奋进。2013 年 8 月，习近平总书记在全国宣传工作会议上要求，"着力打造融通中外的新概念、新范畴、新表述，讲好中国故事，传播好中国声音"。2016 年 5 月 17 日，习近平总书记在哲学社会科学工作座谈会上指出，"要按照立足中国、借鉴国外、挖掘历史、把握当代、关怀人类、面向未来的思路，着力构建中国特色哲学社会科学，在指导思想、学科体系、学术体系、话语体系等方面充分体现中国特色、中国风格、中国气派"。对于中国的传播学者来说，更亟须打造融通中外的新概念、新范畴、新表述。这是我们构建中国特色传播学三大体系，即"学科体系、学术体系和话语体系"需要坚持的思路。

另一个是历史背后的逻辑考量，即理论与实践范式转型。我们深入上文说的历史范式转型，可以清晰地看到支撑这种历史重构的逻辑、理念、方式、方法以及制度安排与操作，都已经或者正在发生着根本性的变化，这是历史的必然，也是支撑这个历史范式转型的必然。理论和实践范式的转型在全球范围内正在发生，而且转型的领域与层级也逐渐清晰。比如，就全球发展模式而言，有全球化的坚定支持者，也有逆全球化的理论支撑与实践操作。从这种差异可以看出两种国际观的不同，即全球主义与新全球主义。原有秩序与规则、运行与实践都正在被打破。比如，极化的社会现实使得民粹主义、民族主义实践日盛，国家主义也在寻找着更为有力的理论支撑和现实实现。

与此同时，民主的实践形式也出现了多样的选择，无论是工业时代的代议制、协商制，还是进入网络时代更为可能也更为必需的直接参与制。再如，就经济发展阶段而言，工业革命4.0或类似理念与做法正在成为各国经济进步的核心动力，这种发展模式带来的全球治理模式发生了根本性改变。较为普遍的认识是这次工业革命的特征是信息的聚合、传播、使用和分享；出发点是人脑的解放与深入了解人类的自身行为；终极目标是人类思维方式的改变并重塑人作为社会存在的基本价值。人类共同的思维方式和行为方式可能都要改变。比如，就互联网带来的社会形态的变化而言，平台经济驱动了平台社会的形成；不少理论和实践都认为正在到来的互联网3.0将带来网络的去中心化。不过，网络与平台社会的去中心化与中心化，或者再中心化是并存的；扁平化与再层级化也可能是共生的；共同体与族群或者圈层分化也是同在的。诸如此类的现实与理论范式的转型升级与更迭其实意味着一种力量在转化，也代表着一种价值在转化，在这个转化过程中，可能就需要政治秩序、经济模式、社会建构与文化形态的重塑与重建。

2021年5月31日，习近平总书记在中共中央政治局第三十次集体学习我国国际传播能力建设时，指出要看到"西强我弱"中"东升西降"。这种认识放在中国传播学发展中也是适用的。上述理论和实践范式的转型升级的原因就在于我们现在这个社会从底层逻辑上来说已经不处于工业时代，迫切需要学界将我们丰富的新闻传播现象、经验与实践概念化、范畴化，然后把它架构化，最终普遍化，这样传播学就可能既具有中国特色，也具有全球普遍性。虽然"西强我弱"的大格局没有得到根本改变，当前的概念体系、范畴体系和研究方法，包括表述的方式仍然不少是"西强我弱"的，但是要看到东升西降趋势已非常明显，学术界、业界都要避免自话自说、自娱自乐。

中国传播学的确到了再出发的时候了。基于过去四十年的引进、吸收、消化以及自主研究的开发、深入与拓展，我们的传播学研究需要突破模仿的、复制的、对已有理论的中国实践的重新证明，以及自发的、零散的、表象的、经验的、先验的研究，需要立足我们的实践，将之放在全球传播生态的格局变化中，基于迭代升级的基础逻辑转化，进行我们的研究。我们知道，美国的传播学是基于美国现实需要和目的，形成了经验研究传统；而欧洲的传播学则是基于欧洲不同国家工业社会和后工业社会共同面临的问题，生长出了批判研究的学术大树。因此，立足当下，面向未来，植根中国实践，中国传播学也需要关注真现象，研究真问题，解释真原理，发现真规律，提出真方案，厘清真方向，构建真格局，创新真体系，目的是构建中国特色传播学的学科体系、学术体系、话语体系，作出具有当代价值和世界意义的学术贡献。

四十年前，中国传播学刚刚出发的时候，曾经提出发展的"十六字方针"。历经四十年发展的中国传播学在新时代肩负重要职责使命，基于学界对未来的期待，笔者建议提出新的"十六字方针"，对未来中国传播学予以导引，这就是"守正创新、融通中外、根植实践、引领时代"。期待新"十六字方针"成为面向未来的中国传播学发展的一个指向，或者是一种价值取向。期待中国传播学面向下一个四十年再出发，以中国传播学的创新发展迎接全新的面貌和全新的时代。

中国自主的国际传播知识体系：起点与追求*

2022年10月，习近平总书记在党的二十大报告中又一次向我国哲学社会科学界提出"加快构建中国特色哲学社会科学学科体系、学术体系、话语体系"。同年4月25日，他到中国人民大学考察调研时指出："加快构建中国特色哲学社会科学，归根结底是建构中国自主的知识体系。"这作为我国哲学社会科学界的根本任务和发展目标已经引起了各个社会科学领域学者的思考和实践。作为哲学社会科学体系重要组成部分的新闻传播学也应当朝着这个目标努力，特别是其中的国际传播领域研究更应该加快步伐，构建中国自主的国际传播知识体系。

在全球化与逆全球化等多股力量相互博弈的今天，我国的综合国力、国际地位、改革发展稳定以及构建人类命运共同体等都急需有效的国际传播去赋能。而在这种日益复杂的世界系统中开展国际传播急需加强理论研究，掌握国际传播规律，并为国际传播实践提供多学科的学理支撑。不过，我们看到的现实却是我们的国际传播理论研究、学科发展、专业建设和人才培养都还没有完全在中国自主的情景、战略、体系、路径、话语等框架中开展和推进。

构建中国自主的国际传播知识体系应该以坚持中国立场，立足中国实践为起点。中国自主的国际传播知识体系一定源自中国的国际传播实践，这里的实践是指中国在国际传播领域所有认识与改造活动的总和，是多层面的、

---

* 本文原载于《全球传媒学刊》2022年第6期，收入本书时，略有删改。

多领域的、多范围的和多类型的。需要立足中国国际传播实践，发现问题，分析问题，提炼概念，推及范畴，提出框架，创新方法，从而逐步构建起对中国国际传播活动具有认识力、解释力、分析力、证实证伪力，乃至具有思想创新力的自主知识体系。

构建中国自主的国际传播知识体系要有明确的追求。追求学术性是必然，国际传播能够成为一门学科，而学科就是一套基于实践而创造的一个领域的知识体系，它由理论和方法构成。中国自主的国际传播知识体系能够成为一门学科，具有学术性是学人努力的目标；追求思想性是必要，即中国自主的国际传播知识体系不仅要有科学的研究方法、规范的研究过程、系统的研究结论，更要有创见性的研究发现、创新性的研究成果，这样中国自主的国际传播知识体系才有了生命力，有思想的知识才有存在的意义；追求开放性是必须，即中国自主的国际传播知识体系不应该是内卷的，也不应该是纯粹在地化的知识体系，而应该在"不忘本来，吸收外来，面向未来"的原则下，"按照立足中国、借鉴国外，挖掘历史、把握当代，关怀人类、面向未来"的思路，不断提升这个知识体系的开放性，从而使中国自主的国际传播知识体系不仅具有在地性，也具有世界性，这样的知识体系才能具备普遍性，也就具有当代价值和世界意义。

学科、专业与人才

发力全媒体人才培养　推动深融发展[*]

　　信息技术的迅速迭代加速了人类社会数字化、网络化、智能化进程，也对作为网络社会治理体系重要组成部分的媒体系统提出了全新的时代要求。自 2014 年以来，我国各级主流媒体顺应潮流、锐意变革，在媒体融合改革实践方面取得了显著的成效。但与此同时，我们要清楚地认识到要彻底解放传统主流媒体生产力、革新生产关系，亟待攻克的壁垒、消解的障碍仍然显而易见地存在着。面对下一个五年媒体融合窗口期收紧的严峻挑战，中央全面深化改革委员会于 2020 年 6 月 30 日通过了《关于加快推进媒体深度融合发展的指导意见》，并明确强调深化体制机制改革、加大全媒体人才培养力度将是媒体融合实践顺利纵深发展的基础性工作和关键抓手。

　　"功以才成，业由才广"，人在生产关系的一切构成中始终是最关键、最核心的要素。从这个意义上来说，体制机制更多是一种外部性、硬件性的改革，即通过构建、夯实一个能够使生产关系得到深度优化、生产力得到释放的外部环境，来最终实现人的创造力、活力的充分解放和全面激发，并为其提供有效保障。然而，在媒体融合即将进入关键窗口期的今天，主流媒体的人才队伍水平远未达到纵深发展阶段的现实需求，全媒体人才的匮乏直接制约了融合实践推进的步伐。结合国内外、行业内外的情况，各级主流媒体要真正将推动媒体融合发展、建设全媒体落到实处，就必须突破既有路径依赖，在全媒体人才的培养上提速、增效，激发媒体融合纵深发展的内在驱动力。

---

[*] 本文原载于《青年记者》2020 年第 31 期，与李荃合作，收入本书时，略有删改。

一、全媒体人才的层次和类别

2016年2月19日,习近平总书记在党的新闻舆论工作座谈会上指出,未来的媒体工作者要"努力成为全媒型、专家型人才"。直到今天,有关全媒体人才的定义,全媒体人才该如何培养,学界和业界仍然缺乏一个统一标准。在笔者看来,全媒体人才是指具有互联网思维,适应智慧传媒生态的发展趋势,具备全媒体生产、传播、运营、管理等相关能力,胜任全媒体流程与平台发展要求的专门人才。当下和未来的全媒体一定是全媒体平台与垂直类业务相结合的,因此全媒体人才有两层含义:一是全媒型人才;一是专家型人才。前者是指能够胜任全媒体业务要求的人才;后者则是指能够在全媒体业态垂直类业务中发挥作用的人才,这两类人才不可或缺,不能偏废。

(一)全媒体人才的层次

对于致力于推进媒体融合实践的各级主流媒体来说,从基层到顶层都需要全媒体人才。基层的全媒体人才就是全媒体业务人才,他们主要是一线记者、编辑、技术、运营等具体业务岗位的人才。对他们的要求是具备敏锐的传媒嗅觉与技巧,可以按照媒体融合业务流程,运用各种现代传播手段进行全媒体产品生产并发布至全媒体平台。值得注意的是,技术手段运用上的"全"只是其中一个维度,能否在理念上做到"全"同样重要,即要根据不同情况巧妙地选择全媒体展示手段。此外,全媒体业务人才还要能够融通线上线下业务,积极打通相关业态。

中层的全媒体人才就是全媒体管理人才。对他们的基本要求是能够统筹配置管辖范围内的资源,协调相关资源,落实安排人财物等生产力要素并将其用于全媒体产品与服务的创意研发、生产流通、传播运营,同时参与上层咨询与决策,直接管理基层日常业务,并为业务进一步拓展与运行进行协同、配合与整合等。

顶层的全媒体人才就是全媒体决策人才,也就是通常所说的顶层设计人才。他们需要具有高维的互联网思维，能够捕捉机遇、统筹全局、把握大势，调度协同各种内部外部、网上网下资源，在优化制度与流程、打通资源与平台等工作上敢于创新、善于决策，引领引导媒体融合发展与全媒体建设。

（二）全媒体人才的类别

全媒体人才是分类别的，各个类别人才所需要的能力模型、基本素质也有所不同。

一般而言，全媒体人才要有决策统筹类人才，他们是推进媒体融合纵深发展，建设全媒体的关键人才，这类人才要求很高，基本能力模型至少含有互联网思维、信息汇集与研判、资源汇聚与配置、要素归集与调度等要素指标。

全媒体人才要有创意创造类人才，他们是全媒体建设的稀缺人才，这类人才的能力模型由众多要素构成，其中关键核心构成是创意策划全媒体 IP，研发全媒体内容与服务，策划相关全媒体业态的产品与服务链等能力。

全媒体人才还要有生产制作类人才，他们是全媒体发展的核心人才，包括我们通常所说的内容人才与技术人才。面对全媒体发展的新要求，这类人才的能力模型尤其需要包含以下要求，即新形态的 4K/8K、AR/VR/MR、直播、短视频、中长视频等的内容生产与技术实现，以及作为上述能力基础的三维空间的构思与创作能力，视听、全感、互动等多信道语言高维叙事能力，用户沉浸式交互的智能化感知与认知能力，真实现实与虚拟现实的全息联通能力等。

全媒体人才特别需要运营维护类人才，简称运维人才，主要包括项目策划与统筹、项目运营与管理等人才。他们是全媒体发展的支撑人才，没有他们，全媒体的全业态、全产业链、全价值链无从构建。当下，运维人才最为缺乏。这类人才的能力模型主要包括强烈的用户思维与平台思维、基于大数据的用户洞察、打造 IP 价值、成本控制与效益优化、业态分布与统筹、创新产业链要素构成、跨界营销与运维、实现全价值链布局等。

二、全媒体人才培养的路径与思路

当下,传媒生态、社会环境在信息技术迅速迭代推动下发生了颠覆性的变化,大量网生和智能生成内容与服务也需要全新的价值观赋能。在此背景下,全媒体人才培养的路径与思路也需要一套全新的、完整的指标体系来参考。这套考量指标一方面要包括创意创造、生产、传播、营销、运营等全媒体业务流程的客观评价指标;另一方面也应当涉及互联网理念、用户中心、世界观、价值观等主观评价指标。

对于作为主流媒体人才基地的高等院校而言,其人才培养路径与思路也应当因时而变,包括学科、专业、教育模式和师资结构在内的全方位变革迭代迫在眉睫。在学科层面,应当以互联网思维重塑学科知识体系和专业价值观体系,鼓励各学科之间的交叉融合,打造一个问题导向、理论融合、方法协同的全新融合知识体系,培养一批知识结构广博、综合能力过硬、个人素质全面的全媒体人才。在专业层面,专业的设置、调整应以国家需求、行业发展动向为依据,以建构能力体系为目标。未来,大数据分析、人机交互、媒体管理与运营等特色课程都应该加入专业教育,通过为学生搭建一个全方位的知识图谱来实现高等教育与社会需求的无缝衔接、技能的同步更新。在教育模式层面,应当打造一个价值导向、技术引领、内容为本、用户为要的全新模式,同时要将理论与实践紧密结合的原则贯彻至高等教育全层次。高等院校可以寻求与企业、媒体等社会机构建立合作关系,共建课堂、人才基地建设、课题研究合作等都是可行方式。在师资结构层面,应当突出融合特性,在教学中引进具有丰富业界实践经验的工作人员,同时鼓励高校教学人员积极参加挂职实践锻炼、学历进修、教师培训、专业交流等活动,构建兼具学术型人才与业界人才的师资结构。

从主流媒体管理部门和各级主流媒体自身出发,基于实用、高效和易落地等方面的考量,完善在职培训、岗位锻炼体系和测评考核标准将是加快全媒体人才培养的重要路径。以作为全球范围内的媒体融合实践引领者的英国广播公司（BBC）为例，其早在 2006 年就已经通过建立新闻学院布局其在职培训计划。通过向其一线记者提供形态多样和与时俱进的培训项目，英国广播公司（BBC）实现了一线业务人员的全媒体综合运用能力的显著提升。在国内，近年来以新华社、人民日报为代表的主流媒体也开始有意识地组织媒体融合发展方面的培训项目，以无人机、VR 为代表的新兴技术逐步成为一线业务人员的常规配备，逐渐出现在各大新闻现场。因此，各级主流媒体的当务之急是将在职员工的培训与提升置放于战略高度，并根据融合发展的需要制订一套涵盖培养目标、方式与方法、实践项目、内外部实训及效果评估等多个维度的全媒体人才培养规划。具体来看，各级主流媒体要顺应融合变革浪潮，突破传统的思维桎梏和路径依赖，在全社会寻求培训资源的广泛对接，通过与新兴媒体、企业、高等院校等社会机构的合作联动，探索出一套战训结合、开放跨界、多元互动的全新培训模式。这里要注意的是，如果仅将培训范围局限在一线业务人员，就无法从根本上改变传统主流媒体资源配置方式和决策层面落后的现实。因此，全媒体人才的培训必须是全员、全类型、全层次的，这样才能真正落实体制机制改革的不断深化。

结　语

从已有的改革实践，特别是从近年来的媒体融合推进情况看，各级主流媒体在生产流程再造、自有平台建设等方面取得了突出的业绩。在多年的融合实践探索中，起步早、经验丰富的主流媒体已经锻炼和培养了一批能够开拓创新、适应融合发展需要的全媒体人才。但总体上来看，全媒体人才仍然是媒体融合纵深发展最缺乏的资源，全媒体人才红利更是无从谈起。面对即将到来的智慧全媒体时代，传统媒体的人才培养方式应当因时而变，根据全媒体建设需要的能力模型确定与之相适应的培养路径与思路，以期有效地缓解、弥补当前全媒体人才严重短缺的现状，为媒体融合纵深发展、智慧全媒体有序建设夯实基础、积蓄动能。

能力与价值：新时代国际传播人才队伍培养的关键*

在力量与价值转移同时发生的全球传播生态中，国际传播人才队伍的定义应当从"适应新时代"的动态视角进行界定升级，并在新定义下开展多层次、多规格和多类型的国际传播人才队伍系统化培养。人才培养过程中应重视重回历史现场、立足全球实践和面向共同价值的观念。能力面向，要把握好对人才的业务技能与基础素养、技术技巧与人文追求、专业水平与复合能力等能力的关键构成要项的平衡与培养；价值面向，要在现代性引发各种问题与危机的时代中，使新时代国际传播人才具备坚定的政治立场、厚植的家国情怀和夯实的马克思主义新闻观，并向青年学子解释好国家与个人、中国与世界之间的价值关系。

当下我们正处在一个力量转移与价值转移同时发生的时代，包括社会、政治、经济与文化在内的底层逻辑正在发生剧变，其中的各种关系、秩序和格局也在不断地被重构与重组，并逐渐重塑着上层建筑。什么样的价值需要坚守？什么样的价值又需要警惕？这不仅是我国国际传播人才培养的关键，更是中国面向世界与未来的指南。2021年5月31日，习近平总书记在中共中央政治局第三十次集体学习时强调："要全面提升国际传播效能，建强适应新时代国际传播需要的专门人才队伍。"新时代的国际传播能力建设是一项系统工程，"全面提升国际传播效能"的具体目标就是要更好、更快地实现"讲好

---

* 本文原载于《中国编辑》2022年第8期，与王天瑞合作，收入本书时，略有删改。

中国故事，传播好中国声音，展示真实、立体、全面的中国"，而"建强适应新时代国际传播需要的专门人才队伍"则是重要保障和根本途径。笔者认为建强新时代国际传播人才队伍，关键是要顺应底层逻辑和时代逻辑，重回历史现场，立足全球实践，面向共同价值，在守正基础上聚焦对能力与价值的培养。

一、新时代国际传播人才定义

在新时代，国情、世情与全球传播生态结构都在加速更新与重塑，现实要求我们要用动态的眼光对国际传播这一概念进行反复审视。作为一种阐释性的概念，只有与时俱进才能保持对国际传播实践活动解释与指导的活力，新时代国际传播概念内涵与外延的变化直接影响着国际传播人才队伍培养的思路与方向。国际传播概念从被提出之时就强调是以国家为主体的跨国交流[1]，西方世界对于国际传播概念的理解大体上存在着广义与狭义两种：狭义的国际传播特指借助大众传媒进行的跨国信息交流与传播活动；广义的国际传播指通过个人、群体、政府等多元主体跨越国际边界或文化边界传递价值、态度、观念、信息的活动[2]。我国学界对这一概念的探究也经历了从强调特指通过大众传播媒介进行的[3]、传播主体被限制于国家或政府范围内的国际传播[4]，到作为公共外交核心的国际传播[5]这一过程。国际传播主体从单一国家转向个人、企业组织、政府和媒体等多元主体已基本成为共识。新时代的国际传播主体多元化、渠道平台化、内容丰富化，从现实来看，并非只有进入传统媒体国际传播"对口岗位"工作的人才叫"专门的国际传播人才"，这

---

[1] FISCHER H D，MERRILL J. International and intercultural communication [M]. New York: Hastings house，1976：410.
[2] 张毓强，潘璟玲. 国际传播的实践渊源、概念生成和本土化知识构建[J]. 新闻界，2021(12)：41-55.
[3] 张桂珍. 国际关系中的传媒透视[M]. 北京：北京广播学院出版社，2000：前言.
[4] 李智. 国际传播：2版[M]. 北京：中国人民大学出版社，2020.3.
[5] 胡百精. 公共外交的语境、内涵与形态[J]. 国际公关，2009（2）：34-36.

种固化的工业时代分工思维不免显得有些狭隘与落伍。结合全球传播生态的现实格局与国际传播概念内涵与外延的流变,笔者认为,"适应新时代"强调视角动态化,"专门"强调人才专业化和职业化,因此应当从动态化、专业化和职业化的视角对国际传播人才队伍进行界定升级。具体来说,就是包括传统媒体、政府部门、企业公司、社会组织甚至个人自媒体在内的各领域中从事国际传播工作的专门岗位或职业的人都应当是被培养的对象,这是"四全媒体"理念之下适应平台社会时代特征的国际传播人才队伍的动态定义。只有在不同的领域、维度与层面从事着各自"专门"的国际传播工作,多层次、多规格和多类型的协同人才系统才能被称为"队伍",它产生的国际传播效果比单一国家主体更加立体和全面。无论从国际局势、全球传播生态的变迁还是国家战略目标等维度分析,适应新时代国际传播的人才队伍应当是一个多元主体,一个多个层次、多种能力的复合型人才构建而成的既立体又全面的系统化队伍。

二、层次、规格与类型:新时代国际传播人才培养体系

文化的分层是人类社会分层的本质[①],社会、文化都是复数而不是单数,即社会和文化存在多元性[②]。劳动分工是人类本性倾向,通过劳动分工,劳动者逐渐从事一种专门职业[③]。社会与文化的分层、分类和分群的表现是由文化资源、劳动分工和地理空间的差异所造成的,反之国际社会中不同的层、类和群对文化资源的需求不尽相同。在实践中,文化的层次差异、各行业领域的专业差异、国别区域的多维差异在现实中并没有被系统考虑,因此才会出现追求规范正确和"拿来就用"的现象。问题就在于传统的国际传播人才队伍培养体系并没有做到系统化和精细化设计。习近平总书记在中共中央政治

[①] 刘群,孟永.马克斯·韦伯的社会分层与文化[J].巢湖学院学报,2005,7(1):29-32.
[②] MATTELART A.L'invention de la communication [J]. Paris: La Découverte & Syros, 1994, 4 (44): 160-161.
[③] 斯密.国富论[M].郭大力,王亚南,译.北京:商务印书馆,2015:11-13.

局第三十次集体学习时强调,新时代国际传播人才队伍应"加强国际传播的理论研究,掌握国际传播的规律,构建对外话语体系,提高传播艺术。要采用贴近不同区域、不同国家、不同群体受众的精准传播方式"。其中,"构建对外话语体系"表明了当下中国国际传播已上升为多目标、多任务的国家战略传播,应当分层、分类、分群进行,继而,新时代国际传播人才的需求应当是多层次、多规格和多类型的。我国要构建现代传播体系、提升对外传播能力,就要把握国际传播中的"基本盘"与"重点盘"[①]。只有系统化培养出多层次、多规格和多类型的国际传播人才队伍,才能切实采用"贴近不同区域、不同国家、不同群体受众的精准传播方式"进行实践,才能真正切合传播规律,真正提高传播艺术。

本文认为,培养多层次、多规格和多类型的新时代国际传播人才队伍,应以国家战略与目标为前提,针对国际社会中的"大众层""专业层""精英层"等不同层次对象,在新闻传播相关专业的本科、硕士研究生、博士研究生高等教育基础上,面向更多专业领域学子及相关在职工作人员开展的多规格、多类型的复合型国际传播人才队伍的教育、培训与培养。

(一)本科阶段:普及国情世情与媒介素养

世界绝大多数民众普遍因教育程度、艺术素养等方面能力和资源的限制,对于接地气、通俗易懂的表层文化更易接受。纵观全球,先发国家惯以迎合更广泛的大众市场需求的流行文化产品作为价值载体对他国进行文化倾销,如影视、音乐、小说和综艺等文化产品所产生的传播效能显而易见。因此,在业已日常且频繁的新时代公共外交与跨文化交流过程中,能够创作出与时俱进、共情共鸣的内容作品是国际传播人才面向世界大众"讲好中国故事"的首要目标与任务,但现实中具有高传播效能的创作型国际传播人才十分紧俏。此外,全球化日益深入,各专业、行业及职业的发展同世界的连接越发

---

① 把握国际传播"基本盘""重点盘"[EB/OL].(2015-05-14)[2022-08-17].http://www.xinhuanet.com//politics/2015-05/14/c_127799887.htm?from=groupmessage&isappinstalled=0.

紧密，如商务、体育、医疗、艺术等专业领域的国际化和全球化的现象和需求十分突出，但在日常的国际交流过程中却常常出现"懂传播的不懂专业，懂专业的不懂传播"的尴尬局面，而只有多专业、多领域的国际交流才能真正向世界展示一个真实、立体、全面的中国。国际传播中"大众层"的需求最广泛，所产生的影响最深入，所需人才的类型最多样，队伍的数量也最庞大。因此，可以考虑将媒介素养连同国情与世情普及一起纳入各专业本科阶段的基础素质教育范畴，开展大学媒介素养教育和大学国情世情教育等。总体而言，本科阶段所培养的国际传播人才队伍应当以面向世界"大众层"的、有能力进行高效能公共外交和跨文化交流活动的"创作型"国际传播人才为主，同时应跳出"专业对口"的传统思维，通过普及媒介素养教育的方式将新时代国际传播人才队伍的培养范围扩大至多专业领域。

（二）硕士研究生阶段：跨专业与跨文化培养

在全球化时代，多维度跨国商业往来日趋频繁，事业单位、企业组织及国际组织已经成为重要的国际传播主体。各行业领域"专业层"的国际传播人才，具体指在专业新闻传播机构、各类企事业单位以及国际组织中专门从事国际交流、公关与宣传的工作人员。世界各行业领域"专业层"一般具有较高的教育程度和某行业领域的专业知识，且在行业领域内拥有一定话语权与影响力。"走出去"的企业是立体展示我国国家形象的重要载体，世界需要通过它们了解中国的发展，因此，鼓励和开展硕士研究生阶段跨专业教育尤为重要。在 2019 年教育部、中央政法委、科技部等 13 个部门联合启动的"六卓越一拔尖"计划 2.0 全面推进新工科、新医科、新农科、新文科建设的背景下[①]，打破学科围栏成为可能，在将国情世情和媒介素养教育纳入本科阶段素质教育的基础上，我们可以尝试设计跨专业通道，鼓励包括新闻传播专业在内的各类专业学子，在硕士研究生阶段进行跨专业、跨国界交流与学习，

---

① 教育部启动实施"六卓越一拔尖"计划 2.0［EB/OL］.（2019-04-30）［2022-08-17］.http：//www.moe.gov.cn/jyb_xwfb/xw_zt/moe_357/jyzt_2019n/2019_zt4/tjx/mtjj/201904/t20190430_380202.html.

在守正创新基础上拓宽学子的知识边界，打开学子的国际视野，打造复合型国际传播人才培养体系与格局。同时，应给予国别与区域的跨文化精准传播更多的关注，"一国一策"分群培养精通语言、融通中外文化兼具技术素养的跨文化传播人才。硕士研究生阶段，应当以培养面向世界各行业领域"专业层"对象，具备复合能力的"专业型"国际传播人才队伍为主。

（三）博士研究生阶段：中国知识体系与全球实践逻辑

概念作为一种话语具有歧义性、竞争性与建构性等特征，它不仅是学术载体，也是随时可能"出圈"的潜在通用语和流行语[①]。纵观人类历史，作为话语的概念影响着思想，塑造着世界。在很大程度上，西方世界正是通过制造、传播和解释概念的方式向世界提供话语"公共品"以提升全球话语权的"软权力"。全球实践已经成为超越中西实践二元对立的全球现实，在全球实践中生产出具有全球价值的理论概念是提升国际话语权的关键环节。博士研究生阶段的人才更应具备全球视野，在更高维度进行全球实践。习近平总书记在中共中央政治局第三十次集体学习时强调"要更好发挥高层次专家作用，利用重要国际会议论坛、外国主流媒体等平台和渠道发声"，从中可以了解到，专家型国际传播人才主要发挥的作用就是围绕概念和理论的定义权与解释权，在国际学术领域同世界"精英层"进行交流、论辩与竞争。因此，博士研究生阶段的国际传播人才培养应当在坚定政治立场和厚植家国情怀教育的基础上，强化其理论逻辑、思辨逻辑和斗争逻辑，在强调全球实践与融通中外的基础上，培养有能力建构具有全球价值的中国知识、话语和故事体系的"专家型"国际传播人才队伍。

（四）职业阶段：问题、实践与效果导向

在社会加速发展的当下，国际局势更新频繁，高校教育模式具有稳定性，但灵活性与时新性不足，培养出来的学子普遍存在理论与实践脱节的现象，

---

① 郭镇之，杨颖.概念作为话语：国际传播中的引进与输出[J].中国新闻年鉴，2018（1）：376-378.

包括一线工作者在内的传统国际传播人才普遍缺乏问题意识、危机意识，随机应变的能力不足，这是造成我国对外传播"有理说不出""说了传不开"的重要原因。国际传播是一项关乎国家形象、时变时新的事业，面对变化，国际传播一线工作者需要具备在实践中不断更新知识、技能的终身学习观念。习近平总书记在中共中央政治局第三十次集体学习时明确指出"要加强对领导干部的国际传播知识培训，发挥各级党组织作用，形成自觉维护党和国家尊严形象的良好氛围"，并且强调"各地区各部门要发挥各自特色和优势开展工作，展示丰富多彩、生动立体的中国形象"。国家公职人员的形象与行为本身就同国家形象挂钩，在"四全媒体"理念提出后，他们参与中国国际传播实践更应义不容辞。中共中央印发的《2018—2022年全国干部教育培训规划》①正是站在新时代战略高度，为党政机关干部培养包括国际传播素养在内的建设中国特色社会主义所需要的能力教育培训提供了重要依据。因此，职业阶段，可以通过顶层设计将资源配置优化，形成政府、高校、行业组织以及具有国际传播需求的机构单位协同联动的制度体系，在具体实践中，针对多层次、多规格和多类型的在职国际传播人才开展以解决具体问题为目标、以体现实际效果为导向的国际传播能力提升培训教育，以职业、行业和终身教育的形式培养与时俱进的、成熟的、具有可持续发展能力的国际传播人才队伍。

三、新时代国际传播人才能力的关键构成要项

新时代国际传播人才要有坚定的政治立场和厚植的家国情怀，在坚持把马克思主义基本原理同中国具体实际相结合、同中华优秀传统文化相结合的基础上守正创新，掌握并平衡好业务技能与基础素养、技术技巧与人文追求、专业水平与复合能力等能力构成要项。

---

① 中共中央印发《2018—2022年全国干部教育培训规划》[EB/OL].（2018-11-01）[2022-08-17］.https://www.gov.cn/zhengce/2018-11/01/content_5336680.htm?tdsourcetag=s_pcqq_aiomsg.

（一）业务技能与基础素养

首先，业务技能是国际传播人才的标配能力，具体可以概括为传播实践力，包括处理全媒体数据、文字、图像、语音和视频的能力，适应新媒体的写作、拍摄、主持、交流与辩论的能力等。这些技能是新闻传播专业学子传统的"面子"能力，达到精通与优秀的程度理所应当。其次，作为指向国际的专门传播人才，还需基础素养作为"里子"予以支撑，包括用动态的眼光去看待百年未有之大变局中的国情与世情的自觉，用求同存异的观念去比较学习世界文明渊源差异的自觉，用辩证的逻辑去审视民族主义、世界主义、现代主义与后现代主义等各种主义、问题与危机的自觉，以及用警惕的态度去辨别极端化和绝对化思维的自觉。具体包括：一是语言文化素养，厚植中国语言与文化，了解世界文明历程，掌握一门或多门外语并了解其文化；二是理论融合素养，具备夯实的马克思主义理论和融通中外、融通学科的理论素养；三是思维逻辑素养，熟悉中国国情，拥有国际视野，具备思辨逻辑、时代逻辑、技术逻辑和价值逻辑。业务技能与基础素养是新时代国际传播人才向世界"讲好中国故事"的支撑点。

（二）技术技巧与人文追求

技术技巧强调对传播的渠道和操作的掌握；人文追求强调对传播的内容与意义的把握，能同时平衡好技术技巧与人文追求的国际传播人才并不多。当下，越来越多的学子驻足于眼花缭乱的新技术及各种表象前而忽略了对文学、地理、历史、音乐和哲学等人文素养的厚植。人文素养的缺失和对国情世情的冷漠是导致新时代青年学子在面对民族与世界、工具理性与价值理性等价值判断时迷失方向的重要原因。新时代国际传播人才应当同时具备跨文化交流所需的技术素养与人文素养，在不断提升技术技巧的基础上厚植人文情怀，既要充分把握技术和硬件基础设施全球化发展带来的机遇，也要充分意识到过于强调硬件功能则会陷入对工具理性片面追求的局限性，缺失或偏科都会带来"故事讲不好""有理说不出"的尴尬局面。在工具理性泛滥的全球传播生态中，我们要看到中国的治理现实，认识到中国治理背后的

价值支撑和文化力量,认识到价值理性的作用,协同好各种观念和文化,以价值理性驾驭工具理性①。只有懂得用价值理性驾驭工具理性,懂得共情共鸣的新时代国际传播人才,才有可能向世界展示一个既有底蕴又有温度的中国。

(三)专业水平与复合能力

新文科是以培养"一专多能"的复合型人才为目标,"以相近的专业集群融合"②为路径进行学科交叉集群式融合发展的教育理念。从我国设立国际新闻专业开始,"外语+新闻"就成为我国培养国际传播人才的主要模式③。2009年,以向六家中央级外宣媒体供应国际传播应用型人才为目标,中国人民大学、清华大学、中国传媒大学、复旦大学和北京外国语大学五所高校统一设立了"国际新闻传播硕士培养基地",并形成了"国情教育+融合新闻业务+外语+媒体实习"的培养模式④。如今的国际传播早已不再是新闻传播专业或外语专业独自可以完成的任务,而是一项趋向多元化、复杂化的国家战略层面的宏大事业,仅强调新闻传播或外语的专业水平已无法满足时代需求,只有具备复合能力的人才队伍才有可能完成提升新时代国际传播效能的任务。具体来说,国际传播人才的复合能力应当包括语言传播能力、新闻生产能力、文化共情能力、理论融合能力和产业思维能力等多维意识与知识结构,而实现复合能力的培养,则需要一套打通学科、院系、校内外与国内外系统协同的观念体系、培养体系和师资体系给予支持。

根据对国际传播人才界定的升级,可将国际传播人才分为两大类:第一类是专门从事国际传播活动的人员,包括国际新闻记者、主持人等专业国际新闻媒体从业者和国务院新闻发言人、企业海外公关人员等具有涉外属性的

---

① 胡正荣,王天瑞.系统协同:中国国际传播能力建设的基础逻辑[J].新闻大学,2022(5):1-16+117.
② 吴岩.积势蓄势谋势识变应变求变[J].中国高等教育,2021(1):4-7.
③ 张龙.新时代国际新闻传播教育的使命与作为[J].现代出版,2019(3):13-15.
④ 史安斌.论我国对外传播事业的"短板"与国际新闻传播人才培养模式的创新[J].新闻界,2012(14):13-16.

专业领域从业者；第二类是具有跨文化交流需求的人员，包括跨国学习和交流的学子与学者、国际影视和音乐等艺术创作者以及广大的跨国社交媒体用户等。由此，以效果为导向的学科与课程设计也应分为两类模式：第一类是专业课程（新闻传播）+复合课程（国情世情+外语+通识教育）；第二类是专业课程（以人文社科为主的各学科专业）+复合课程（国情世情+外语+新闻传播+通识教育）。其中，有四个问题需要注意：首先，国情与世情教育应当以东西文明"异中求同"为导向，开展动态比较式教学。其次，重视外语教育的同时不可忽视中文教育，尤其要关注翻译过程中因文化差异可能造成的误解问题；同时，小语种教育也应给予足够重视，针对国别与区域的语言文化教育与研究是国际传播去西方中心主义的重要实践。再次，各类专业在根基上本就彼此关联，应当通过开展通识教育予以融通。最后，实践教学不可或缺，将课程设置连通业界需求，将人才培养与学术生产同前沿媒介技术与各领域国际传播一线关联，一方面能为学界提供动力与方向，另一方面也能为用人单位稳定输出定制化的"熟手"人才。

四、新时代国际传播人才能力的基础与核心

青年是中国国际传播的生力军，是国际传播人才培养的重点对象。2022年5月10日，习近平在庆祝中国共产主义青年团成立100周年大会上指出："青年的命运，从来都同时代紧密相连。"随着信息传播技术的不断发展，时空、主体与形式的设限式微，全球传播生态发生革命性重构，国家和地区之间的交流与交锋、冲突与交融日益多样且频繁，国际信息的垄断、传播秩序的失衡、文化与意识形态的冲突等问题进入新阶段。政治、经济、文化、科技的全球化，人类关系的信息化，生存的数字化等进程的深入共同构成了人类世界当下的时代特征，其中现代性问题十分突出。在这一时代背景下成长起来的青年一代，身上带着来自现代性的深刻烙印，致使他们在新媒体时代看待国际关系之时难以跳出二元对立的视角和工具理性的价值判断。

（一）国家与个人：认同、情怀与使命

人类命运是一体的，但国家和地区之间在历史、文化、资源与制度等方面存在着差异与差距，我们应认清这一现实。马克思通过深入历史维度分析世界发展，将现代性肇始于西方资本的历史本质推到台前，并指出凭借历史先发的优势和资本扩张的强势，以西方为中心的现代性话语霸权是后发民族国家无法规避的现实。所谓现代性，就是在资本进步性与局限性的悖论逻辑影响下的观念的呈现，现代性源于资本的运作。"资本不可遏止地追求的普遍性，在资本本身的性质上遇到了限制。"[①] 在现代社会中，资本总是以"有用和有利"的工具理性作为价值判断标准，不断引发全球范围内各种级别的冲突与对抗，致使社会贫富两极分化成为必然。马克思在肯定了资本推动文明进步的事实之后，认为资本带来的现代性危机存在着无法逾越的矛盾。在国际传播场域中，随着跨文化交流增多，国际传播信息垄断与秩序重塑并存，一场技术主导、资本支撑的"全民意识形态"的斗争正在悄然发生。能否在民族主义与世界主义杂糅的时代中锚定认同、情怀与使命，是国际传播人才培养过程中能否真正遵循人类命运共同体理念的关键。因此，警惕、规避与跨越西方现代性危机，是坚持中国特色社会主义道路自信、理论自信、制度自信、文化自信，实现社会主义现代化的必由之路，也是中国国际传播能力建设过程中必须直面的问题，而具体方案应当落实在新时代国际传播人才的培养过程之中。习近平总书记在中共中央政治局第三十次集体学习时明确指出，我们"面临着新的形势和任务"，要求"必须加强顶层设计和研究布局，构建具有鲜明中国特色的战略传播体系"。"中国特色"强调中国国际传播人才要胸怀"国之大者"，担当使命任务，坚守马克思主义新闻观，知国爱国，心怀家国，坚守中国特色社会主义道路、理论、制度与文化；"战略传播体系"强调国际传播人才队伍的具体培养应当是从个人能力到队伍体系全面的、系统的、高屋建瓴的规划。"具有鲜明中国特色的战略传播体系"只能由新时代中

---

① 马克思，恩格斯.马克思恩格斯文集：第8卷［M］.中共中央马克思恩格斯列宁斯大林著作编译局，译.北京：人民出版社，2009：91.

国国际传播人才队伍来实现，这不仅是新时代对国际传播提出的新要求，更是新时代对国际传播人才队伍培养提出的新要求。

（二）中国与世界：中国理论与全球实践

信息传播技术在重置了全球传播生态的同时影响着人们对于时空的感受，空间的流动感与时间的穿越感冲击着人们对于边界的日常感受。1983 年，美国经济学家、营销学家西奥多·莱维特（Theodore Levitt）在《哈佛商业评论》刊发的文章《全球化的市场》中提出了"全球化"概念，认为技术和全球化是塑造世界的两个动力。技术决定人的喜好，全球化则决定现实。[①]1993 年，"全球传播"[②]作为传播"全球化"的概念由美国学者霍华德·H.弗雷德里克（Howard H.Frederick）提出。由此开始，我国围绕着技术、资本、政治与文化展开的关于国际传播的"全球化"与"世界化"，"国际化"与"跨国化"，"国际新闻"与"全球新闻"等概念之间的辨析成为重要课题，关于国际传播的主体与边界问题被反复探究。从全球化与本土化的简单二元对立，到"脱域"和"内爆"，再到节点式的"网络社会"、今天虚拟真实交织的"元宇宙"，与国际传播相关的概念随着现实传播主体、渠道、内容和形式不断泛化而变得模糊，并伴随着现代性思潮不断出圈，人们对于民族国家的认同与边界感也逐渐被技术与资本遮蔽，甚至在这种对工具理性的"狂欢"氛围中还弥漫着一种期待，边界感的式微将"个人"凸显，致使人们将现实世界中的民族国家与全球世界杂糅在一起，各种认同危机随之而来，青年学子更是面临着现代性思潮多重巨浪的考验。李大钊说"青年者，国家之魂"，国家发展速度越快，思潮来袭就越激烈，对于青年的引导就越要紧。1982 年到 2022 年，中国的传播学研究方针从"系统了解、分析研究、批判吸收、自主创造"转向"守正创新、融通中外、根植实践、引领时代"。40 年的探索中，

[①] The globalization of markets [EB/OL]. (1983-05-01) [2022-08-17]. https://hbr.org/1983/05/the-globalization-of-markets

[②] FREDERICK H H. Global communication and international relations [M]. Farmington hills: Cengage leaning, 1992.

学者们不断重返历史现场,虽然今天已经清晰认识到来自西方的众多理论或多或少在解释与指导中国社会现实和实践过程中存在局限甚至会产生"副作用",但依然有很多学子不加思辨地将西方理论奉为圭臬,奉行"拿来主义",将之生搬硬套于中国实践中,甚至为了博取流量"出圈"传播,影响不可估量。国际舆论斗争的本质是硬件与软件的综合博弈,理论概念作为话语软件是抢占国际舆论制高点的关键,在对理论概念话语没有深入了解与思辨的前提下就贸然借用,具有很大风险。同时,我们必须清醒地认识到,构建中国知识、话语和叙事体系的正确姿态应当是"立足中国、借鉴国外,挖掘历史、把握当代,关怀人类、面向未来"①,以明确全球与中国的现实为前提,立足全球实践,面向人类共同价值。因此,只有向青年学子们解释好国家与个人、中国与世界之间的关系,才能培养出"自觉以回答中国之问、世界之问、人民之问、时代之问"②为己任的适应新时代国际传播需要的专门人才队伍。

---

① 习近平主持召开哲学社会科学工作座谈会强调结合中国特色社会主义伟大实践加快构建中国特色哲学社会科学[EB/OL].(2016-05-17)[2022-08-17].https://news.cctv.com/2016/05/17/ARTI483znhqHNaeRw55Os52R160517.shtml.
② 习近平在中国人民大学考察时强调坚持党的领导传承红色基因扎根中国大地走出一条建设中国特色世界一流大学新路[EB/OL].(2022-04-25)[2022-08-17].http://www.news.cn/politics/leaders/2022-04/25/c_1128595417.htm.

后 记

2004年,我的第一本自选集《媒介的现实与超越》正式出版发行。整整20年后的今天,我的第二本自选集《传播的现实与超越》也与读者见面了。两个二十年的学术成果汇集,呈现给大家,我期待的不仅是看到我个人的学术研究和演进轨迹,更是希望通过我的观察、研究、思考等能够给大家记录下与时代共进的媒介变化和深沉厚重的传播变局。当然,我还是有自知之明的,我的这些文章和成果起不到这样的作用,但是我还是梦想能达到这样的效果。

我个人的学术发展、教学科研成长进程完全契合了中国波澜壮阔的改革开放40多年的历史,特别是中国新闻、媒体、传播40多年的演进过程。1986年大学毕业后,我留校工作,正好赶上中国报纸大幅度改革,"周末版"风潮迅速将报纸变得多元化、市场化、大众化、都市化。工作几年后,80年代末又赶上了中国广播启动自身改革,以"经济台"为起点的一系列广播改革,给广播带来了新的春天。20世纪90年代初期,中国电视又开启了活力迸发的改革,以《东方时空》《焦点访谈》等开始的新闻改革,迅速席卷了整个电视业并改变着电视各领域。在如火如荼的改革大潮中,20世纪90年代中后期,中国媒体也开始了深层次改革,如集团化改革,乃至到了21世纪初叶,开始了更加复杂的结构性功能性调整。但是,就在工业时代逐渐褪去时代光芒的时候,大众媒介也在不断地失去光环。自从1994年互联网正式进入中国以后,大众媒介的命运便开始了漫长而根本性的改变。互联网打开了整个世界,改变了整个行业,颠覆了整个人类社会的格局与进程。世纪之交前

后，三大门户网站"新浪""网易""搜狐"如日中天之时，即互联网 Web1.0 时代，报纸、广播、电视，特别是前者就已经开始在竞争中表现了"无力无招"，逐渐败下阵来。历史进步真是不以人的意志为转移的，当 21 世纪第一个十年来临时，互联网 Web1.0 时代就不得不让位于互联网 Web2.0 时代，即移动互联时代。手机，主要是智能手机席卷并改变了一切。工业时代风光无限的大众媒介一下子"被长江后浪拍在了沙滩上"。移动互联平台上的各种媒介，特别是社交媒体在很大程度上替换、取代了工业时代的传统媒体。网络时代媒介的概念，其内涵与外延、结构与功能、系统与体系、要素与涌现等都呈现着与工业时代媒介的巨大差异。进入 21 世纪的第二个十年，人类社会正加速迈入互联网 Web3.0 时代，即智能时代。这个时代对人、对社会，乃至对各领域和行业的颠覆力量已经初露端倪。这种人工智能时代的到来，我们已经通过其第一个阶段的运算智能的威力感受到了。如今，大量基于大数据的各种算法而实现的精准化、场景化应用已经使得人们"无处可逃"。就在这种便利与恐慌还未消散的时候，第二个阶段的感知智能时代也已经来临，从生成式大规模语言模型，到多模态大模型，再到垂类运用大模型的普遍化，人类逐步迈向通用人工智能时代。第三个阶段的认知智能时代何时到来？会是什么样子？恐怕还难以预测与想象：从狭义来说，信息、媒介、传播正处在深度变革和颠覆式创新时期；从广义来说，政治、经济、社会、文化、军事，乃至人类社会各方面的内涵与外延都可能发生根本性的变化。

当然，这就给工业时代诞生的新闻学、传播学研究带来了挑战与机遇。19 世纪诞生的新闻学，20 世纪诞生的传播学其基本逻辑，根本范式，研究取向可能已经很难适应当下和未来的变化，这不仅是因为技术，放在整个人类社会变革的大背景下，放在整个社会大变化的框架中看，新闻、媒介与传播都毫无疑问地要应变而变。

因此，我主张新闻传播学研究要面向国家重大战略，面向实践重要问题，面向学科重点前沿，要以学术性为基础，思想性为追求，贡献性为目标，去构建超越工业时代，面向智能时代的理论、框架和方法。在这本《传播的现实与超越》自选集中，我自己做个努力，将国家重大战略和实践重要问题的要点，如媒体融合、全媒体传播体系与传播制度变迁，国际传播等作为研究对象开展一些研究，同时努力通过思考建构自主知识体系，争取提炼出概念、范畴和解释框架，从而能够向学理化和体系化迈出一步。在为这本自选集选择论文成果的时候，还是颇费心力的。围绕上述几个重点话题，我认真选取了自 2017 年以来我自己以及我和学生共同完成论文，共计 26 篇。这些篇目能够比较有代表性地反映近年来中国新闻、媒体、传播的一些重要面向，也能够反映我近年来的研究取向。这些成果既有我在学校工作时完成的，也有我到媒体一线——中国教育电视台后深入思考的结果，还有我回归学术，到中国社会科学院新闻与传播研究所工作后的研究贡献。在此要特别感谢我的合作者，他们有的是我的同事，有的是我的学生。也感谢在编辑工作上提供了巨大帮助的我的博士生于成龙。还要感谢中国传媒大学——我曾经学习工作了近 36 年，从懵懂学生成长为管理者的地方——及其出版社的大力支持！

  现实主义的时代更需要理想主义的光芒，人工智能的时代更需要人性的底色与逻辑，不确定性日增的未来更需要确定性的品德与价值！

胡正荣